Ägypten unter fremden Herrschern

Herausgegeben von

Stefan R. Hauser (Halle), Philip Huyse (Paris),
Erich Kettenhofen (Trier), Andreas Luther (Erlangen),
Joachim F. Quack (Heidelberg), Robert Rollinger
(Innsbruck) und Josef Wiesehöfer (Kiel)

Oikumene Studien zur antiken Weltgeschichte   BAND 3

Herausgegeben von **Stefan Pfeiffer**

Ägypten unter fremden Herrschern zwischen persischer Satrapie und römischer Provinz

Diese Arbeit ist im Sonderforschungsbereich 600 „Fremdheit und Armut. Wandel von Inklusions- und Exklusionsformen von der Antike bis zur Gegenwart", Trier, entstanden und wurde auf seine Veranlassung unter Verwendung der ihm von der Deutschen Forschungsgemeinschaft zur Verfügung gestellten Mittel gedruckt.

Die Deutsche Bibliothek verzeichnet diese Publikation
in der Deutschen Nationalbibliografie
http://dnb.ddb.de

© 2007 Verlag Antike e.K., Frankfurt am Main

Satz Stefan Pfeiffer, Trier
Einbandgestaltung disegno visuelle kommunikation, Wuppertal
Gedruckt auf säurefreiem und alterungsbeständigem Papier
Printed in Germany

ISBN-13 978-3-938032-13-8

www.verlag-antike.de

Inhaltsverzeichnis

Vorwort

Erich Kettenhofen in großer Dank-
barkeit für alle Unterstützung

Im Jahr 2002 erhielt die Universität Trier den von der Deutschen Forschungsgemeinschaft geförderten Sonderforschungsbereich 600 zum Thema „Fremdheit und Armut. Wandel von Inklusions- und Exklusionsformen von der Antike
bis zur Gegenwart". Professor Dr. Heinz Heinen leitet hier das althistorische
Teilprojekt A 1 „Entstehung und Entwicklung einer multikulturellen Gesellschaft im griechisch-römischen Ägypten", das anhand der Themenbereiche Kult
und Militär das Zusammenleben von Griechen und Ägyptern untersucht.

Der vorliegende Sammelband enthält die Beiträge einer Fachtagung, die die
Teilprojektmitglieder Heinz Heinen, Donata Schäfer, Marc Rottpeter und der
Herausgeber gemeinsam mit Hilmar Klinkott (Alte Geschichte/Tübingen) am
17. Mai 2005 am Forschungszentrum Griechisch-Römisches Ägypten der Uni-
versität Trier veranstaltet haben. Kolleginnen und Kollegen der verschiedenen
altertumswissenschaftlichen Disziplinen konnten begrüßt werden: Günter
Grimm (Klassische Archäologie/Trier), Erich Kettenhofen (Alte Geschichte/
Trier), Bärbel Kramer (Papyrologie/Trier), Martina Minas-Nerpel (Ägyptologie/
Trier), Sabine Müller (Alte Geschichte/Gießen), Heinz-Josef Thissen (Ägypto-
logie/Köln) und Erich Winter (Ägyptologie/Trier).

Die Zusammensetzung des Teilnehmerkreises der Tagung verdeutlicht, daß
Forschungen zum griechisch-römischen Ägypten nur im Schnittpunkt der
Fächer Alte Geschichte, Ägyptologie, Papyrologie und Klassische Archäologie
durchgeführt werden können. Das verbindende Element aller Beiträge ist die
Präsenz fremder Herrscher oder ihrer Funktionäre in Ägypten und die Reaktio-
nen der Untertanen auf die Fremdheit des Souveräns. Vom sechsten Jahrhundert vor Christus bis zum Ende der Antike befand sich das Land nämlich unter
der Herrschaft nichtägyptischer Könige, zunächst der Achämeniden, dann der
Ptolemäer und schließlich der römischen Kaiser.

Die ersten beiden Aufsätze haben die Perserzeit und ihre Rezeption zum
Thema. Marc Rottpeter untersucht die Aufstände, die es im perserzeitlichen
Ägypten gab und fragt nach ihren Trägern, Ursachen und Auslösern. Vieles läßt
sich diesbezüglich nur anhand der griechischen literarischen Überlieferung rekonstruieren, doch helfen auch ägyptische Quellen bei der Bewertung der Ereignisse. Das durch die Griechen und Ptolemäer negativ kolportierte Bild des persischen Großkönigs kommt auch in der Satrapenstele zum Ausdruck, die das
Thema der Analyse zu diesem Motiv von Hilmar Klinkott ist.

Donata Schäfer bearbeitet daran anschließend die Zeit Alexanders des Großen, der Ägypten eroberte und von den Priestern mit allen Weihen eines Pharaos versehen wurde. Seine Aufnahme in den Kult für den königlichen Ka und die pharaonischen „Ahnen" wird anhand der hierfür besonders wichtigen Tempelanlagen von Luxor und Karnak untersucht. Die Alexander nachfolgende Herrschaft der Ptolemäer war im Vergleich zu den übrigen Nachfolgereichen Alexanders des Großen äußerst stabil, nur ein einziges Mal gelang es einem anderen Diadochen, dem Seleukiden Antiochos IV., Ägypten zu erobern. Andreas Blasius widmet sich der Frage nach seiner Politik und seiner Repräsentation in Ägypten.

Drei Beiträge untersuchen religions- und sozialgeschichtliche Fragen der Ptolemäerherrschaft. Daniel von Recklinghausen fragt nach der Bedeutung des einst wichtigsten religiösen Zentrums des Landes, der Stadt Theben. Die Herrscherverehrung der Ptolemäer, wie sie im Opfer zum Heile des Königs zum Ausdruck kam, ist das Thema von Domagoi Gladiç, der zudem einen Vergleich zu anderen orientalischen Praktiken zieht. Der Herausgeber beschäftigt sich mit einer für das Zusammenleben von Fremden und Einheimischen im ptolemäischen Ägypten zentralen Frage: Welche Auswirkung hatte die Einquartierung von fremden Soldaten in den Häusern der Ägypter auf das Zusammenleben beider Untertanengruppen?

Der Beitrag von Heinz Heinen liefert anhand von exemplarischen epigraphischen und papyrologischen Texten einen Einblick in die kulturgeschichtlichen Entwicklungen der römischen Zeit Ägyptens.

Dem Leser ist es anhand der teils sehr verschiedenen Zugangsweisen und der großen Breite der zur Interpretation herangezogenen Quellen möglich, sich ein differenziertes Bild von der späten Zeit Ägyptens zu machen. So zeigt sich einmal mehr die nötige Methodenvielfalt, mittels der die griechisch-römische Antike in der multikulturellen Großregion am Nil zu untersuchen ist, will man einen Blick auf möglichst viele Facetten ägyptischer Lebenswirklichkeit erhalten.

Die verwendeten Abkürzungen folgen, soweit nicht anders vermerkt, dem Lexikon der Ägyptologie, Bd. 7, Wiesbaden 1989, S. IX-XXXIX und der L'année philologique. Die Abkürzungen für antike Autoren und ihre Werke sind dem Neuen Pauly, Bd. 1, Stuttgart/Weimar 1996, S. XXXIX-XLVII entnommen. Griechische Papyri sind zitiert nach F.J. Oates, Checklist of Editions of Greek and Latin Papyri, Ostraca and Tablets (http://scriptorium.lib.duke.edu/ papyrus/texts/clist.html, Stand 2005).

Trier, im Dezember 2007   Stefan Pfeiffer

Initiatoren und Träger der „Aufstände" im persischen Ägypten

Marc Rottpeter

1. Einführung

Nachdem Ägypten im 6. Jahrhundert vor Christus unter den Pharaonen der 26. Dynastie im östlichen Mittelmeerraum noch eine gewisse Renaissance erlebt und sich besonders unter dem Usurpator Amasis (570–526)[1] auch gegenüber Kontakten mit der griechischen Welt aufgeschlossen gezeigt hatte, teilte es doch schließlich das Schicksal der anderen Reiche des alten Vorderen Orients, wie etwa Babylonien, Lydien und Medien: die Eingliederung in das Großreich der Achaimenidendynastie. Waren die eben genannten Staatsgebilde noch vom Reichsgründer Kyros II. (559–529) erobert und inkorporiert worden, so konnte Ägypten erst durch dessen Sohn und Nachfolger Kambyses II. (529–522) annektiert werden, der den gerade erst auf den Thron gekommenen Sohn des Amasis, Psammetich III., verdrängte.

Die persische Fremdherrschaft markierte einen nicht zu unterschätzenden Einschnitt in der Geschichte der ägyptischen Spätzeit. Zwar war Ägypten schon vor den Persern unter die Kontrolle fremder Herren gekommen,[2] niemals zuvor jedoch wurde es zu einer Satrapie[3] unter vielen degradiert. Die Erfahrung, nur eine unter den Provinzen eines Großreiches zu sein, war neu für die Eliten am Nil; ob darüber hinaus die rein körperliche Abwesenheit des als Pharao präsentierten Großkönigs[4] für die Ägypter besonders schmerzlich gewesen sein mag, kann nur schwerlich nachvollzogen werden.

Betrachtet man nun die Geschichte des Nillandes unter der Herrschaft der achaimenidischen Pharaonen, so könnte man den Eindruck gewinnen, daß sie gleichsam nur als eine Aneinanderreihung von Unruhen und Aufständen vor uns steht, dominiert von dem stetigen Versuch der Ägypter, sich von dem „verhaßten Joch der Perserherrschaft" zu befreien.[5] Dies ist in erster Linie natürlich

---

[1] Alle Jahresangaben verstehen sich, sofern nicht anders bezeichnet, als vor Christi Geburt.

[2] Zur Geschichte Ägyptens im 1. Jahrtausend vor Christus vgl. nun besonders Vittmann 2003; speziell auf die mögliche (Eigen-)Wahrnehmung der libyschen und kuschitischen Dynastien als Fremdherrschaften geht Jansen-Winkeln 2000 ein.

[3] Zur Vorgehensweise der Achaimeniden bei der Einteilung eroberter Gebiete in Satrapien vgl. Klinkott 2005, 426–430.

[4] Zumindest für Kambyses II. und besonders für Dareios I. (522-486) wird man eine Anerkennung als ordentliche Pharaonen noch voraussetzen können.

[5] Besonders in dem sehr pointierten Abschnitt über die Perserzeit bei Huss 2001, 33-42, habe ich diesen Eindruck gewonnen. Dennoch möchte ich den auf diesen weni-

der Überlieferungssituation geschuldet, da die zusammenhängenden Berichte nicht nur über diese Zeit aus der Feder griechischer Historiker stammen, die sich besonders für die Konflikte in der Welt der „Barbaren" interessierten. Gleichzeitig fehlt uns ein Quellencorpus, wie es etwa in der nahezu unüberschaubaren Menge der griechischen Papyri für die ptolemaiische Zeit Ägyptens vorliegt.[6]

Daher erscheint es angebracht, einmal näher die Quellen zu betrachten, die uns über diese Unruhen informieren, um ein umfassenderes Bild der 27. Dynastie zu gewinnen. Um dabei von vornherein möglichst wenig eigene Interpretation in die Auswertung der Quellen einzubringen, werde ich zur Bezeichnung der zu behandelnden Phänomene jenen Terminus verwenden, der uns durch die griechischen Historiker vorgegeben wird, nämlich ἀπόστασις.[7]

Bei dieser Untersuchung der Quellen möchte ich zunächst die Frage aufwerfen, auf wessen *Initiative* es im persischen Ägypten zu Unruhen kam, welche Personen oder gegebenenfalls Personengruppen also als „treibende Kräfte" auszumachen sind. Im Anschluß stellt sich das Problem der *Träger* der Apostaseis; nachdem die Unruhen einmal losgetreten waren, mußten sie schließlich gegen die Perser und diejenigen Ägypter, die sich nicht an ihnen beteiligten, durchgehalten werden. Eng mit diesen beiden Gruppen verknüpft haben wir deren *Zielsetzungen* zumindest anzuschneiden.

Die zu diesem Zweck an dieser Stelle auszuwertenden Quellen sind in erster Linie die griechischen Historiker, so Herodot, Thukydides und Diodor.[8] Die entsprechenden Passagen ihrer Geschichtswerke werde ich daher eingehender besprechen, um herausarbeiten zu können, in welchem Maße sie uns bei der Beantwortung der oben gestellten Fragen zu helfen vermögen.

---

gen Seiten gegebenen Überblick als vielleicht gelungenste Darstellung dieser Epoche in jüngerer Zeit bezeichnen, auch wenn ich Huss' Positionen zu einzelnen Forschungsproblemen nicht immer teilen mag.

6   Weder in der Anzahl noch in der Verbreitung können die aramäischen Dokumente aus der Perserzeit diese Lücke füllen, auch wenn ihre Bedeutung, ebenso wie die der früh-demotischen Zeugnisse nicht unterschätzt werden darf.

7   In verschiedenen Formen belegt, etwa bei Hdt. 7,1; Thuk. 1,104,1; Diod. 11,71,6.

8   Ägyptische (hieroglyphische und demotische) und keilschriftliche Dokumente werden ebenfalls herangezogen, allerdings in eingeschränktem Maße. Die Auswahl der berücksichtigten Zeugnisse wurde im Falle dieser Gattungen danach getroffen, ob aus ihnen Informationen zu den Apostaseis selbst gewonnen werden können. Diejenigen Dokumente, die eher Rückschlüsse etwa auf Grundhaltungen gegenüber der persischen Fremdherrschaft zulassen, habe ich an dieser Stelle beiseite gelassen, um nicht den Rahmen der Untersuchung zu sprengen.

Vorausschicken möchte ich jedoch einen knappen historischen Überblick über die Geschehnisse im Ägypten unter der Herrschaft der Perser, fokussiert freilich auf die Apostaseis.

2. Historischer Überblick über die Apostaseis im persischen Ägypten

Nach der Eroberung des Nillandes für die Perser durch Kambyses II. 525 erfahren wir bereits aus dem Jahr 522/521 von Unruhen im Land am Nil. Im Rahmen seiner Aufzählung der rebellischen Gebiete in der Inschrift von Bagastāna erwähnt Dareios I. in der elamischen Version auch Ägypten, nennt aber keine genaueren Einzelheiten.[9]

Der zweite „Aufstand" ist nach Herodot 7,1,3 ins vierte Jahr nach der Schlacht von Marathon (486), allerdings noch in die Regierungszeit Dareios' I., zu setzen. Da dieser bald darauf starb, fiel es seinem Sohn und Nachfolger Xerxes zu, die unbotmäßige Satrapie wieder zu befrieden.

Die ungefähre Ausdehnung des „Aufstandes" möchte Kienitz[10] anhand der Inschriften des persischen Gouverneurs von Koptos im Wadi Hammamat bestimmen.[11] Da diese Inschriften offenbar auch während des „Aufstandes" entstanden sind, vermutet er, daß die Apostasis auf Unterägypten beschränkt blieb, ähnlich wie der „Inaros-Aufstand" ab ca. 463. Die Haltung des neuen Großkönigs Xerxes gegenüber Ägypten scheint sich nach diesen Unruhen vollkommen von der seines Vaters abgekehrt zu haben. Xerxes trat – wie seine Nachfolger – in Ägypten nie in Erscheinung, baute, soweit wir wissen, nicht an ägyptischen Tempeln und reduzierte die Zahl der Ägypter in höheren Ämtern anscheinend drastisch.[12]

Die dritte Apostasis, der sogenannte „Inaros-Aufstand" 463/462–454, erreichte deutlich größere Wirkung.[13] Im Jahre 463 oder 462 rückte der libysche Dynast Inaros ins westliche Delta ein und besetzte zunächst Marea. Ein persisches Heer unter dem Satrapen Achaimenes wurde geschlagen, der Satrap selbst fiel, die überlebenden persischen Truppen konnten sich nach Memphis retten und einen Teil der Stadt halten, so daß Mittel- und Oberägypten in persischer Hand blieben. Auch Athen griff auf Seiten des Inaros in die Kämpfe ein, konnte

---

9 Briant 2002, 115.
10 Kienitz 1953, 67.
11 Zu diesen Inschriften s.u. S. 15-16.
12 Kienitz 1953, 68, schließt das daraus, daß in den Elephantine-Papyri aus den Regierungszeiten Xerxes' I., Artaxerxes' I. und Dareios' II. keine Personen mit ägyptischen Namen in höheren Rängen der Verwaltung oder des Militärs begegnen.
13 Nach Kienitz 1953, 69-72.

allerdings nicht verhindern, daß den Persern schließlich die Befriedung der
Satrapie gelang, möglicherweise ausgenommen die Region des westlichsten
Nildeltas.

Der vierte „Aufstand" schließlich, der die XXVII. Dynastie beendete, war
derjenige des Amyrtaios, welcher allein die XXVIII. Dynastie repräsentiert
(404–399). Wiederum ging die Unruhe von den Libyern des westlichen Deltas
aus, dieses Mal gelang aber auch die Eroberung Oberägyptens. Der Zeitpunkt
ist mit dem Tode Dareios' II. klug gewählt, denn die prekäre Lage, in die das
Perserreich durch den Zug des jüngeren Kyros 401 geriet, gereichte den Abtrünnigen sicher zum Vorteil, da sie ansonsten wohl durch das persische Heer
unter Abrokomas, das in Phönizien stationiert war, wieder unterworfen worden
wären.[14]

3. Die Apostaseis in den Quellen

Wie oben bereits angekündigt, möchte ich mich an dieser Stelle weitgehend an
den Betrachtungen dreier griechischer Geschichtsschreiber orientieren, die sich
in verschiedenen Kontexten zu den Apostaseis im persischen Ägypten geäußert
haben.[15] Dabei werde ich chronologisch vorgehen, um die Zeugnisse, die sich
jeweils auf die einzelnen Ereignisse beziehen, zusammen gruppieren zu können.

---

[14]   Kienitz 1953, 76f.

[15]   Ganz außen vor gelassen habe ich die Schilderung der Ereignisse durch Ktesias von
       Knidos, die uns in der Bibliothek des Photios vorliegt: Ctésias de Cnide. La Perse.
       L'Ind. Autres fragments. Texte établi, traduit et commenté par D. Lenfant, Paris
       2004, S. 129-131. Schon Kienitz 1953, 71 n. 1 hat festgestellt, daß „Ktesias Bericht ...
       in fast allen feststellbaren Einzelheiten falsch" sei. Nimmt man sich die entsprechen-
       den Passagen zur Hand, so wird dies sehr schnell offensichtlich, etwa wenn die Na-
       men der handelnden Personen ungenau (so Achaimenides statt Achaimenes, der
       überdies als Bruder des Artaxerxes, nicht des Xerxes erscheint) oder Zahlenangaben
       gar zu schematisch erscheinen. So wird man auch die Angabe des Ktesias, daß Inaros
       ein Lyder (!) gewesen sei, schwerlich ernsthaft in Betracht ziehen müssen. Zu Ktesias
       und dem historischen Wert seiner Darstellung ist immer noch grundlegend Jacoby
       1922. Eine teilweise Neubewertung erfährt dieser Autor in jüngerer Zeit etwa durch
       Bichler 2004, der anregt, die Schilderungen des Ktesias als gewollte Opposition zur
       Darstellung des Herodot zu betrachten; allein, dies erhöht seinen Erkenntniswert für
       unsere Fragestellungen kaum. Das ist um so bedauerlicher, da beispielsweise das
       Verhältnis der Abtrünnigen unter Inaros und der Athener bei Ktesias und bei Thu-
       kydides (s.u.) grundsätzlich verschieden dargestellt wird, was einer möglicherweise
       fruchtbaren Diskussion Raum gegeben hätte. Selbst wenn man die Angaben, die wir
       heute bei Ktesias finden, als Verschreibungen und Fehler in der Überlieferung ein-
       stufen, hebt dies nicht ihren Wert für die Rekonstruktion der vorliegenden Ereig-
       nisse.

3.1 Die Unruhen von 522

Die Historizität der Ereignisse des Jahres 522 ist nicht unumstritten, da sie im Rahmen der Inschrift von Bagastāna nur in deren elamischer Version erwähnt werden.[16] Es liegen uns neben dieser Erwähnung in der griechischen Literatur noch zwei weitere Indizien für ungewöhnliche Vorkommnisse in Ägypten zu dieser Zeit vor.

Herodot[17] berichtet, daß der Satrap Aryandes von Dareios I. hingerichtet worden sei, weil Dareios dessen Ausprägung von hochreinen Silbermünzen als Zeichen der Abtrünnigkeit gewertet habe. Demgegenüber spricht Polyainos[18] davon, daß sich die Ägypter wegen der Härte des Regiments des Aryandes erhoben und dem Dareios nur wieder unterworfen hätten, weil dieser eine enorme Summe für die Auffindung eines neuen Apisstieres ausgesetzt habe.[19]

Wir haben es also entweder mit einem separatistischen Satrapen oder mit einer gegen diesen Satrapen aufbegehrenden einheimischen Bevölkerung zu tun, ganz abhängig davon, welcher unserer beiden Quellen wir folgen wollen.[20]

---

[16] Nach Kienitz 1953, 60 n. 4, habe trotz der Erwähnung Ägyptens unter den aufbegeh-renden Satrapien in der elamischen Version der Inschrift von Behistun in den Jahren 522-519 im Nilland Ruhe geherrscht, da es keine anderen Belege für Unruhen am Nil in diesen Jahren gebe; Kienitz vermutete außerdem noch nach Meyer einen Fehler des Übersetzers ins Elamische. Hinz 1976, 22–25, weist darauf hin, daß die elamische Fassung des Inschriftentextes die älteste sei und zweifelt die Nennung Ägyptens un-ter den aufständischen Gebieten des Jahres 522 nicht an, vgl. Hinz 1976, 148 u. 161. Kienitz hatte daher wohl Polyainos 7,11,7 nicht vor Augen, worauf sich etwa Stern-berg-el Hotabi 2002, 124f. und Salmon 1965, 61ff. berufen. Letzterer bringt neben Polyainos noch Hdt. 4,166 ins Spiel. Er wendet sich explizit gegen Kienitz 1953, 64.

[17] Hdt. 4,166.

[18] Polyainos 7,11,7.

[19] Bei der Lektüre der Polyainos-Passage οἱ [Αἰγύπτιοι] δὲ ... οὐκέτι μετὰ τῶν ἀποστάντων ἐτράποντο drängt sich mir der Verdacht auf, daß entweder nur eine bestimmte Gruppe der Ägypter den „Aufstand" unternahmen, oder daß diese Unruhe von einer von „den Ägyptern" unterschiedlichen Gruppe unternommen wurde.

[20] Cameron 1943, 310, vermutet, daß diese Unruhen auch in der Inschrift des Vatikani-schen Naophoros erwähnt werden und spricht sich klar für die Interpretation der Unruhen als Aufstand der Ägypter gegen den Satrapen Aryandes aus, vgl. auch Bai-nes 1996, 89 mit weiterer Literatur. Anderer Meinung ist allerdings Lloyd 1982, 176f., der die betreffende Passage auf die Ereignisse während der persischen Invasion be-zieht. Für eine eingehendere Behandlung der vermuteten Zerstörungen während der persischen Invasion vgl. Burkard 1994 und 1995, der allerdings auf mögliche innere Aufstandsbewegungen als Ursache dieser Zerstörungen nicht eingeht. Für die In-schrift auf der Statuette des Udjahorresnet vgl. Kaiser u.a. 1982, 603-608; der hier angesprochene Passus lautet in der Übersetzung (= Posener 1936, 20f.) folgenderma-ßen: *Ich habe alle ihre Kinder ernährt, alle ihre Häuser (wieder) aufgerichtet, ihnen alle nützlichen*

Schließlich wird noch ein „Dynast" namens Petubastis (III.) ins Spiel gebracht, der möglicherweise direkt nach dem Tode des Kambyses II. „nach der Krone griff".[21] Über die Herkunft oder die Hintergründe dieses Mannes sind wir aber wiederum völlig im Unklaren, ebenso wie über sämtliche anderen Details seiner Herrschaft, so diese denn überhaupt und zu diesem Zeitpunkt bestanden hat.[22]

3.2 Die Apostasis von 486–84

Am Anfang seines siebten Buches, eingebettet in die Erzählung von den Vorbereitungen des Griechenland-Zuges Xerxes' I., hören wir bei Herodot[23] davon, daß sich die Ägypter, welche Kambyses unterworfen hatte, im vierten Jahr nach der Schlacht von Marathon (also 486) gegen die Perser erhoben hatten.[24]

Etwas später erfahren wir, daß Dareios I. inmitten der Vorbereitungen für die Kriegszüge gegen die Griechen und die abtrünnigen Ägypter starb, nämlich im Jahr nach dem Abfall der Ägypter.[25] Also sammelte sein Sohn Xerxes das Heer gegen Ägypten[26] und unterwarf sie im zweiten Jahr nach dem Tode des Dareios. Hiernach habe er das Land stärker unterdrückt, als dies unter Dareios

---

Dinge erwiesen, wie es ein Vater für seine Kinder getan hätte, als der Sturm in diesem Gau geschah, mitten in dem großen Sturm, der im ganzen Land geschehen ist.

[21] Nach Huss 2001, 35.

[22] Bei Huss 2001, 35, der in n. 21 die auf die Quellen führende Literatur zu Petubastis III. bietet, kann man gut nachempfinden, wie verworren die Entwicklung jener Jahre 522–519 am Nil gewesen sein muß, was sich selbstverständlich erst recht in unseren Quellen niederschlägt. Die Belege für eine mögliche Existenz des Petubastis III. und seine Einstufung als Gegenkönig in genau diesem Zeitabschnitt sind sehr vage und lassen in keinem Falle ein sicheres Urteil zu. Auch die Chronologie der Ereignisse rund um den Satrapen Aryandes ist alles andere als einfach zu durchschauen; daher muß bei der Auswertung der Quellen hierzu und dem auf diese aufbauenden historischen Kommentar große Vorsicht walten.

[23] Für die Bearbeitung der Textstellen aus dem Werk des Halikarnassiers habe ich die Übersetzung von Horneffer herangezogen: Herodot, Historien. Übersetzt von A. Horneffer, neu herausgegeben und erläutert von H. W. Haussig, mit einer Einleitung von W[alter] F. Otto, Stuttgart ⁴1971. Für die Werke des Thukydides von Athen und des Diodor von Agyrion wurden folgende Übersetzungen benutzt: Landmann 1960 und Oldfather 1946 und 1950.

[24] Hdt. 7,1,3: τετάρτῳ δὲ ἔτεϊ Αἰγύπτιοι <οἱ> ὑπὸ Καμβύσεω δουλωθέντες ἀπέστησαν ἀπὸ Περσέων.

[25] Hdt. 7,4: τῷ ὑστέρῳ ἔτεϊ ... Δαρεῖον ... ἀποθανεῖν.

[26] Hdt. 7,5,1: Ξέρξης ... ἐπὶ δὲ Αἴγυπτον ἐποιέετο στρατιῆς ἄγερσιν.

der Fall gewesen sei und seinen Bruder Achaimenes, einen Sohn des Dareios, als Satrapen eingesetzt. Wir erfahren bereits an dieser Stelle, daß Achaimenes später durch Inaros umkommen wird.[27] Es folgt schließlich der Bericht vom Kriegsrat des Xerxes, als dessen Ergebnis der große Zug gegen Griechenland vor uns steht.

Aus diesem knappen Bericht des Herodot können wir über die Unruhen in Ägypten also folgende Erkenntnisse gewinnen: Sie begannen noch vor dem Herrschaftswechsel von Dareios zu Xerxes im Jahre 486[28] und wurden zwei Jahre später niedergeschlagen. Daher können wir als Zeitraum für diese Unruhen die Jahre 486–484 ansetzen. Ferner erfahren wir, daß der Großkönig selbst die Befriedung der unbotmäßigen Satrapie in die Hand nahm und nach seinem Erfolg einen sehr engen Verwandten als Satrapen einsetzte.

Herodot berichtet uns nichts über genau *die* Sachverhalte, die hier behandelt werden sollen; wir erhalten keine Kenntnis von den Personen hinter den Unruhen und auch nicht von ihren Motiven. Man kann nur folgern – nämlich aus der Tatsache, daß Xerxes selbst sich der Sache annehmen und der eigentlich geplante Feldzug gegen Hellas, für den ja schon unter Dareios Truppen zusammengezogen worden waren, verschoben werden mußte –, daß diese Apostasis sehr gravierend gewesen sein muß.[29] Aus der Besetzung des Satrapenamtes mit dem engstmöglichen Verwandten mag man schließen, wie wichtig Ägypten für das Perserreich zu dieser Zeit gewesen ist.[30]

Neben Herodot liegen uns für die Zeit um 486/484 noch einheimische Zeugnisse vor. Aus dem Wadi Hammamat in Mittelägypten lassen sich zwei Steinbruchinschriften persischer Funktionäre in die Jahre 486[31] und 484[32] datie-

---

[27] Hdt. 7,7: Ἀχαιμένεα ... ἐφόνευσε Ἰνάρως ὁ Ψαμμητίχου ἀνὴρ Λίβυς.

[28] Zum Zeitpunkt dieses Wechsels vgl. Weissbach 1908, 642, der die von Ungnad herausgegebenen Keilschrifttafeln aus Berlin heranzieht, anhand derer man den Thronwechsel in den Herbst 486 datieren könne. Eine noch genauere Festlegung des Thronwechsels wird ermöglicht durch Weissbach noch unbekannte Tafeln, sie führt in den November 486, vgl. Stolper 1989, 303-305.

[29] Auch die kurz darauf ausbrechenden Unruhen in Babylonien werden militärisches Potential verschlungen haben; vgl. dazu Briant 2002, 525.

[30] Zur Einsetzung enger Verwandter des Königs als Satrapen bestimmter Gebiete vgl. Klinkott 2005, 53–60, hier: 56f. Klinkott, ebda., 60, geht davon aus, daß die Besetzung gerade der wichtigen Randprovinzen des Reiches – er nennt Lydien, Baktrien und Ägypten – mit engen Verwandten des Herrschers, und damit potentiellen Thronprätendenten, erfolgte, damit diese zum einen den König auch über die Reichsgrenzen hinaus vertreten konnten, zum anderen aber auch möglichst weit vom Hof entfernt gehalten wurden, um die Intrigenbildung im Rahmen zu halten und bei Erhebungen gegen die Zentrale, die gerade in Baktrien des öfteren vorkamen, genug Zeit zur Abwehr zu haben.

[31] Das 36. Jahr des Dareios.

ren.[33] Aus dem Vorhandensein dieser Inschriften wird geschlossen, daß die Apostasis dieser Jahre auf Unterägypten nördlich von Memphis beschränkt blieb, da sie auf das ungestörte Weiterlaufen persischer Bergbauaktivität in Mittelägypten hinweisen.[34]

Ferner besitzen wir aus dem 36. Jahr des Dareios noch einen demotischen Papyrus von der Nilinsel Elephantine am 1. Nilkatarakt, also von der Südgrenze des persischen Ägypten.[35] Es handelt sich um die Abschrift eines Briefes des Chnum-em-achet an den Satrapen Pherendates bezüglich eines Getreidetransportes in die Kataraktenregion. Chnum-em-achet und ein Perser namens Artabanos waren für den Transport verantwortlich, allerdings verschiedener Meinung, was mit dem angelieferten Getreide am Bestimmungsort geschehen sollte: Während der Perser die Feldfrüchte unter offenem Himmel lagern will, möchte der Ägypter mit dem Hinweis auf sich in der Gegend frei bewegende „Rebellen"[36] das Angebot eines Osor-wer annehmen, das Getreide in seinem Hause zwischenzulagern. Das für uns wichtige Detail dieses Briefes sind nun genau diese „Rebellen".

Der entsprechende ägyptische Terminus wird verschiedentlich interpretiert. Spiegelberg[37] vermutet, daß es sich bei dieser Stelle um einen Hinweis auf „eine jener nationalen Erhebungen handel[t], wie sie während der Perserzeit immer von Zeit zu Zeit in allen Teilen Ägyptens, vor allem den schwer zugänglichen wie den Marschen des Deltas oder der Wüste zu beiden Seiten Ägyptens aufflammten." Er wertet also die erwähnten *rmt.w nti bks* als Aufständische gegen die Perser. Bei dieser Deutung stützt er sich auf Sethe, der das entsprechende Wort *bks* im Text des 2. Philensis-Dekretes im Zusammenhang mit dem Rebellen Chaonnophris im Sinne von „Aufruhr" übersetzt.[38]

Kienitz geht davon aus, daß die „Rebellen" Angehörige nubischer Stämme gewesen seien, die sich die Abwesenheit der persischen Garnison für Raubzüge

---

[32] Das 2. Jahr des Xerxes.

[33] Posener 1936, 117–120.

[34] Vgl. Kienitz 1953, 67.

[35] P.Loeb 1, vgl. Spiegelberg 1928, 13–21, mit Übersetzung und Kommentaren.

[36] Demotisch *rmt.w nti bks*.

[37] Spiegelberg 1928, 19.

[38] Sethe 1917, 44. Spiegelberg 1928, 19 n. 1, weist darauf hin, daß Sethe es auch für möglich hielte, die *rmt.w nti bks* als „Räuberbanden" aufzufassen, bleibt aber leider den Nachweis dieser Bemerkung Sethes schuldig (mündl. Mitteilung?). Ebenfalls der Meinung, daß es sich bei den hier genannten *bks* eher um „outlaws, brigands, bandits" gehandelt haben wird, ist Hughes, Pherendates, 85f., der ebda. anmerkt: „There is nothing in the letter to suggest a civil uprising."

im Grenzgebiet zunutze gemacht hätten.[39] Er bezieht sich dabei auf die Zeilen 7–9 des Briefes an Pherendates, wo Chnum-em-achet berichtet, daß die *rmt*[.*w*] *ntj*[.*w*] *bks*[.*w*] „in Nubien"[40] seien. Ob man davon auf die ethnische oder politische Zugehörigkeit der „Rebellen" schließen kann, ist nicht mit letzter Sicherheit zu sagen; es könnte sich auch um Personen handeln, die die nubische Grenzregion als Rückzugsraum nutzen, um der Verfolgung durch die ägyptisch-persischen Sicherheitsorgane zu entgehen.

Es erscheint mir aber dennoch wahrscheinlich, daß Kienitz hier auf der richtigen Fährte ist, wenn er die Tätigkeit einfacher Räuber annimmt, da nichts in dem Bericht darauf hindeutet, daß die „Rebellen" über die Diebstähle hinaus Operationen durchführten, die sich etwa gegen die Besatzungsmacht richteten.[41]

3.3 Die Apostasis von 463/462–454

Über die Ereignisse, die gemeinhin auch als „Inaros-Aufstand" bezeichnet werden, sind wir durch verschiedene griechische Autoren eindeutig besser unterrichtet, als über jene der Jahre 486–484. Dies mag nicht zuletzt daran liegen, daß mit Athen eine der führenden griechischen Poleis in ebendiese Ereignisse verwickelt war, was das Interesse der Griechen stärker geweckt haben dürfte als eine Auseinandersetzung, die sich ausschließlich unter „Barbaren" abgespielt hätte.

Zuerst sehen wir uns wieder an, was Herodot zu berichten hat. Neben der oben schon kurz angesprochenen Stelle, an der der Tod des Satrapen Achaimenes durch das Wirken des Inaros erwähnt wird,[42] kommt der „Vater der Geschichtsschreibung" noch an drei weiteren Stellen seines Werkes auf die Begebenheiten des „Inaros-Aufstandes" zu sprechen, der sich kaum 10–15 Jahre vor seinem Besuch des Nillandes ereignet haben wird.[43]

---

[39] Kienitz 1953, 67f. n. 8. Die persischen Truppen beziehungsweise jene Einheiten, die in persischen Diensten die Region sicherten, seien demnach zur Niederschlagung der Apostasis nach Unterägypten verlegt worden.

[40] Demotisch *ḥr pꜣ dw.*

[41] Schaut man sich freilich die entsprechenden Belegstellen bei Erichsen 1954 und, für die koptische Entsprechung des hier vorliegenden demotischen Terminus, bei Crum 1939 an, so erhält man eindeutig aus dem Bereich des Militärischen stammende Bedeutungen genannt, die eher gegen die These von den „Räuberbanden" sprächen. Eine wenn auch etwas gezwungen erscheinende Lösung könnte sein, in diesen Personengruppen räuberische Wüstenstämme zu sehen, die aus dem nubischen Raum heraus Beutezüge in das Kataraktengebiet unternahmen.

[42] Hdt. 7,7; vgl. Anm. 27.

[43] Zum Zeitpunkt der Anwesenheit des Herodot in Ägypten vgl. Jacoby 1913, 266f.

Dies sind zunächst zwei Stellen zu Beginn des dritten Buches, eingewoben in den Bericht von der Eroberung Ägyptens durch Kambyses II. In der ersten, angeschlossen an die Schilderung der Schlacht zwischen den Persern unter Kambyses und den Ägyptern unter Psammetich, kommt Herodot auf die Schlacht von Papremis zu sprechen. Er überliefert uns, daß Inaros, ein Libyer, in dieser Schlacht den Satrapen Achaimenes besiegte, der gemeinsam mit anderen persischen Truppen in der Schlacht gefallen sei. Herodot konnte auf der Wallstatt noch die Knochen der Gefallenen betrachten und anhand ihrer Beschaffenheit die Schädelstärken der Perser und der Ägypter miteinander vergleichen.[44]

Die zweite Bemerkung fällt im Rahmen der versuchten und vereitelten Verschwörung des Psammetich. Hier nennt Herodot als Beispiel dafür, daß die Perser üblicherweise einheimische Herrscher in ihrem Amt beließen oder dieses deren Söhnen übertrugen, sofern sich die Indigenen kooperativ zeigten, Thannyras und Pausiris, die Söhne des Inaros und des Amyrtaios. Dabei weist er darauf hin, daß gerade diese beiden, nämlich Inaros und Amyrtaios, den Persern ganz besonders viel Ärger verursacht hätten.[45]

Eng damit verwandt ist die dritte Stelle.[46] Hier erwähnt Herodot im Rahmen seiner Nacherzählung der ägyptischen Geschichte einen König Amyrtaios, von dem er berichtet, er habe eine sagenumwobene Insel wiederentdeckt, die der König Anysis 500 Jahre zuvor aus Asche und Erde aufgeschüttet habe.

Fassen wir also zusammen, was wir aus diesen drei Herodot-Stellen für die Rekonstruktion des „Inaros-Aufstandes" gewinnen können: Aus der zweiten und der dritten Stelle läßt sich nur das Faktum ziehen, daß es in Ägypten unter der persischen Herrschaft außer Inaros noch einen weiteren König gegeben haben muß, der zumindest eine gewisse Unabhängigkeit von den Persern besessen haben wird, nämlich Amyrtaios. Außerdem haben auch die Söhne dieser beiden Männer die Herrschaft ihrer Väter behaupten können, was auf eine gewisse Stabilität dieser Herrschaft hindeutet.

Die erste und umfangreichere Stelle liefert uns gleich mehrere Informationen über den „Aufstand" selbst. So erfahren wir, daß der Anführer der Apostasis den Namen Inaros trug und nach Meinung Herodots ein Libyer war. Außerdem waren die Kräfte dieses Inaros stark genug, die persischen Truppen in offener Feldschlacht zu schlagen und dabei den Satrapen zu töten.

---

[44] Hdt. 3,12,4: ἐν Παπρήμι τῶν ἅμα Ἀχαιμένεϊ τῷ Δαρείου διαφθαρέντων ὑπὸ Ἰνάρω τοῦ Λίβυος.

[45] Hdt. 3,15,3: καίτοι Ἰνάρω γε καὶ Ἀμυρταίου οὐδαμοί κω Πέρσας κακὰ πλέω ἐργάσαντο.

[46] Hdt. 2,140,2: ταύτην τὴν νῆσον οὐδεὶς πρότερον ἐδυνάσθη Ἀμυρταίου ἐξευρεῖν.

Behalten wir diese Informationen im Hinterkopf und wenden uns dem Werk des Thukydides zu. Im ersten und im achten Buch seiner Beschreibung des Peloponnesischen Krieges erhalten wir Informationen zum „Aufstand des Inaros".

Zunächst hören wir davon, daß ein Inaros, Sohn des Psammetich, der als Libyer und als König der an Ägypten angrenzenden libyschen Stämme bezeichnet wird,[47] die Stadt Mareia, die oberhalb von Pharos gelegen sei, zum Abfall von Ägypten gebracht habe, und zwar in der Regierung des Königs Artaxerxes. Als Anführer der Abgefallenen habe er dann die Athener zu Hilfe gerufen, die mit 200 Schiffen des Delisch-Attischen Seebundes vor Zypern lagen. Diese Schiffe wurden nach Ägypten umgelenkt und liefen in die Nilmündung ein. Zwei Drittel der Hauptstadt Memphis konnten von den Athenern genommen werden, nicht jedoch der dritte Teil, die sogenannte Weiße Mauer, in dem sich die persischen und medischen Truppen und die loyal gebliebenen Ägypter verschanzt hatten.

Wenig später[48] berichtet Thukydides, daß der Krieg der Athener und ihrer Bundesgenossen in Ägypten durchaus wechselhaft verlief. So seien die Athener zwar zunächst die Herren Ägyptens gewesen, der Großkönig aber habe, nachdem der Versuch gescheitert sei, die Spartaner mit Geldgeschenken zu einem Einfall in Attika zu bewegen, den Megabyzos, den Sohn des Zopyros, mit einem Heer von Syrien aus nach Ägypten gesandt. Dieser habe zunächst die Ägypter und ihre Verbündeten in offenem Feld schlagen, dann die Griechen aus Memphis vertreiben können. Diese hätten sich auf die Nilinsel Prosopitis geflüchtet, wo sie nach 18monatiger Belagerung niedergemacht worden seien.

Damit sei nach sechs Jahren die Intervention der Griechen gescheitert gewesen, einige hätten sich wenigstens nach Kyrene in Libyen retten können. Das westlichste Delta, in dem sich der König Amyrtaios hielt, konnte von den Persern nicht zurückgewonnen werden, was mit der Beschaffenheit des Terrains und der besonderen Tapferkeit der Einwohner begründet wird. Das restliche Ägypten jedoch kam wieder unter die Herrschaft des Artaxerxes, auch wurde Inaros, der nochmals als libyscher König und Urheber der Apostasis bezeichnet wird, gefangengenommen und hingerichtet. Schließlich ging noch ein Geschwader von 50 Schiffen des Seebundes verloren, das zur Ablösung der griechischen Truppen ausgesandt worden war.

Schließlich findet sich im letzten Buch noch eine kurze Notiz, in der von Lastschiffen die Rede ist, die von Ägypten kommend am Vorgebirge Triopion,

---

47   Thuk. 1,104: Ἰνάρως δὲ ὁ Ψαμμητίχου, Λίβυς, βασιλεὺς Λιβύων τῶν πρὸς Αἰγύπτῳ.
48   Thuk. 1,109f.

welches die Westspitze der Halbinsel Knidos bildet, durch ein spartanisches Geschwader abgefangen werden sollen.[49]

Was können wir aus dem Bericht des Thukydides für unsere Fragestellungen gewinnen? Zunächst wird hier deutlich ein Initiator der Apostasis bezeichnet, nämlich der libysche König Inaros, der auch als Anführer der Abgefallenen fungierte. Wichtig für die Frage nach den Trägern der Unruhe scheint mir, daß Inaros noch vor dem Angriff auf Memphis athenische Unterstützung anforderte. Da die Schlacht von Papremis bei Thukydides nicht genannt wird, kann leider hier nicht festgelegt werden, ob sie bereits mit griechischer Hilfe geschlagen wurde. Dies erscheint mir zwar aus dem Text des Thukydides nicht zwingend hervorzugehen, sehr beachtlich finde ich jedoch, daß der Autor den Athenern, nachdem sie einmal gerufen wurden, die aktive Rolle in den Operationen gegen die Perser zuweist.[50] In Thuk. 1,104,2 sind sie es, die zwei Drittel der Hauptstadt Memphis erobern, in Thuk. 1,109 u. 110 sind es die Athener und ihre Bundesgenossen,[51] deren wechselhaftes Kriegsglück beschrieben wird. Inaros selbst spielt bei Thukydides nach dem Beginn der Unruhen und dem Hilferuf an Athen keine Rolle mehr, allein seine Ergreifung und Hinrichtung ist dem Historiker wieder eine Erwähnung wert. Damit bleibt festzuhalten, daß nach der Schilderung des Thukydides das tragende Element der Kämpfe gegen die Perser die Griechen waren, nicht jedoch Ägypter oder Libyer.[52]

Die Notiz im achten Buch könnte, darauf wies schon Kienitz hin,[53] andeuten, daß es noch im Jahre 412/411 in Ägypten eine unabhängige Herrschaft gab, die die Athener mit Getreidelieferungen versorgte.[54] Diese Herrschaft wäre

---

[49] Thuk. 8,35,2: τὰς ἀπ' Αἰγύπτου ὁλκάδας.

[50] Wenn man allerdings den Bericht des Diodor (s.u. S. 21-23) hinzunimmt, gewinnt eine Teilnahme der Athener an der Schlacht gegen Achaimenes wieder an Wahrscheinlichkeit.

[51] Daß unter den „Bundesgenossen" die Truppen der Mitglieder des Delisch-Attischen Seebundes zusammengefaßt sind und mitnichten die Kräfte des Inaros, ist meines Erachtens daraus ersichtlich, daß in Thuk. 1,104,2 von den Schiffen der Athener τε καὶ τῶν ξυμμάχων die Rede ist, die nach Ägypten umgelenkt wurden. Daß in 1,109,1 mit ebenjener Bezeichnung die gleichen Truppen gemeint sind wie in 1,104,2, erscheint mir nur naheliegend.

[52] Man mag vielleicht einwenden, daß Thukydides als Athener die Bedeutung seiner Heimatstadt in diesem Konflikt überbewertet hat, indem er den Anteil der „Barbaren" herunterspielt. In Anbetracht seines eigenen methodischen Anspruchs und nicht zuletzt der Tatsache, daß der Feldzug in einem Fiasko endete, halte ich dies allerdings für unwahrscheinlich.

[53] Kienitz 1953, 73.

[54] Vgl. hierzu auch die ebenfalls schon bei Kienitz genannte Stelle Plutarch, Perikles 37,3, wo ebenfalls von einem τοῦ βασιλέως τῶν Αἰγυπτίων δωρεάν die Rede ist. Dieses hätte sich auf 40.000 Scheffel belaufen, die unter den Bürgern Athens aufzuteilen wa-

dann sicherlich mit jener identisch, die der König Amyrtaios, der uns ja schon bei Herodot[55] begegnet war, „in den Sümpfen"[56] hatte errichten können. Alles in allem fügen sich die Berichte des Herodot und des Thukydides bezüglich des „Inaros-Aufstandes" also gut zusammen.

Kommen wir schließlich zu Diodor von Agyrion. An drei Stellen im elften Buch seines Werkes erhalten wir Kunde von den Vorgängen in Ägypten, mit denen wir uns hier beschäftigen. Zunächst berichtet Diodor vom Beginn der Unruhen. Die Ägypter hätten, nachdem sie vom Tode des Xerxes und den Wirren im Perserreich erfahren hatten, die Situation ausgenutzt und nach der Aufstellung von Streitkräften die persischen Tributeintreiber[57] verjagt. Dann hätten sie einen Mann namens Inaros zu ihrem Anführer bestimmt, der die Truppen der Aufständischen durch Einheimische und Söldner vergrößert[58] und schließlich den Athenern eine Allianz angetragen habe. Diese stimmten zu und entsandten 300 Schiffe, da sie die Möglichkeit sahen, den Persern, mit denen sie ja immer noch im Krieg lagen, zu schaden und gleichzeitig aus Ägypten reiche Belohnungen zu erhalten.[59]

Etwas später erfahren wir für das Jahr 462, daß Artaxerxes den Achaimenes mit der Niederschlagung der Apostasis beauftragt und ihm ein umfangreiches Aufgebot zur Verfügung gestellt habe. Daraufhin folgt die Schilderung der Schlacht von Papremis, allerdings ohne daß dieser Ortsname genannt wird. Die Perser werden trotz ihrer zahlenmäßigen Überlegenheit geschlagen und müssen sich mit ihren verbliebenen Kräften in die Weiße Mauer von Memphis zurückziehen. Auch die Athener haben nach Diodor bereits an dieser Schlacht teilgenommen und überdies die entscheidende Rolle gespielt. Artaxerxes habe zunächst versucht, die Lakedaimonier durch Bestechung zu einem Angriff auf Athen zu bewegen; nachdem diese sich allerdings als nicht kooperativ erwiesen, wurden zwei Männer namens Megabyzos und Artabazos mit der Rückeroberung Ägyptens betraut.[60] Für das folgende Jahr berichtet uns Diodor von den Vorbe-

---

ren. Datiert werden können diese Vorgänge durch den Verweis auf das Bürgerschaftsgesetz des Perikles im gleichen Jahr, nämlich 451/450. Philochoros erwähnt für die 83. Olympiade ein Getreidegeschenk von 30.000 Scheffeln, das ein Ψαμμήτιχος ὁ τῆς Λιβύης βασιλεύς den Athenern gesandt habe, für jeden Athener 5 Scheffel, vgl. Philochoros FGrHist 328, Frg. 119.

55   Hdt. 3,15,3 und Hdt. 2,140,2.
56   Thuk. 1,110,2: Ἀμυρταίου τοῦ ἐν τοῖς ἕλεσι βασιλέως.
57   Diod. 11,71,3: τοὺς φορολογοῦντας ... τῶν Περσῶν.
58   Diod. 11,71,3.
59   Diod. 11,71,4–6.
60   Diod. 11,74.

reitungen dieser beiden Feldherren und der ergebnislosen Belagerung der Weißen Mauer durch die Athener.[61]

Über das Ende des „Inaros-Aufstandes" lesen wir wiederum etwas später
Folgendes:[62] Nach der Fertigstellung ihrer Flotte und Armee in Kilikien und
Syrien seien die persischen Generäle gegen Ägypten vorgerückt und hätten nach
ihrer Ankunft die Belagerung der Weißen Mauer in Memphis beendet. Daraufhin hätten sie sich allerdings direkter Operationen gegen die Abtrünnigen und
die Athener enthalten und mehr auf eine taktierende Kriegsführung verlegt. So
sei der athenischen Flotte auf der Nilinsel Prosopitis durch die Anlage von Ka-
nälen das Wasser unter dem Kiel entzogen worden, woraufhin sich die Ägypter
von den Griechen abgewendet und mit den Persern einen Separatfrieden abge-
schlossen hätten. Die Athener hätten sich nun mit einer Tapferkeit, die jene der
Thermopylen-Kämpfer übertroffen habe, für den Kampf gegen die persischen
Truppen gewappnet; deren Kommandeure jedoch seien aus Furcht vor über-
mäßigen eigenen Verlusten zu Verhandlungen übergegangen und hätten schließlich die Athener über Libyen nach Kyrene abziehen lassen.

Endlich findet sich auch bei Diodor ein Hinweis darauf, daß sich in der
zweiten Hälfte des 5. Jahrhunderts in Ägypten eine unabhängige Herrschaft
halten konnte. Auch er berichtet nämlich von einem „König der Ägypter", für
den für das Jahr 410 sogar berichtet wird, daß er Ränke bezüglich Phöniniens
geschmiedet habe.[63]

Was trägt nun die Berichterstattung des Diodor[64] für die Beantwortung unserer Fragen bei? Für den Ausbruch der Unruhen bietet uns Diodor eine gegenüber Thukydides ganz neue Fassung; bei ihm erscheint es so, daß die Ägypter
gleichsam in einer Art von spontanem Volksaufstand zunächst persische Tributeintreiber verjagt hätten, um dann, nachdem sie bereits mit der Aufstellung von
Truppen begonnen hatten, mit Inaros einen König über sich einzusetzen. Dieser
habe dann die aufständischen Einheiten verstärkt und durch das Bündnis mit
Athen aufgewertet. Daß uns die Motive der Athener ausdrücklich genannt werden, möchte ich besonders hervorheben, da zumindest bei Diodor keine „idea-

---

[61] Diod. 11,75.

[62] Diod. 11,77,1–5.

[63] Diod. 13,46,6: τὸν (βασιλέα) τῶν Αἰγυπτίων ἐπιβουλεύειν τοῖς περὶ Φοινίκην πράγμασιν.

[64] Zumindest kurz soll erwähnt werden, auf welcher Basis dieser Bericht, der uns im
      Werk des Siziliers begegnet, ruht. Die Bücher 11 bis 15 sind weitestgehend aus der
      Universalgeschichte des Ephoros von Kyme geschöpft, dessen auf diese Weise er-
      haltenen Ausführungen uns die einzige fortlaufende Darstellung der griechischen
      Geschichte der Jahre 480 bis 350 bieten. Vgl. Meister 1997, 1089-1090. An dieser
      Stelle weist Meister auch auf eine pro-athenische Tendenz im Werke des Ephoros
      hin, die in den für uns relevanten Passagen unter Umständen bei der Beschreibung
      der außerordentlichen Tapferkeit der Athener auf Prosopitis greifbar ist.

listischen" Ziele vorgespiegelt werden, sondern sich die Kriegsziele der Griechen ganz im Rahmen der gängigen Machtpolitik hielten: Beteiligung an der politischen Macht in Ägypten, wie auch immer man sich dies vorzustellen hätte, und ökonomische Vorteile.

Die Schilderung der Schlacht von Papremis variiert von dem bisher gehörten dahingehend, daß Diodor die Athener ausdrücklich an dieser Schlacht teilnehmen läßt, während bei Herodot und Thukydides davon keine Rede ist.[65] Auch hinsichtlich der Anzahl der Schiffe, die von den Athenern und ihren Bundesgenossen nach Ägypten abgesandt wurden, sind sich Diodor und Thukydides nicht einig. Während ersterer von 300 Schiffen ausgeht, berichtet der Athener von 200 Einheiten.

Zum Ende der Apostasis ist als wichtige Abweichung von Thukydides erstens zu bemerken, daß die Ägypter ihre griechischen Verbündeten auf Prosopitis im Stich lassen und zweitens, daß die Griechen 2. über Kyrene in ihre Heimat entkommen können.

4. Die Sezession von 404/399

Bevor wir nun zur Auswertung des bisher betrachteten Materials kommen, wollen wir noch einen Blick auf die letzte Apostasis im persischen Ägypten des 5. Jahrhunderts werfen, die schließlich zur Lösung des Nillandes aus dem Verband des Achaimenidenreiches führte und die letzte Phase einer ägyptischen Unabhängigkeit einläutete.[66]

Die Quellensituation ist insgesamt sehr mager, nur wenige Streiflichter informieren uns über die Lage. Die Länge der Königsherrschaft des Amyrtaios, der uns von Manethon als einziger König der 28. Dynastie präsentiert wird, läßt sich anhand eines aramäischen Papyrus von der Nilinsel Elephantine näher bestimmen, da dieses Dokument in das fünfte Jahr dieses Königs datiert ist.[67] Weil uns aus dem Jahr 408 aus Elephantine noch Datierungen nach dem Großkönig Dareios (II.) vorliegen,[68] wird der Papyrus um das Jahr 400 einzuordnen sein.[69]

---

[65] Dies ist als argumentum e silentio natürlich mit Vorsicht zu genießen; dennoch würde ich, angesichts des hohen Stellenwertes, den die Athener bei Herodot und auch bei Thukydides insgesamt einnehmen, nicht darüber hinwegsehen wollen.

[66] Vgl. zur Geschichte der 28. bis 30. Dynastie Kienitz 1953, 76–113; Lloyd 1994; Huss 2001, 43–51.

[67] P.Cowley 35.

[68] So zumindest Cowley 1923, 129.

[69] Porten 1968, 295f., datiert diesen Papyrus auf den 19. Juni 400.

Diodor bietet uns für die Situation in Ägypten nach der Herauslösung aus dem Perserreich in seinem 14. Buch eine kurze Notiz:[70] Ihr zufolge gab es im Jahre 400 einen Ψαμμήτιχον τὸν βασιλέα τῶν Αἰγυπτίων, der ein Nachfahre Psammetich' I., des Begründers der 26. Dynastie gewesen sei. Von ihm berichtet Diodor nun, er habe den Satrapen von Ionien namens Tamos, der mit seiner Flotte und seinen Besitztümern vor Tissaphernes zu ihm geflohen war, mitsamt seinen Kindern töten lassen, um sich selbst in den Besitz der Schiffe und der Reichtümer zu setzen, obwohl er dem Tamos aufgrund ihm von diesem in der Vergangenheit erwiesener Wohltaten verpflichtet gewesen wäre.

Für unsere Fragestellung läßt sich aus diesen Zeugnissen immerhin die Erkenntnis gewinnen, daß die Personen, unter deren Führung Ägypten vom Perserreich getrennt wurde, wiederum libyscher Herkunft waren.[71]

5. Auswertung: Die Initiatoren und Träger der Apostaseis

Nachdem wir nun die Quellen ausführlich haben zu Wort kommen lassen, wollen wir uns der Auswertung des Materials zuwenden.

Meiner Ansicht nach kristallisieren sich bei der Beantwortung der Frage nach den Initiatoren und Trägern der Apostaseis im persischen Ägypten zwei Personengruppen besonders heraus, nämlich einige uns sogar namentlich bekannte Fürsten aus den direkt westlich an das Nildelta angrenzenden libyschen Gebieten und der Delisch-Attische Seebund.

Fassen wir zunächst zusammen, was uns zu den Männern berichtet wird, die unter Namen wie Amyrtaios, Inaros und Psammetichos[72] in den Quellen begegnen.[73]

---

[70] Diod. 14,35,4–5. Der weitere Zusammenhang der Flucht des Tamos vor Tissaphernes ist das Nachspiel der Rebellion des jüngeren Kyros gegen seinen Bruder Artaxerxes, welcher nach dem Sieg in der Schlacht von Kunaxa daran ging, die Lage in Kleinasien wieder ins rechte Lot zu bringen. Damit habe er den Tissaphernes betraut, der diejenigen Satrapen, die sich dem Kyros angeschlossen hatten, mit Ausnahme des Tamos wieder von ihrer Königstreue überzeugen konnte.

[71] Die Diskussion um die inneren Verhältnisse Ägyptens nach dem Abfall ist bei Huss 2001, 43 n. 6, sehr schön zusammengefaßt, so daß sie hier nicht nochmals geführt werden muß. Außerdem berührt sie nicht das Problem der Ethnizität der „Aufrührer".

[72] Zum wahrscheinlich libyschen Ursprung des Namens Psammetich vgl. Vittmann 2003, 15.

[73] Möglicherweise war auch die Unruhe der Jahre 486-484 durch einen Mann namens Psammetichos motiviert, vgl. Huss 2001, 36. Dieser scheint allerdings keine besondere Bedeutung erlangt zu haben, da die Informanten des Herodot oder der Ge-

Läßt man einmal die Angabe des Ktesias zu Inaros beiseite, so werden diese Männer einstimmig als Libyer eingestuft; daß sie teilweise auch als „König der Ägypter" begegnen, ist da kein Widerspruch.[74] Sie operieren von den Gebieten westlich von Mareia aus, Inaros leitet seine Aktionen mit der Eroberung ebenjener Grenzfestung ein. Nach dem Ende des „Inaros-Aufstandes" scheinen sich die Nachfolger des Inaros verschiedenen oben angesprochenen Hinweisen zufolge auch im westlichen Delta selbst – in den „Sümpfen" – gehalten zu haben, so daß sie als „König der Ägypter" wahrgenommen werden konnten. Der Erfolg des Amyrtaios in den Jahren ab 404 ist wohl in erster Linie dadurch zu erklären, daß das Perserreich nach dem Tode Dareios' II. in eine schwere Krise geriet, deren augenfälligstes Symptom der Bruderkrieg zwischen Artaxerxes II. und Kyros dem Jüngeren war. Daß das Regiment des Amyrtaios in Ägypten nur auf sehr schwankendem Boden ruhte, ist schließlich auch daraus ersichtlich, daß es ihm nicht gelang, eine dynastische Kontinuität zu schaffen.

Nun zu Athen und seinen Bundesgenossen. Obwohl ihr Eingreifen in den „Inaros-Aufstand" letztlich ein kostenintensiver Fehlschlag war, half es doch entscheidend, die Rebellen über mehrere Jahre in der Kontrolle des Deltas zu stützen. Das athenische Verhalten ist dabei selbstverständlich im Rahmen der allgemeinen Seebundpolitik jener Jahre zu sehen, die nach den erfolgreichen Operationen gegen die Perser im östlichen Mittelmeer besonders in den 460er-Jahren danach strebte, den Gegner im Osten überall dort zu schwächen, wo dies möglich erschien. Dies geht ja aus der Darstellung Diodors eindeutig hervor. Wenn man nun die oben ausführlich besprochene Schilderung des Thukydides zugrunde legt, kann man darüber hinaus geradezu den Eindruck gewinnen, daß

---

schichtsschreiber selbst seinen Namen nicht für berichtenswert hielten. Vgl. zu diesem Psammetich IV. Pestman 1984, 147f.

[74] Vgl. auch Vittmann 2003, 17. Sternberg-el Hotabi 2002, 125, bezeichnet den Inaros dennoch als Ägypter. Möglicherweise kommt sie zu dieser Schlußfolgerung, indem sie die nahe bei Ägypten lebenden Libyer aufgrund ihrer sicherlich vorhandenen kulturellen Beeinflussung durch die Hochkultur am Nil als Teil eines „ägyptischen Volkes" subsummiert. Dies scheint mir aber im Licht der eindeutigen Quellenaussagen nicht zulässig zu sein, da diese Leute zumindest in der Wahrnehmung der griechischen Historiker *keine* Ägypter, sondern eben Libyer waren. Besonders im Falle des Herodot könnte man sich auch die Frage stellen, inwieweit diese Einordnung der „Unruhestifter" durch seine Quellen, die in der ägyptischen Priesterschaft zu suchen sind, bedingt ist. Nähme man eine solche Abhängigkeit in diesem Detail an, könnte man aus der Einschätzung des Herodot auf diejenige der meinungsbildenden ägyptischen Bevölkerungsgruppe schließen, auch wenn dies freilich ebenso hypothetisch bleiben muß wie die Hintergedanken, die etwa die Priester bei der Zuweisung der Rolle der „Unruhestifter" an Libyer gehabt haben könnten.

es sich bei dem „Inaros-Aufstand" eher um einen Athenisch-Persischen Krieg auf ägyptischem Boden gehandelt hat, eine Auseinandersetzung, die man in moderner Terminologie als „Stellvertreterkrieg" bezeichnen könnte. In jedem Falle gewinne ich bei der Lektüre der betreffenden Passagen seines Werkes den Eindruck, daß er die Athener als die eigentlich treibende Kraft in den Auseinandersetzungen mit den Persern sieht. [75]

Ganz ähnlich erscheint es bei Diodor. Hier muß man freilich zwei Dinge beachten. Zum einen ist eine Benutzung des Thukydides durch Ephoros, die Vorlage Diodors, in den für uns relevanten Passagen nicht auszuschließen, so daß auf diese Weise ähnliche Aussagen erklärt werden können. Zum anderen ist besonders in der Beschreibung des Abwehrkampfes auf der Nilinsel Prosopitis eine schon als geradezu panegyrisch zu bezeichnende Überhöhung der Griechen zu verzeichnen, die nicht einmal den Vergleich mit der Schlacht an den Thermopylen scheut, ja dieses *exemplum* gar noch zu übertreffen vermag. Daher sollte man bei der Benutzung Diodors an dieser Stelle Vorsicht walten lassen, gerade wenn er, wie etwa bei dem glücklichen Entkommen der Griechen nach Kyrene, deutlich von Thukydides abweicht.[76] Sehr beachtenswert erscheint mir hingegen, daß er die Griechen bereits an der Schlacht von Papremis teilnehmen und ihnen auf diese Weise schon in der frühesten Phase der Kämpfe eine entscheidende Rolle zukommen läßt. Der Bericht des Thukydides schließt diese Teilnahme nicht aus, sie erscheint mir aus der bei ihm gegebenen Abfolge der Ereignisse[77] sogar wahrscheinlich zu sein.

Bei Herodot freilich begegnen die Athener im Rahmen des „Inaros-Aufstandes" überhaupt nicht. Über die Ursachen hierfür kann nur spekuliert werden, mir scheint es allerdings durchaus legitim zu sein, die Kürze und Beiläufigkeit, mit der Herodot den „Inaros-Aufstand" insgesamt erwähnt, als Erklärungsansatz anzuführen.[78]

---

[75]   Eine mögliche Erklärung für die starke Betonung der athenischen Rolle in den Kämpfen könnte gewiß auch darin liegen, daß Thukydides in erster Linie an den Geschicken und dem Machtzuwachs Athens interessiert war und diese daher über Gebühr herausgestellt hat.

[76]   Ob Bengtson 1977, 209 n. 1 den Bericht des Diodor aufgrund der Abweichungen von Thukydides als „wertlos" einstuft oder aus anderen Beweggründen heraus, erschließt sich mir nicht.

[77]   Diese sähe dann nach Diodor und Thukydides wie folgt aus: Zunächst erobert Inaros Mareia, unmittelbar danach ruft er die Athener um Hilfe an, die in der Schlacht von Papremis und bei der Eroberung des größten Teils von Memphis eine entscheidende Rolle spielen.

[78]   Schließlich sind die kurzen Notizen, die Herodot zu dieser Apostasis bietet, stets in die Darstellung gänzlich anderer Sachverhalte eingebunden und besitzen eher den Charakter von Randbemerkungen. Demgegenüber sind die Schilderungen bei Thu-

Nachdem wir uns Libyer und Griechen angesehen haben, die gegen Perser gekämpft haben, mag vielleicht noch die Frage aufkommen, welche Rolle die Ägypter selbst gespielt haben mögen, ereigneten sich doch die bewaffneten Zusammenstöße in ihrer Heimat. Man mag sich des Eindruckes nicht erwehren, daß sie sich grundsätzlich passiv verhielten. Eine aktivere Rolle räumten den Ägyptern nur Polyainos für die Ereignisse von 522 sowie Diodor für die Anfangsphase des „Inaros-Aufstandes" ein. Was haben wir nun davon zu halten?

Wie oben bereits angemerkt, steht der Schilderung der Ereignisse von 522 bei Polyainos diejenige bei Herodot gegenüber; es scheint mir kaum möglich, definitiv zu entscheiden, was in diesem Jahr am Nil wirklich passierte, zumal bei einer möglichen Involvierung eines Pharaos Petubastis III.[79] die Lage an Komplexität noch zunimmt.

Wenn Diodor den „Inaros-Aufstand" mit der Vertreibung persischer Tributsammler in einem gleichsam spontanen Ausbruch des ägyptischen „Volkszornes" beginnen läßt, so steht auch er mit dieser Schilderung allein da. Außerdem stellt sich mir die Frage, wie „die Ägypter" eine Armee anmustern konnten, ohne über eine Führungspersönlichkeit zu verfügen, welche dann durch Inaros abgelöst worden wäre. Eher wäre diese Stelle meiner Ansicht nach so zu lesen, daß erst mit dem Eingreifen des Inaros überhaupt ein gewisser Grad an Organisation in die Aktionen Einzug hielt.

Ob man schließlich davon sprechen kann, daß Inaros von den Ägyptern als König gleichsam erwählt worden sei, halte ich doch für sehr unwahrscheinlich. Ein solches Verhalten, nämlich das Bestimmen einer Führungspersönlichkeit durch einen Teil der oder durch die gesamte Bevölkerung, würde man eher in einem griechischen oder römischen Umfeld erwarten, jedoch gewiß nicht in einer Gesellschaft, die jahrtausendelang durch das vorderasiatische Königtum geprägt worden ist. Kurzum, ich halte es für sehr naheliegend, daß die Ereignisse in Ägypten durch Diodor oder seine Quelle Ephoros in einer Weise umgedeutet worden sind, die ihrem Bild von politisch-militärischen Prozessen eher entsprachen.

Wir haben ferner gesehen, daß weder in den Jahren 486–484 noch 463/462–454 Mittel- und Oberägypten den Persern zu entgleiten drohten, was im Falle

---

kydides und Diodor Teil des Hauptstranges des Berichtes und dementsprechend ausführlicher gestaltet. Demgegenüber könnte man vielleicht einwenden, daß gerade Herodot ein weiteres Beispiel des Ringens der Griechen mit den Persern gewiß in seinem Geschichtswerk gewürdigt hätte; doch scheint mir dies wiederum dadurch zu erklären zu sein, daß die Ereignisse der Jahre 463-454 nicht mehr im eigentlichen Berichtszeitraum des Herodot liegen.

[79] Vgl. Anm. 21.

des „Inaros-Aufstandes" damit begründet wird, daß es den Besatzern gelungen sei, mit Memphis den Zugang zu diesen Gebieten zu sperren und die Aufständischen im Delta gleichsam einzukesseln. Hier ist allerdings zu beachten, daß es durchaus auch südlich von Memphis Zeichen von Unruhe gab: Ein Ostrakon aus der Oase Dusch datiert auf einen „Inaros, Fürst der Rebellen".[80]

Meiner Ansicht nach zeigt sich an der weitgehenden Ruhe im südlich von Memphis gelegenen Ägypten aber ganz besonders die passive, ja gleichgültige Rolle der Einheimischen gegenüber den Persern. Denn diese mag vor allem dadurch hervorgerufen worden sein, daß es in den an Oberägypten angrenzenden Gebieten, beispielsweise in Nubien, niemanden gab, der als „König der Ägypter" einen „Aufstand" führen konnte.[81]

Man sollte also annehmen, daß die überwiegende Mehrheit der Bevölkerung Ägyptens unter der Herrschaft der Perser den Fremdherrschern eher leidenschaftslos gegenüberstand. Daher kann man vielleicht die Einschätzung Strabons hinsichtlich der mangelnden militärischen Gefährlichkeit der Ägypter, welche dieser in augusteischer Zeit abfaßte und die ihm als Begründung für die vergleichsweise schwache römische Truppenpräsenz in dieser Provinz diente, auch für die Zeiten der persischen Besetzung übernehmen.[82]

6. Ursachen und Anlässe

Während wir bezüglich des Anlasses für den Aufstand von 486–484 gänzlich im Dunkeln tappen,[83] liegt es sehr nahe, für die Unruhen von 522, 463/462–454 und 404–399 einen Zusammenhang mit dem jeweiligen Wechsel des Großkö-

---

80 Zu dem Ostrakon vgl. Chauveau 2004, 39–46. Durch dieses Zeugnis ist meiner Ansicht nach aber lediglich belegt, daß in dieser Oase Unruhe herrschte; ein vollständiger Abfall Mittel- und Oberägyptens ist daraus wohl ebensowenig zu erschließen wie eine breite Unterstützung durch die ägyptische Bevölkerung.

81 Auch die Gestalt des Naturraumes und, aus ihr erwachsend, die günstigere strategische Position der persischen Grenzwachen, die von der Festung auf der Insel Elephantine und von ihrem Stützpunkt im benachbarten Syene aus leicht den Zugang zum oberen Niltal sperren konnten, mögen dazu beigetragen haben, daß es hier anders als im Nildelta mit seinen schwer zu kontrollierenden Sümpfen ruhig geblieben ist.

82 Strabon 17,1,53.

83 Huss 2001, 36, spekuliert, ob vielleicht die Niederlage der Perser bei Marathon zum Aufruhr angestachelt hätte. Aufgrund der vergleichsweise geringen Bedeutung der Operation an der Ostküste Attikas für das Persische Reich insgesamt halte ich dies jedoch für unwahrscheinlich, da selbst nach dem grandios gescheiterten Skythenfeldzug des Dareios I. keinerlei Unruhe in Ägypten oder in anderen Reichs-teilen zu verzeichnen sind.

nigs von Kambyses II. zu Dareios I., Xerxes I. zu Artaxerxes I. sowie von Dareios II. zu Artaxerxes II. zu sehen, besonders auch, weil in allen Fällen der
Thronwechsel nur unter erheblichen Wirren vonstatten ging.[84] Darin haben die
Unruhen in Ägypten einen großen gemeinsamen Nenner mit Aufständen und
Sezessionen in anderen Reichsteilen, da uns für nahezu jeden Herrscherwechsel
auf dem Achaimenidenthron Erhebungen oder zumindest Unruhen aus verschiedenen Satrapien gemeldet werden. Dabei sind die Erhebungen der sogenannten Lügenkönige, deren Niederschlagung sich Dareios I. in der Inschrift
von Bagastāna rühmt, nur die bekanntesten.

Doch welche längerfristigen Entwicklungen führten zu Unruhe in Ägypten?
Waren diese Apostaseis Hungeraufstände oder „nationale" Erhebungen, also
Versuche eines wie auch immer zu definierenden „Volkes", sich einer verhaßten
Fremdherrschaft um der eigenen Freiheit willen zu entledigen? Man mag es bereits ahnen, daß diese beiden zuletzt von Sternberg-el Hotabi ins Spiel gebrachten Interpretationsansätze meiner Ansicht nach den Kern der Sache nicht
treffen können.

Den Hauptgrund dafür, daß wir es hier eher nicht mit Hungerrevolten oder
Freiheitskämpfen zu tun haben, sehe ich in dem bereits im vorherigen Abschnitt
herausgestellten Faktum, daß man „die Ägypter" nicht als Träger oder gar Initiatoren der Unruhen fassen kann. Hätten Hunger oder als Unterdrückung emp-
fundene Fremdherrschaft diese Unruhen ausgelöst, wäre es doch zu erwarten,
daß sich entweder eine oder mehrere Führungspersönlichkeiten aus den indigenen Eliten erhoben hätten, oder daß zumindest die auswärtigen Anstifter mehr
Zuspruch und Unterstützung erfahren hätten.[85]

Ferner möchte ich, wie es bereits Wirth[86] getan hat, darauf hinweisen, daß
wir etwa bei Herodot in seiner ausführlichen Schilderung Ägyptens keinen Hinweis darauf finden, daß es im Lande „gegärt" hätte, obwohl er nur 10–15 Jahre
nach der Niederschlagung des „Inaros-Aufstandes" das einstmals rebellische
Delta bereiste. Dies ist sicherlich aus sich heraus kein besonders schlagender

---

[84] Für den „Inaros-Aufstand" wird uns dieser Anlaß von Diod. 11,71,3 ja ausdrücklich
überliefert.

[85] Dies soll freilich nicht in Abrede stellen, daß es die bei Sternberg-el Hotabi 2000 und
2002 angesprochenen Mißstände in Versorgung und Verwaltung der Satrapie Mud-
rāya gegeben haben kann, die sich möglicherweise auch in Symptomen wie der
Anachorese niederschlugen. Ich halte es nach der Durchsicht der Quellen lediglich
nicht für wahrscheinlich, daß man diese etwaigen Erscheinungen als Ursachen der
Apostaseis wird ausmachen können.

[86] Wirth 2000, 303 n. 85, stellt dazu fest, daß bei Herodot „von einer antipersischen
Stimmung im Lande ... nichts zu spüren" sei. „Der Vater der Geschichtsschreibung"
hätte gewiß einen Weg gefunden, eine solche Stimmung festzuhalten, wenn er sie
denn wahrgenommen hätte.

Beweis. Wenn man allerdings bedenkt, wie eifrig die ägyptischen Priester, die sicherlich als Hauptinformationsquelle des Reisenden aus Halikarnassos anzusehen sind, den Fragenden mit zumindest zum Teil fragwürdigen Fakten über die Greueltaten des Kambyses versorgten, halte ich es durchaus für bemerkenswert, daß keine Nachrichten über gegenwärtiges von den Persern zu verantwortendes Unrecht weitergegeben wurden.

7. Schlußbetrachtung

Faßt man nun zusammen, was wir über die „Aufstände" in Ägypten während der ersten Perserzeit wissen, so stellen wir fest, daß die Ägypter weder als Initiatoren, noch in bedeutenderem Maße als Träger der Apostaseis zu fassen sind. Vielmehr sind es jeweils auswärtige Mächte beziehungsweise Personen, welche den Persern am Nil Schwierigkeiten bereiteten.

Was also die Ursachen der Aufstände angeht, könnte man eher geneigt sein, diese „Erhebungen" als Versuche libyscher Kleinherrscher einzustufen, den Persern eine reiche Provinz abspenstig zu machen oder auch als Teil der Politik des Delisch-Attischen Seebundes, das verfeindete Perserreich an einer offenen Flanke zu treffen. Inwieweit gewisse Teile der Bevölkerung durch antipersische Ressentiments den Libyern oder Hellenen zugeneigt waren, läßt sich kaum bestimmen. Die Tatsache allerdings, daß sich Amyrtaios etwa nur wenige Jahre halten und weder eine eigene Dynastie etablieren, noch sich selbst durch Baudenkmäler verewigen konnte,[87] deutet eher eine eingeschränkte Unterstützung durch die Ägypter an.

Daher komme ich zu dem Schluß, daß wir es im perserzeitlichen Ägypten weniger mit „Aufständen", als vielmehr mit Versuchen einer Sezession zu tun haben, die von auswärtigen Personen und Mächten initiiert und getragen wurden, während die Ägypter selbst, um deren Land ja schließlich gekämpft wurde, zumindest nach Ausweis der uns vorliegenden Quellenzeugnisse weitgehend gleichmütig auf das Geschehen reagierten. Um ein letztes Mal Friedrich Kienitz – hier im Zusammenhang der Übernahme Ägyptens durch Alexander von Makedonien – zu Wort kommen zu lassen:

> „In Ägypten rührte und regte sich nichts. Auch als vor der Schlacht von Issos der Satrap Sabakes mit dem größten Teil der persischen Besatzung zum Heer des Großkönigs gestoßen war, blieb alles ruhig. Nicht einmal nach der Einnahme von Tyros und Gaza durch Alexander kam es zu einer Bewegung der Ägypter gegen die persi-

---

[87] Kienitz 1953, 78.

sche Restbesatzung unter Mazakes. Noch einmal zeigte sich, daß alle Erhebungen gegen die Perser in den vergangenen anderthalb Jahrhunderten nicht von den Ägyptern ausgegangen waren. Diesmal aber war kein libyscher oder nubischer Dynast zur Stelle, der die Lage für sich auszunutzen versuchte."[88]

---

[88] Kienitz 1953, 112.

Literaturverzeichnis

Baines, J. 1996, „On the Composition and Inscriptions of the Vatican Statue of Udjahorresne", *Studies in Honor of William Kelly Simpson* [Fs Simpson], Band 1, ed. Der Manuelian, P., Boston, 83–92.

Bengtson, H. ⁵1977, *Griechische Geschichte. Von den Anfängen bis in die Römische Kaiserzeit* (=Handbuch der Altertumswissenschaft Abt. 3, Teil 4), München.

Bichler, R. 2004, „Ktesias ‚korrigiert' Herodot. Zur literarischen Einschätzung der Persika", *Ad fontes! Festschrift für Gerhard Dobesch zum fünfundsechzigsten Geburtstag am 15. September 2004 dargebracht von Kollegen, Schülern und Freunden. Unter der Ägide der Wiener Humanistischen Gesellschaft*, ed. Heftner, H./Tomaschitz, K. Wien, 105–116.

Briant, P. 2002, *From Cyrus to Alexander. A History of the Persian Empire* (=Ders. 1996, *Histoire de l'empire perse de Cyrus à Alexandre*, Paris), Winona Lake.

Burkard, G. 1994, „Literarische Tradition und historische Realität. Die persische Eroberung Ägyptens am Beispiel Elephantine", *ZÄS* 121, 93–106.

Burkard, G. 1995, „Literarische Tradition und historische Realität. Die persische Eroberung Ägyptens am Beispiel Elephantine. Indizien gegen eine Zerstörung der Tempel", *ZÄS* 122, 31–37.

Cameron, G.C. 1943, „Darius, Egypt, and the ‚Lands beyond the Sea'", *JNES* 2, 307–313.

Chauveau, M. 2004, Inarôs, prince des rebelles, *Res Severa Verum Gaudium. Festschrift für Karl-Theodor Zauzich zum 65. Geburtstag am 8. Juni 2004*, ed. Hoffman, F./Thissen, H.-J., Leuven, 39–46.

Cowley, A. 1923, *Aramaic Papyri of the Fifth Century B. C.*, Oxford (ND 1967).

Crum, W.E. 1939, *A Coptic Dictionary*, Oxford.

Erichsen, W. 1954, *Demotisches Glossar*, Kopenhagen.

Hinz, W. 1976, *Darius und die Perser. Eine Kulturgeschichte der Achämeniden*, Baden-Baden.

Hughes, G.R. 1983, The So-called Pherendates Correspondence, *Grammata Demotica. Festschrift für Erich Lüddeckens zum 15. Juni 1983*, ed. Thissen, H.-J./Zauzich, K.-Th. Würzburg, 75–86.

Huss, W. 2001, *Ägypten in hellenistischer Zeit. 332–30 v.Chr.*, München.

Jacoby, F. 1922, „Ktesias", *RE XI,2*, Sp. 2032–2073.

Jacoby, F. 1913, „Herodotos" (7), *RE Suppl. II*, Sp. 205–520.

Jansen-Winkeln, K. 2000, „Die Fremdherrschaften in Ägypten im 1. Jahrtausend v.Chr.", *Orientalia* 69, 1–20.

Kaiser, O. (ed.) 1982, *Texte aus der Umwelt des Alten Testaments Band I. Rechts- und Wirtschaftsurkunden. Historisch-Chronologische Texte*, Gütersloh.

Kienitz, F.K. 1953, *Die politische Geschichte Ägyptens vom 7. bis zum 4. Jahrhundert vor der Zeitenwende*, Berlin.

Klinkott, H. 2005, *Der Satrap. Ein achaimenidischer Amtsträger und seine Handlungsspielräume.* Oikumene Studien zur antiken Weltgeschichte 1, Frankfurt a.m.

Landmann, G.P. 1960, Thukydides, Geschichte des Peloponnesischen Krieges, Zürich/Stuttgart.

Lloyd, A.B. 1982, „The Inscription of Udjahorresnet. A Collaborator's Testament", *JEA* 68, 166–180.

Lloyd, A.B. 1994, „Egypt", 404–332 B. C., The *Cambridge Ancient History, Second Edition Vol. VI*, ed. Lewis, D.M. u.a., Cambridge u.a., 337–360.

Meister, K. 1997, „Ephoros", *DNP III*, 1089–1090.

Oldfather, C.H. 1946, Diodorus of Sicily IV, Cambridge/London.

Oldfather, C.H. 1950, Diodorus of Sicily V, Cambridge/London.

Pestman, P.W. 1984, The Diospolis Parva Documents: Chronological Problems concerning Psammetichus III and IV, *Grammata Demotica. Festschrift für Erich Lüddeckens zum 15. Juni 1983*, ed. Thissen, H.-J./Zauzich, K.-Th., Würzburg, 145–155.

Porten, B. 1968, *Archives from Elephantine. The Life of an Ancient Jewish Military Colony*, Berkeley.

Posener, G. 1936, *La première domination perse en Égypte.* Recueil d'Inscriptions Hiéroglyphiques (BdÉ 11), Kairo.

Sethe, K. 1917, „Die historische Bedeutung des 2. Philä-Dekrets aus der Zeit des Ptolemaios Epiphanes", *ZÄS* 53, 35–49.

Salmon, P. 1965, *La Politique Égyptienne d'Athènes*, Brüssel.

Spiegelberg, W. 1928, *Drei demotische Schreiben aus der Korrespondenz des Pherendates, des Satrapen Darius' I. mit den Chnumpriestern von Elephantine.* SBAW Phil.-Hist. Klasse, Berlin.

Sternberg-el Hotabi, H. 2000, „Politische und sozio-ökonomische Strukturen im perserzeitlichen Ägypten", *ZÄS* 127, 153–167.

Sternberg-el Hotabi, H. 2002, „Die persische Herrschaft in Ägypten", *Religion und Religionskontakte im Zeitalter der Achämeniden*, ed. Kratz, R.G., Gütersloh, 111–149.

Stolper, M. W. 1989, „The Governor of Babylon and Across-the-River in 486 B.C.", *JNES* 48, 283–305.

Weissbach, F.H. 1908, „Zur neubabylonischen und achämenidischen Chronologie", *ZDMG* 62, 629–647.

Vittmann, G. 2003, *Ägypten und die Fremden im ersten vorchristlichen Jahrtausend*, Mainz.

Wirth, G. 2000, „Hellas und Ägypten: Rezeption und Auseinandersetzung im 5. bzw. 4. Jht. v. Chr.", *Ägypten und der östliche Mittelmeerraum im 1. Jahrtausend v. Chr.* Akten des Interdisziplinären Symposions am Institut für Ägyptologie der Universität München 25.–27.10.1996, ed. Görg, M./Hölbl, G. Wiesbaden, 281–319.

Xerxes in Ägypten.
Gedanken zum negativen Perserbild in der Satrapenstele

Hilmar Klinkott

Im Geschichtsbild der griechischen und orientalischen Antike ist kaum eine Person so negativ besetzt wie Xerxes I.[1] Der achaimenidische Großkönig hatte nicht nur Krieg gegen Griechenland geführt und griechische Heiligtümer, sogar die Akropolis von Athen zerstört, er galt auch als durch und durch grausam, unmoralisch und zügellos[2]. Heleen Sancisi-Weerdenburg hat schon 1987 gezeigt, daß die historische Person des Xerxes schwer zu fassen und sein Charakter unmöglich zu rekonstruieren ist. Fast alle Quellen über persönliche Aspekte des Großkönigs entstammen der griechischen, antipersischen Perspektive.[3] Die altpersischen Inschriften hingegen stehen in einem festen Formular achaimenidischer Königsrepräsentation und -legitimation. Auch die sogenannte Daiva-Inschrift des Xerxes (XPh) setzt das politische (und ideologische) Programm des Dareios, wie es etwa in der letzten Kolumne der Behistun-Inschrift formuliert ist, fort.[4] Die aus Persepolis stammende große Königsinschrift Xerxes I.[5] wird gelegentlich als persisches Zeugnis für die Religionsfrevel des Großkönigs herangezogen.[6] Denn dort heißt es in § 4:

> „Unter diesen Ländern war (eines), wo früher falsche Götter verehrt wurden. Daraufhin zerstörte ich mit Auramazdas Hilfe diesen Götzenstall, und ich verkündete: Falsche Götter (daivā) sollen nicht verehrt werden! Wo früher die falschen Götter verehrt wurden, da verehre ich Auramazda in der richtigen Weise."

Allerdings beinhaltet diese Inschrift keinen konkreten Verweis auf ein Kriegsereignis, der Zug gegen Griechenland bleibt gänzlich unerwähnt.[7] Auch von einem Raub der Götterbilder spricht der Text nicht. H. Sancisi-Weerdenburg be-

---

1   Siehe etwa Isokr. In Phil. 42f.
2   Siehe zusammenfassend Sancisi-Weerdenburg 1989, 549f.
3   Sancisi-Weerdenburg 1989, 550–554.
4   Sancisi-Weerdenburg 1987, 557f.; dies. 1980, 35.
5   XPh, hier zitiert nach der neuesten Edition von Schmitt 2000. Zur Veröffentlichung der Inschrift in verschiedenen Reichsteilen siehe Mayrhofer 1970, 161 (auch ders. 1979, 167–180); Stronach 1965, 19f.: Kopie aus Pasargadai.
6   Siehe Hinz 1967, 2100; ders. 1979, 17; Littman 1974/75, 153. Vgl. außerdem Mayrhofer 1970, 172.
7   Siehe Sancisi-Weerdenburg 1980, 4–6, 11–14; Mayrhofer 1970, 166.

merkt zu recht, daß der Text weder Elemente eines persönlichen Glaubensbekenntnisses enthält, noch eine Wende in der toleranten Religionspolitik darstellt.[8] In der Tat finden sich bei Herodot auch etliche Hinweise für den Schutz fremder Götter und Kulte durch Xerxes.[9] Dennoch steht die Daiva-Inschrift dazu nicht im Widerspruch. Die Zerstörung der „falschen Götter" betrifft vielmehr nur die eigene Religion des Xerxes. Innerhalb des Auramazda-Kultes duldet Xerxes nicht die Anbetung „falscher Götter".[10] Welche diese sind, sagt er nicht; immerhin gibt es auch andere, „gute" Götter neben Auramazda, die in DB IV 61.63 (§ 62f.) als apers.: bagāha- bezeichnet werden.[11] Vor allem verdeutlicht der unpersönliche Charakter der Inschrift auf allgemein gültige Weise: Wer vom König abfällt, wird bestraft, und die heiligen Plätze der Aufständischen werden zerstört werden. Das ideologische Programm des Großkönigs, wie es auch schon unter Dareios I. zu finden ist, verkündet den Schutz der Götter und Kulte seiner Untertanen.[12] Nur wo die Götter für die Politik und den Widerstand gegen den Großkönig instrumentalisiert werden, unterliegen sie ähnlich harten Strafen wie die Aufständischen. J. Wiesehöfer hat darauf hingewiesen, daß mit dieser Sichtweise zu erklären ist, wieso die Akropolis zerstört wurde, aber schon am Tag danach auf Befehl des Xerxes dort denselben Göttern von den exilierten Athenern im persischen Gefolge geopfert wurde.[13]

Vor diesem Hintergrund ist die Daiva-Inschrift also kein Beleg für den Götterraub und Religionsfrevel des Xerxes, sondern bezeugt im Gegenteil, daß der Großkönig eigene und fremde Kulte schütze. Für eine Beurteilung des Xerxes und seiner Regierungspolitik sollte man sich daher vom griechisch beeinflußten, literarischen Negativbild, wie es vor allem durch Herodot und Ktesias geprägt ist, distanzieren und zeitgenössische oder nicht griechisch beeinflußte Quellen heranziehen. Die altpersischen Inschriften aus Persepolis und Naqš-i Rustam sind wie die zitierte Xerxes-Inschrift auch nur bedingt zu nutzen, da sie der offiziellen und programmatischen Repräsentationssprache folgen. Aus dem gesamten Osten des Perserreichs sind schriftliche Zeugnisse sehr rar. Nur wenige Tafeln der Persepolisarchive gehören in die Zeit Xerxes' I. und bieten als

---

[8]   So z.B. Dandamaev 1989, 347–360. Vgl. dazu Sancisi-Weerdenburg 1980, 15f.; ebenso Walser 1984, 50; Scheer 2003, 71.

[9]   Hdt. VI 6, 97; 118; VII 197; VIII 35–38.

[10] Aus diesem Grund vermutete Herzfeld 1937, 73f. auch, daß der Aufstand allein „iranische Provinzen" betraf.

[11] Siehe In der Smitten 1973, 369, der den Daiva eher die Bedeutung „Götze" zuspricht; ausführlich Herzfeld 1937, 74; Sancisi-Weerdenburg 1980, 19–21.

[12] DNa § 3. Wiesehöfer 1994, 88; Sancisi-Weerdenburg 1989, 557f.

[13] Hdt. VIII 54; siehe Wiesehöfer 1994, 87f.; ders. 1987b, 397; Briant 1996, 564–566. Ebenso ist auch der Raub des Astragals aus Didyma zu verstehen, der aber kein Götterbild darstellt!

registerartige Verwaltungs- und Wirtschaftstexte keine Aussagen über Politik und Verwaltungskonzepte des Großkönigs.

Aus Ägypten liegen einige Belege aus der Zeit des Xerxes vor, doch auch hier fällt auf, wie gering die Informationen zur Geschichte und Verwaltung des Landes sind, wenn man die griechischen Nachrichten ausblendet. Nach George Posener nennen sechs Felsinschriften aus dem Wadi Hammamat den Großkönig:[14]

Nr. 25: „Herr der (beiden) Kronen, der Herr(scher), der die Riten vollendet, Xerxes".

Nr. 26: "Herr der Kronen, Xerxes"

Nr. 27: „Herr der beiden Länder, Xerxes".

Nr. 28 in geneaologischer Folge: „Herr der beiden Länder Kambyses, ... Herr der beiden Länder, Dareios, ... Herr der beiden Länder, Xerxes,"

Nr. 29: „Herr der beiden Länder, Xerxes".

Nr. 30: „Herr der Kronen, Xerxes, der lebt wie Rê ewiglich."

Eine Ausnahme stellt ein kleines Inschriftenfragment dar, das den Königsnamen und Titel „der Pharao Xerxes" in Hieroglyphen sowie den orientalischen Namen „Xerxes, der große König" in Altpersisch, Babylonisch und Elamisch trägt.[15] Es handelt sich dabei um den einzigen Text unter Xerxes außerhalb der Persis, der nach dem Muster der Königsinschriften in der Landessprache sowie den drei offiziellen Repräsentationssprachen abgefaßt ist.

Hinzu kommen 41 Vasenfragmente mit dem Namen des Xerxes, der gelegentlich durch einen knappen Titel ergänzt wird:

(6) Nr. A 43–48: „König von Ober- und Unterägypten, Herr der zwei Länder, Xerxes, der ewig lebt".

(28) Nr. B 49–76: „Xerxes, der große König"

(4) Nr. 48, 75–77: nur Name ist rekonstruierbar.

Den ägyptischen Belegen ist gemeinsam, daß sie den Großkönig entweder mit traditionell ägyptischer oder orientalischer (sprich: altpersischer) Titulatur erwähnen. Keiner der Texte läßt eine positive oder negative Wertung erkennen.

---

[14] Übersetzung nach Posener 1936, 120–130.

[15] Posener 1936, 131–136 (Nr. 36); ausführlich jetzt Klinkott 2007 (im Druck).

Ein ganz anderes Bild von der Politik der achaimenidischen Fremdherrscher scheint dagegen die sogenannte Satrapenstele zu liefern, die allerdings erst unter Ptolemaios I. 311 v. Chr. entstanden ist. Dort heißt es in §§ 8–11:[16]

„Es sprach seine Majestät zu dem, der an seiner Seite war: ‚Laßt mich von diesem Sumpfgebiet wissen!‘ Da sprachen sie zu Seiner Majestät: ‚Das Sumpfgebiet mit Namen „Das Land der Uto" gehörte früher den Göttern von Pe und Dep, bevor (9) es der Feind _Ḫšrjjš_ umwandte. Er hat davon nicht (mehr) den Göttern von Pe und Dep geopfert.‘ Es sprach Seine Majestät: ‚Man bringe die Reinigungspriester und Notablen von Pe und Dep.‘ Sie wurden ihm eiligst herbeigebracht. Es sprach Seine Majestät: ‚Man lasse mich die Macht der Götter von Pe und Dep wissen, entsprechend dem, was sie gegen den Frevler getan haben (10) wegen der Übeltat, die er begangen hat.‘ ‚Siehe‘, sagten sie, ‚der Feind _Ḫšrjjš_, er hat eine Übeltat gegen Pe und Dep begangen. Er hat seinen (= des Tempels) Besitz geraubt.‘ Sie sprachen vor Seiner Majestät: ‚O König, unser Herr!‘ Horus, der Sohn der Isis und Sohn des Osiris, der Herrscher der Herrscher, der oberägyptische König der oberägyptischen Könige, der unterägyptische König der unterägyptischen Könige, der Schützer seines Vaters, Herr von Pe, der Erste der Götter, (11) die danach entstanden sind, ohne daß es einen (derartigen) König nach ihm gab. Er (= Horus) hat den Feind _Ḫšrjjš_ zusammen mit seinem ältesten Sohn aus seinem Palast vertrieben. Bekannt ist es heute in Sais der Neith an der Seite der Gottesmutter.‘"

Bevor der Historizität der Ereignisse und der Ermordung nachgegangen werden kann, ist die Frage nach der Identifikation des _Ḫšrjjš_ zu klären.

Zur Identifikation des _Ḫšrjjš_

Nach sprachwissenschaftlichen Gesichtspunkten gibt die Satrapenstele die hieroglypische Schreibung des altpersischen Königsnamens recht genau wieder (äg.: _Ḫšrjjš_; apers.: Xšayāršan).[17] Lediglich das -r- scheint in seiner Position verrutscht zu sein. Dieser ‚Fehler‘ fällt allerdings kaum ins Gewicht, wenn man sich zum Vergleich die alttestamentliche Schreibung des Xerxes-Namens vor Augen hält: Die Erzählung von Esther, deren Entstehung ebenfalls in die (früh?-)ptolemäische Zeit fällt, wurde in die Herrschaft des persischen Königs Axašwēroš

---

[16] Die folgende Übersetzung stammt aus der Magisterarbeit von Hermann Knuf, die dieser uns freundlicherweise zur Verfügung gestellt hat und die Sabine Kubisch an der Satrapenstele im Museum Kairo überarbeitet hat.

[17] Siehe Beckerath ²1999, 220f.; Mayrhofer 1979b, II/30: Nr. 66; Justi 1895, 173f.

zurückverlegt, der trotz der lautlichen Abweichung mittlerweile eindeutig als Xerxes identifiziert ist.[18]

Eine Deutung des Königsnamens in der Satrapenstele als Artaxerxes scheidet nach den Konsonantengruppen sowohl für die ägyptische (*3rthšsš* – Artašatra) als auch für die altpersische Namensform grundsätzlich aus (apers.: Rtaxšaça) und beruht allein auf inhaltlichen Schlußfolgerungen.[19] Letztere stützen sich im wesentlichen auf die scheinbar entsprechenden Freveltaten Artaxerxes' III., wie sie in Diod. XVI 51, 2 berichtet werden:

> „Nachdem Artaxerxes aber ganz Ägypten eingenommen und die Mauern der angesehensten Städte zerstört hatte, plünderte er die Heiligtümer, erbeutete eine große Menge an Silber und Gold und entführte die Aufzeichnungen aus den alten Heiligtümern."

Ähnliche Schandtaten finden sich zwar auch in der Satrapenstele, werden aber nicht in dieser Häufung allein auf die Person des *Ḫšrjjš* bezogen. Zudem berichtet Diodor unmittelbar im Anschluß an seine Schilderung, daß Bagoas den ägyptischen Priestern die geraubten Schriften gegen hohe Bezahlung zurückerstattete.[20]

P. Briant hat unter Berücksichtigung der inhaltlichen Argumente und durch die Verbindung zu Chababash, die Lesung *Arses* für Artaxerxes IV. vorgeschlagen.[21] Allerdings ist auch diese Lesung nicht mit der hieroglyphischen Schreibung vereinbar, zumal der Name Arses durchaus lautgerecht ins Ägyptische umgesetzt werden kann.

Lautgesetzlich liegt es also nahe, die Namensform als ägyptische Umsetzung des altpersischen Königsnamens zu verstehen und als Xerxes zu lesen. Grundsätzlich kommen die Deutungen als Xerxes I. (486–465 v. Chr.) und als Xerxes II. (424–423 v. Chr.) in Frage. Letzterer scheidet aus, da Xerxes II. nur we-

---

18 Grundlegend siehe Levenson 1997; Dorothy 1997; Zenger u.a. ⁴2001, 270f. Lange wurde dieser König als ein Artaxerxes gedeutet: z.B. Hoschander 1923, 42–80; vgl. Stiehl 1982, 255. Sie hat gezeigt, daß der Name einer elamischen Lautform von ‚Xerxes' entlehnt ist: ebd. 256–258; siehe auch Levenson 1997, 25; Ackroyd 1988, 35, 41; Bickerman 1976, 246–274; Littman 1974/75, 145–155. Zur sprachwissenschaftlichen Erklärung: Mayrhofer 1970, 165.

19 Zur ägyptischen Schreibung des altpersischen Namens Artaxerxes siehe Beckerath 1999, 220f.; Spalinger 1978, 150f., 152; Devauchelle 1995, 77 mit Anm. 42 gibt an, daß „der Feind Xerxes" laut der Satrapenstele vor und nach Chababash regiert habe. Der Text selbst enthält allerdings diese Angabe nicht! Einen ausführlichen Überblick über die Diskussion bietet Huß 1994, 100–102.

20 Diod. XVI 51, 2.

21 Briant 1996, 1044; Schmitt 1982, 88.

nige Wochen als Großkönig amtierte, bevor er von Sekyndianos ermordet wurde.[22] Von Xerxes I. ist dagegen sowohl durch griechische als auch ägyptische Quellen bekannt, daß er als Großkönig und Pharao in Ägypten amtierte.[23] Die Verbindung zu Chababash, der laut der Satrapenstele die Enteignungen des Tempels rückgängig machte, hat bislang zu der Meinung geführt, daß nicht Xerxes I. gemeint sein könne, sondern in diesem Namen eigentlich auf Artaxerxes III. angespielt werde.[24] Die zeitliche Spanne zwischen der Zerstörung und Enteignung unter Xerxes I. (486–465 v.Chr.) und Chababash, der aufgrund anderer ägyptischer Inschriften mittlerweile wohl unter Artaxerxes IV. (338–336 v.Chr.) und Dareios III. (336–330 v.Chr.) zu datieren ist, sei zu groß. Vielmehr wäre anzunehmen, daß sowohl in der langen Zwischenzeit der persischen Regierung als auch in den 60 Jahren der ägyptischen Unabhängigkeit dieser Zustand der Zerstörung revidiert worden wäre.[25]

In der Tat ist festzuhalten, daß diese Maßnahmen nur durch die Satrapenstele bekannt sind. Die Behauptung, es sei unwahrscheinlich, daß die Landesenteignung so lange wirksam war, bis Chababash sie rückgängig machte, basiert allein auf der Annahme, daß sie den Einwohnern angeblich als unerträgliche Demütigung erschien. Davon spricht der Text aber nicht. Ebenso wäre vorstellbar, daß Xerxes eine Rechtsfrage, z.B. über Besitzansprüche der Anwohner gegenüber dem Tempel, entschied, und dieser Vorgang erst später als „Unrecht des Königs" gedeutet wurde.

In § 11 berichtet die Stele: „Er (d.i. wohl der Gott Horus) hat den Feind Xerxes zusammen mit seinem ältesten Sohn aus seinem Palast vertrieben." Die Kombination des Xerxes-Namens mit einer gewaltsamen Beseitigung eines Großkönigs ist wohl das stärkste Argument für eine Identifikation mit Xerxes I.

Nach dem Bericht des Ktesias bei Photios fiel Xerxes I. im August 465 v.Chr. einem Umsturzversuch des Hyrkaners Artabanos, dem Kommandanten der königlichen Leibgarde, zum Opfer. In den Wirren um die Thronfolge wurde Dareios, der Sohn und Kronprinz des Xerxes, von seinem jüngeren Bruder Artaxerxes ermordet, der auf diese Weise die Königswürde erlangte.[26] Nicht zu-

---

[22] Wiesehöfer 1994, 56f.; Balinski 1987, 295–303.

[23] Xerxes I. führte dieselbe ägyptische Titulatur wie seine Vorgänger Kambyses (II.) und Dareios I.: siehe Briant 1998, 11; zu den Thronnamen: Schmitt 1977, 422–425; ders. 1982, 83–95; ders. 1985, 418f.

[24] Ausführlich zu dieser Diskussion: Huß 1994, 100–102; siehe besonders auch Spalinger 1978, 150–152.

[25] Huß 1994, 100ff. scheint auch davon auszugehen, daß der Tempel zerstört war. Davon ist im Text der Stele aber nichts zu erfahren.

[26] Ktes. § 29–30/Phot. Bibl. 72, 39b, 39–40a, 40: Bei Ktesias heißt der Eunuch Aspamitres; außerdem ist noch Megabyzos in die Verschwörung verwickelt; Arist. Pol. V 8, 14 (1311b); Diod. XI 69, 1f.; 71f. Vgl. auch Aelian, Var.Hist. XIII 3; Iust. III 1–9,

fällig fehlt dem Xerxes-Name daher wohl im ägyptischen Stelentext nicht nur die Königskartusche, sondern dieser ist zusätzlich mit einem in dieser Variante unbekannten Determinativ versehen: Es zeigt einen kopflosen Mann, dessen Hände auf dem Rücken gefesselt sind – die Kennzeichnung als ‚Feind' – und dem ein Messer in die Brust gestoßen ist.[27] Besonders letzteres wird als Indiz gewertet, daß die ‚Vertreibung aus dem Palast' explizit die Ermordung des Großkönigs meint.

Die ungewöhnlichen Umstände beim Tod des persischen Großkönigs (die Ermordung gemeinsam mit seinem ältesten Sohn, also dem Thronfolger) läßt sich im Zusammenhang mit den Nachrichten bei Ktesias wohl recht eindeutig mit Xerxes I. verbinden. Allerdings ergeben sich dann einige inhaltliche Unstimmigkeiten. So wurde der Raub des Kultgerätes, der Götterbilder und Tempelschriften von einigen Bearbeitern[28] als der Frevel gedeutet, den *Ḫšrjjš* an dem Tempel von Buto begangen haben soll, zumal es auch dort in § 10 heißt: „Er hat seinen (= des Tempels) Besitz geraubt." Dabei ist zunächst aber zu betonen: Die Entführung der Tempelgüter, Archive und Kultbilder durch die Perser (§ 3) und die Enteignung des Tempellandes durch *Ḫšrjjš* (§ 8f.) stehen in der Satrapenstele in keinem direktem inhaltlichen Bezug. Die Rückführung der geraubten Bilder und Schriften wird vielmehr als positive Leistung des makedonischen Satrapen Ptolemaios hervorgehoben, ohne daß diese Freveltat dem *Ḫšrjjš* präzise zugewiesen werden kann. Vielmehr drängt sich dieser Schluß allein durch den jeweiligen Verweis auf die Perser und das allgemein negative Bild des Großkönigs in einer implizierten Verbindung auf. Bei genauerem Hinsehen sprechen jedoch einige Argumente dagegen: Erst Ptolemaios soll die Götterbilder und das Kultgerät aus Asien zurückgebracht haben (§ 3), der Tempel von Buto scheint aber bereits unter Chababash wieder einen funktionierenden Kult mit den zugehörigen Priestern besessen zu haben (§ 9). Zudem betont der Text in § 3 unmißverständlich, daß die Güter „der Tempel Ober- und Unterägyptens zurückgebracht" wurden. Es waren also alle Tempel des Landes, und nicht nur der von Buto, von dem angeblichen Bilderraub betroffen, von dem wir als Maßnahme des Xerxes aus den anderen Teilen Ägyptens jedoch nichts hören. Vielmehr scheint es sich bei dem Frevel des *Ḫšrjjš* allein darum gehandelt haben, daß er die Erträge des Tempellandes für sich beanspruchte und nicht mehr den Göttern als Opfer zur Verfügung stellte.

---

zum Kronprinzen: III 1, 3. Siehe ausführlich Wiesehöfer 2007, 4–12; ders. 2005, 37–44; Briant 1996, 581–585; Kuhrt 1995, 671; Young 1988, 77.

[27] Siehe hierzu die unveröffentlichte Magisterarbeit Knuf 2002, 52; sehr gut auch zu erkennen auf der Fotografie in Grimm 1997, 237 (Abb. 8). Dieses Determinativ als Kennzeichnung für Feind: Devauchelle 1995, 77.

[28] Wachsmuth 1871, 468; Olmstead 1948, 235; Briant 1996, 564.

Die griechischen Quellen berichten so gut wie nichts über Xerxes I. in Ägypten. Allein Herodot erwähnt, daß Xerxes im zweiten Jahr nach dem Tod des Dareios (484 v.Chr.) und noch vor dem großen Griechenlandzug gegen Ägypten marschierte, um dort die Aufständischen zu unterwerfen.[29] Und so heißt es in Hdt. VII 7:

„Als so Xerxes zum Krieg gegen Griechenland überredet war, unternahm er im zweiten Jahr nach Dareios' Tod zunächst einen Feldzug gegen die Aufrührer (= die Ägypter). Nachdem er diese unterworfen und ganz Ägypten in noch härtere Abhängigkeit als unter Dareios gebracht hatte, teilte er es seinem Bruder Achaimenes, einem Sohn des Dareios, zur Verwaltung zu. Diesen Statthalter Ägyptens ermordete bald danach der Libyer Inaros, ein Sohn des Psammetichos."[30]

Möglicherweise könnte sich dieser Aufstand einer der wohlhabendsten Satrapien im Reichsgebiet auch in der sogenannten Daiva-Inschrift Xerxes' I. aus Persepolis wiederfinden. Recht verschlüsselt rühmt sich dort der Großkönig (XPh 28–35):

„Es spricht Xerxes, der König: Als ich König wurde, gab es unter diesen Länder, die oben aufgeschrieben sind, eines, das in Aufruhr war. Hernach gab Auramazda mir Hilfe. Durch die Gunst des Auramazda warf ich dieses Land nieder und stellte es auf seinen Platz."

Die von Herodot angesprochene Härte des Xerxes gegenüber seinem Vorgänger Dareios scheint sich in der Tat auf das jeweils unterschiedliche Verhältnis zu den ägyptischen Tempeln zu beziehen. Dareios, der um eine friedliche Eingliederung des Landes in den Reichsverband bemüht war, hatte die von Kambyses aberkannten Einkünfte den Tempeln zurückerstattet. Xerxes hat dagegen diesen wohl erneut spezielle Abgabenzahlungen und Pflichten auferlegt.[31] Auch wenn es sich bei dieser Verletzung der „Immunisierung der ägyptischen Tempel"[32] um eine Einschränkung der Priesterschaft, vielleicht gar um einen Frevel handelte, ist dieser doch kaum mit der Zerstörung und Plünderung der Heiligtümer zu vergleichen. Vielmehr hat Friedrich Karl Kienitz grundsätzlich gezeigt, daß es

---

[29] Hdt. VII 1, 2–2, 1; 4–5, 2; Ktesias berichten dagegen nicht von diesem Aufstand. Die ägyptischen Quellen zeigen, daß wohl nur Unterägypten, v.a. wohl das Westdelta, von dem Aufstand betroffen waren, während Oberägypten weiterhin fest in persischer Hand war: Kienitz 1953, 67f.; Rottpeter in diesem Band.
[30] Übersetzung nach Feix 1963a, 871.
[31] Kienitz 1953, 55ff.; Wiesehöfer 1989, 187.
[32] Vittmann 1994, 307. Vgl. dazu ders. 1998, VI 16–18; XXI 16. 18; XXII 1–4.

zwischen Dareios I. und Xerxes I. einen deutlichen Bruch in der Verwaltungs-
form des Landes gab: Dareios privilegierte Ägypten in gewisser Weise, indem er
die Tempel steuerlich begünstigte, finanziell förderte, selbst Tempel erbaute
oder restaurierte und Ägypter in hohe Verwaltungsämter aufnahm. Xerxes tat
dies alles nicht, sondern scheint die Tempel sogar gelegentlich der allgemeinen
Abgabenpflicht unterzogen zu haben.[33] Ein Raub von Götterbildern oder Kultgerät aber ist aus keinem anderen Tempel Ägyptens nachzuweisen.[34] Eine solche
Religions- und Landespolitik ist für die achaimenidische Reichsverwaltung auch
gänzlich untypisch. Vielmehr ist der Schutz der einheimischen Kulte als Ver-
waltungsprinzip des Reiches zu erkennen;[35] allein der Großkönig hatte das
Recht, in diese einzugreifen. In den aramäischen Papyri von Elephantine ist z.b.
ein Brief Dareios' II. aus dem Jahr 419/18 v. Chr. an den ägyptischen Satrapen
Arsames überliefert, in dem der König ihm vorschreibt, daß er die Feiertage des
Passah-Festes einzuhalten und zu schützen habe.[36] Zwei demotische Papyri aus
Elephantine belegen die Korrespondenz Dareios I. durch die Vermittlung seines
Satrapen Pherendates mit den Chnum-Priestern in Elephantine. Ein- und Ab-
setzung verschiedener Priester werden nur mit dem König und im Sinne der
Tempel besprochen, ohne daß der Satrap einbezogen war.[37] In dieselbe Politik,
zumindest seit Dareios I., gehört auch die Rückführung der Kultgegenstände
aus dem Tempel von Jerusalem sowie dessen Wiederaufbau.[38] Sogar der spät-
babylonische Kyros-Zylinder preist den Herrscher dafür, daß er die von Nabo-
nid vertriebenen Götter an ihren Ort zurückgebracht und sie „eine ewige
Wohnung" beziehen ließ.[39]

Vor diesem Hintergrund scheint es denkbar, daß die restriktivere Politik des
Xerxes, die v.a. von der Priesterschaft als belastend empfunden wurde, zu einer
Stilisierung eines extrem negativen Xerxes-Bildes geführt hat, das sich literarisch

---

33   Siehe Kienitz 1953, 68.
34   So auch Kuhrt/Sherwin-White 1987, 77f.; Winnicki 1994, 158. Dennoch hält Winnicki daran fest, daß es solche gegeben haben muß, was er aus den griechischen Quellen zu erschließen versucht; Hölbl 1997, 26: Anm. 17. Zum besonderen Problem der
persischen Freveltaten in der griechischen Literatur und Herodottradition s.u.
35   Siehe Walser 1984, 50–52; Georges 1994, 56; Wiesehöfer 1994, 91.
36   Porten 1996, 125f. (B 13). Zu dieser Thematik siehe ausführlich Klinkott 2005, 261–
280. Vgl. dagegen Frei/Koch [2]1996, 48f.
37   Spiegelberg 1928, 604–614.
38   Esra 1, 9–11; 5, 17–6, 3; 4, 8–11. Vgl. Zenger u.a. [4]2001, 242; Frei/Koch [2]1996, 51–
61 mit Wiesehöfer 1995, 36–46; ders. 1985, 565–567. Zur Problematik der Kyros-
Erlasse siehe Wiesehöfer 1987, 113f; ders. 1995, 43; Heltzer 1998, 192–194; Kuhrt
2001, 166f.
39   Wiesehöfer 1994, 75f.; ergänzend siehe auch Grätz 2004.

verfestigt hat und wenig Zuverlässiges über die historische Politik und Verwaltung unter diesem Großkönig vermittelt. [40]

Aber warum nennt ausgerechnet die Satrapenstele Ptolemaios' I. diesen König namentlich als Verantwortlichen für die Freveltaten? Der zeitliche Abstand zwischen den beiden Herrschern ist doch ungewöhnlich groß – mehr als 150 Jahre! Und als Paradefigur des ‚persischen Frevlers' ist in Ägypten eigentlich Kambyses bekannt. Die Erklärung scheint weniger in den historischen Gegebenheiten, als vielmehr in der inhaltlichen Aussage des Textes insgesamt zu liegen.

Um hier vielleicht einen anderen Ansatz zu finden, sind zunächst die Aussagen der Textausschnitte noch einmal hervorzuheben: Der Text beschreibt erstens die Freveltaten der Perser, die die Tempel zerstörten und plünderten, ja sogar die Kultbilder raubten, und zweitens die Ermordung des Xerxes mit seinem Thronfolger.

Von einem breiten Spektrum ganz unterschiedlicher Tempelschändungen sind wir ausführlich durch die griechisch-lateinische Überlieferung informiert: Die Heiligtümer wurden geplündert[41] oder niedergebrannt,[42] die Götterbilder entführt[43] oder die Priester ermordet[44] und die Altäre umgestoßen.[45] Es ist bereits aufgefallen, daß diese Freveltaten überwiegend Xerxes zugeschrieben werden und mit dem griechischen Perserbild des 5. Jahrhunderts v.Chr. verbunden sind.[46] Sie entsprechen im wesentlichen dem literarischen Schema einer wechselseitigen Folge gegenseitiger Vergeltungsmaßnahmen: Für die Zerstörung des Heiligtums in Sardeis durch die Griechen im Ionischen Aufstand hat Xerxes I. angeblich die Akropolis in Athen zerstört, wofür sich Alexander letztendlich mit dem Palastbrand in Persepolis gerächt haben soll.[47]

---

[40] Siehe ebenso für die übrige Xerxes-Überlieferung Wiesehöfer 2007, 10–12.
[41] Hdt. VI 101, 3; VIII 33; 53, 2.
[42] Hdt. VI 96; VIII 33; 53, 2.
[43] Hdt. VIII 129, 3; Paus. III 16, 7; VIII 46, 7; Cic. rep. III 9, 14.
[44] Hdt. VIII 53, 2.
[45] Aischyl. Pers. 809ff.
[46] Zusammenfassend Scheer 2003, 73–78, 83, 85; Hutzfeld 1999..
[47] Zuerst bei Aischyl. Pers. 809–812; Hdt. V 101f.: Sardeis; als Vergeltung dafür die Zerstörung von Eretria: Hdt. VI 101. Unter Xerxes I. gegen Athen: Hdt. VII 8; Persepolis: Pol. V 10, 8; Diod. XVII 4, 9; Pomp. Trog./Iust. XI 2, 5; Cic. rep. III 9, 15. Ausführlich Bellen 1974, 43–67; Seibert 1998, 5–58; Scheer 2000, 248–252; Funke 2007, 21–32; zum genuin griechischen Rachemotiv Gehrke 1987, 121–149. Diod. XVI 51, 2 führte die Kette der Freveltaten bis Alexander fort, indem er Zerstörung, Plünderung und Schriftenraub der Heiligtümer unter Artaxerxes III. zu einem neuen, despotischen Höhepunkt seit Xerxes I. entwickelt.

Reinhold Bichler hat für Herodot überzeugend gezeigt, daß diese gegenseitigen Tempelschändungen einen erzählerischen Spannungsbogen für die gesamte griechisch-persische Auseinandersetzung bilden.[48] Herodot bereitet dieses Thema von langer Hand vor: Schon unter Kyros und Kambyses berichtet er, durch das Bild des „guten Vaters" und „schlechten Sohnes" zwar unterschiedlich stark ausgeprägt, von Schandtaten gegen Heiligtümer und Götter, die für die spätere Erzählkette alle Perserkönige als „chronische Frevler" abstempeln.[49] Mit dem Höhepunkt der *Historien* gipfelt auch das Ausmaß des Götterfrevels in der Person Xerxes' I., der zum gottlosen Barbaren schlechthin wird.[50] Dieses extreme Negativbild des Xerxes, das sich in unmäßigen Schändungen der Tempel im allgemeinen und im Raub der Götterbilder im Speziellen manifestiert, geht also in der griechisch-römischen Tradition auf Herodots literarische Prägung zurück.[51] Diese ist nebenbei nicht mit dem allgemeinen antipersischen Barbarenbild zu verwechseln, das bei Herodot trotz seines Kulturstufenschemas noch nicht zu finden ist.

Eine erstaunliche Parallelität zu Ägypten findet sich laut Herodots Überlieferung in Babylonien. Auch dort soll der Großkönig nach zwei Aufständen 482 v.Chr. angeblich die Tempel zerstört, die Priester ermordet und die Statue des

---

[48] Zum literarischen Konzept Herodots Bichler/Rollinger 2000, 14f.; Bichler 1985, 125–147; Sancisi-Weerdenburg 1989, 553.

[49] Bichler/Rollinger 2000, 88 (Kyros zu Hdt. I 138, 2), 90 (Kambyses zu Hdt. III 16; 28f.), 92f. (Dareios, siehe Hdt. VI 19; 96; 101); 95 (Xerxes; z.B. Hdt. VIII 32f.; 53; 65; 129; 143f.). Zu literarischen Bezügen der Freveltaten Bichler 2000, 262 (Kyros-Xerxes), 271f., 275 (Kambyses-Xerxes). Zu anderen, parallel angelegten Erzählketten von Kyros bis Xerxes: ebd., 224f., 294, 305, 307. Grundlegend zu Herodots literarischem Konzept übergreifender Spannungsbögen aus der mythischen Vorzeit bis in seine Zeit: ebd., 377–383. Siehe auch Kuhrt/Sherwin-White 1987, 69. Prinzipiell wird dies auch bei Scheer 2003, 64–72 offensichtlich, ohne daß sie aber auf die literarische Erzählkonstruktion Herodots eingeht. Dies. 2000, 203–207 bemerkt sogar die auffallenden Entsprechungen bei Dareios und Xerxes, hält aber dennoch an der Glaubwürdigkeit Herodots fest.

[50] In programmatischer Deutlichkeit Hdt. VIII 143f. Dazu Erbse 1992, 85f., 91; Wiesehöfer 1999, 178; Bichler 1988, 119–121; Bichler/Rollinger 2000, 95; Scheer 2003, 76f., 83.

[51] Es ist daher kein Zufall, daß die Mehrzahl der Tempelschändungen durch Herodot und für Xerxes belegt sind. Dazu Scheer 2003, 59–81; Sancisi-Weerdenburg 1989, 550–552., 556f. Vgl. Rollinger 1998, 350. Herodot kann dabei durchaus durch Aischyl. Pers. 809–813 geprägt worden sein. Allerdings ist der Raub der Götterbilder dort im Kontext des griechischen Dramas zu sehen, das Xerxes in seiner, auch aus der persischen Sicht seines Vaters Dareios, maßlosen Hybris darstellt. Vgl. Kuhrt/Sherwin-White 1987, 69; Rollinger 2000, 70; Wiesehöfer 2007, 10–12.

Bel-Marduk aus dem Esagila-Heiligtum entführt haben.[52] Vor allem letzteres wird gerne mit der kryptischen Bemerkung in der altpersischen Xerxes-Inschrift von der Zerstörung der Daivas in Verbindung gebracht.[53] Hdt. I 183, 2f. berichtet dazu:

„Zu der Zeit, von der ich spreche, stand in dem heiligen Bezirk (von Babylon) auch eine zwölf Ellen hohe Götterstatue (erg.: des Zeus) aus purem Gold. Ich habe sie allerdings nicht gesehen und erzähle nur, was die Chaldaier berichten. Diese Bildsäule wollte sich bereits Dareios, der Sohn des Hystaspes, aneignen; er wagte aber nicht, sie zu entführen. Doch Xerxes, der Sohn des Dareios, nahm sie mit und ließ den Priester töten, der ihm untersagte, die Bildsäule von der Stelle zu bewegen."[54]

Bemerkenswert ist allerdings, daß Ktesias nichts von allen diesen Untaten in Babylonien und Ägypten weiß. Vielmehr zeichnen die zeitgenössischen babylonischen Belege ein gänzlich anderes Bild: Für Xerxes ist der Titel „König von Babylon" bis ins 17. Regierungsjahr bezeugt, der späteste Beleg für diesen Titel stammt aus dem Jahr 441 v.Chr. unter Artaxerxes I. Entsprechend ist das Akitu-Fest mit dem zugehörigen Krönungsritual im Esagila durch Tontafeln kontinuierlich bis unter Artaxerxes I. belegt.[55] Nicht zuletzt zeigen die sogenannten *Astronomical Diaries* aus Babylon, daß die Einträge unter Xerxes I. die angebliche Zerstörung der Heiligtümer nicht erwähnen. Vielmehr scheinen vereinzelte Hinweise auf Tempelbauten und die Durchführung von Kulthandlungen den kontinuierlichen Fortbestand der Heiligtümer zu dokumentieren.[56]

So hat auch R. Rollinger überzeugend nachweisen können, daß Herodot im zitierten Abschnitt des babylonischen Logos von einer Statue *und* einem Götterbild spricht und daß sich Xerxes gerade nicht an letzterem vergriffen hat.[57] Die Freveltaten des Xerxes in Babylon, erst recht der Raub der Marduk-Statue, sind ein Konstrukt Herodots, das sich in die literarischen Erzählketten der *Historien*

---

52 Hdt. I 183; grundlegend dazu Kuhrt/Sherwin-White 1987, 69–78. Grundlegend zur zweifelhaften Glaubwürdigkeit Rollinger 1993, 53–56; ders. 1998, 345–355; Wiesehöfer 1994, 87; Kuhrt/Sherwin-White 1987, 71f., 76–78; vgl. dagegen dies. 1994, 313f., Anm. 8.

53 XPh § 4 (35–41).

54 Übersetzung nach Feix 1963a, 167–169.

55 Grundlegend Kuhrt/Sherwin-White 1987, 72–78. Zu den Quellen Kuhrt 1990, 177–194.

56 Siehe Wiesehöfer 1999, 180; Rollinger 1998, 354f. (Anm.47); Maul 1997, 387f.; George 1992, 73–75, 83–91.

57 Rollinger 1998, 352–355; Vgl. auch Wiesehöfer 1999, 177–183; Kuhrt/Sherwin-White 1987, 72.

einpaßt und eine negative Charakterisierung des Xerxes vorbereitet.[58] Besonders auffällig im Rahmen der Tempelzerstörungen ist allerdings ein merkwürdiger Vergleich Herodots, durch den er eine Verbindung vom babylonischen zum ägyptischen Kult herstellt. Unmittelbar vor dem Raub der Marduk-Statue berichtet er in Hdt. I 182, 1f.:

> „Dieselben Priester erzählen auch – das klingt mir allerdings nicht sehr glaubwürdig – der Gott komme persönlich in den Tempel und schlafe auf dem Ruhebett, ähnlich wie im ägyptischen Theben nach der Lehre der Ägypter. Auch dort schläft eine Frau im Tempel des Zeus von Theben."[59]

So prägend Herodots Xerxesbild in Hinblick auf den Götterraub ist, so sehr ist dieser Bezug zu Ägypten wohl zu beachten. Angeblich errichtete Alexander als neuer Großkönig das zerstörte Babylon wieder und ließ die geraubten Götterstatuen zurück in die Tempel bringen.[60] In der Satrapenstele setzte Ptolemaios diese symbolträchtige Politik fort, die nicht nur das Ende des Niederganges im Achaimenidenreich und dessen Überwindung kennzeichnete, sondern ihn in der politischen Folge Alexanders zeigte.

Wie Ptolemaios in Ägypten, so galt im übrigen auch Seleukos I. laut Paus. I 16, 3 für: „gerecht und fromm gegenüber der Gottheit. Denn es war Seleukos, der den Branchiden in Milet die bronzene Statue des Apollon zurückschickte, die von Xerxes nach dem medischen Ekbatana entführt worden war." Diese Entsprechung zeigt wohl, daß die Rückführung einheimischer Götterstatuen durch die hellenistischen Herrscher nicht nur ein Zeichen für die Wiederherstellung der Ordnung, für die königliche Sieghaftigkeit über die verhaßten Perser und für euergetische Förderung der Einheimischen war, sondern auch explizit auf die Nachfolge Alexanders anspielte.

Es ist wohl übereilt, allein anhand von inhaltlichen Entsprechungen bei Herodot zu vermuten, daß dieser bei der Abfassung der Satrapenstele ‚Pate gestanden' habe. Direkte inhaltliche oder sprachliche Übernahmen oder Verbindungen lassen sich nicht nachweisen. Immerhin bestätigt sich aber der Verdacht, daß die aufgezählten Freveltaten sowohl bei Herdot als auch in der Satrapenstele auf eine Konstruktion zurückzuführen sind.

Warum aber hat die Ermordung des Xerxes eine so große Bedeutung, daß ihr sogar der Eingriff eines einheimischen Gottes zugeschrieben wird? Der historische Kontext gibt eine klare Antwort: Die Ermordung des Großkönigs,

---

[58] Siehe Bichler/Rollinger 2000, 93–95; Wiesehöfer 1999, 167, 177–179.
[59] Übersetzung nach Feix 1963a, 167.
[60] Siehe Wiesehöfer 1999, 183.

erst recht die Kämpfe um die Thronfolge 465 v. Chr. reflektieren eine Schwächesituation in der Regierung des Großreiches. Dieser Ausdruck der inneren Krise war – wie bei fast jedem Thronwechsel im Achaimenidenreich – das Signal für Aufstände in den verschiedenen Reichsteilen. Auch Ägypten nutzte diese Situation und fiel 463 v.chr. unter Führung des Libyers Inaros von den Persern ab. Achaimenes, der ägyptische Satrap und ein Bruder des Xerxes, versuchte, den Aufstand niederzuwerfen, wurde aber bei Papremis vom Heer des Inaros vernichtend geschlagen.[61] Der Tod des Xerxes ist damit nicht nur ein Signal für die neue Sieghaftigkeit der Ägypter, sondern konkret für die Unabhängigkeit, die sie sich letztendlich für 60 Jahre erkämpften. Erst 343 v.Chr. gelang es Artaxerxes III. nach mehrfachen Feldzügen, Ägypten wieder in das Reich einzugliedern.[62] Überspitzt formuliert: Die beinahe göttliche Fügung, also das Eingreifen des Horus, wie es die Satrapenstele beschreibt, in der reichsinternen Schwächesituation durch die Ermordung des Xerxes war Auslöser für den nationalen Widerstand und ein neues ägyptisches Selbstverständnis.

Besonders letzteres scheint Grundlegendes über Ptolemaios auszusagen. Die Ägypter führten seit 465 bzw. 463 v. Chr. einen Kampf für die Freiheit von der persischen Despotie wie es auch die Griechen seit dem Xerxeszug taten. Die Gemeinsamkeiten führen sogar noch weiter: Nachdem die Reste des Achaimenes-Heeres nach Memphis zurückgeschlagen wurden, wandte sich Inaros 460 v.Chr. um militärische Hilfe an Athen. Griechen und Ägypten kämpften fortan nicht nur jeder für die eigene Freiheit, sondern beide Völker waren darin unmittelbar verbunden. Oder um die Aussage noch weiter zuzuspitzen: Es sind die Griechen, die am Erfolg der ägyptischen Unabhängigkeit maßgeblich beteiligt waren, wobei die Niederlage der athenischen Flotte hierbei natürlich übergangen wird. Diod. XI 71, 3–5 berichtet, als ob er selbst die Verbindung von Herodot zur Satrapenstele ziehen wollte:

„Als aber die Einwohner Ägyptens von dem Tod des Xerxes hörten, von dem allgemeinen Kampf um den Thron und von der Unordnung im Perserreich, beschlossen sie, für ihre Freiheit zu kämpfen. Sie hoben sofort eine Armee aus und erhoben sich gegen die Perser, und nachdem sie die Perser vertrieben hatten, deren Pflicht es war, die Tribute/Abgaben von Ägypten zu sammeln, setzten sie einen Mann mit Namen Inaros als König ein. Er rekrutierte als erstes Soldaten aus den einheimischen Ägyptern, danach aber warb er auch Söldner anderer Völker an und stellte eine beachtliche Armee auf. Ebenso entsandte er Gesandte zu den Athenern, um ein Bündnis zu schließen, indem er ihnen versprach, daß, wenn sie die Ägypter befreiten, er ihnen ei-

---

61   Hdt. III 12, 4; VII 7; zuletzt zu Inaros Quack 2006, 499–505.
62   Ausführlich Kuhrt 1995, 674f.; Kienitz 1953, 76–112; vgl. Rottpeter in diesem Band.

nen Anteil im Königreich geben werde und vielfach größere Vorrechte garantieren werde, als der gute Dienst, den sie geleistet hätten. Und die Athener, die beschlossen hatten, daß es zu ihrem Vorteil sei, den Persern zu schaden, so weit sie konnten, und die Ägypter eng an sich zu binden gegen die unvorhersehbaren Wendungen des Schicksals, beschlossen, dreihundert Triremen den Ägyptern zu Hilfe zu schicken."

Mit Alexander haben die Griechen resp. die Makedonen mit Chababash (der vielleicht in Entsprechung zu Inaros zu sehen ist) den Ägyptern erneut die Freiheit gebracht, ja sogar den gemeinsamen Feind dauerhaft besiegt. Der Tod des Xerxes wird damit zu einem „Schlüsselereignis", das eine Kontinuität des gemeinsamen griechisch-ägyptischen Freiheitskampfes symbolisiert. In der schwierigen Situation des politischen Umbruchs nach Alexanders Tod und bei der Verfestigung der neuen ‚Fremdherrschaft' durch Ptolemaios wird in wörtlichem Sinn eine gemeinsame, griechisch-ägyptische Geschichtlichkeit *re-konstruiert*, aus der sich auch eine gemeinsame kulturelle Identität ableiten ließ. Die Akzeptanz solch einer ‚fiktionalen Historizität' ist jedoch die Grundlage für die Etablierung der ptolemäischen Herrschaft in der Verbindung von griechischem Königtum und ägyptischem Pharaonentum. Gleichzeitig wurde durch diese Kontinuitätslinien die gemeinsame Identität in der betonten Abgrenzung gegen die Perser gestärkt. Denn 311 v.Chr. hatte Ptolemaios seine Satrapie administrativ und militärisch in den Griff zu bekommen, sie nicht nur nach außen zu verteidigen (so im Krieg gegen Perdikkas 321 v.Chr.), sondern auch im Inneren zu stabilisieren. Die identitätsstiftende Politisierung durch die Abgrenzung von den ‚persischen Gottesfrevlern' gehört dabei seit dem 5. Jh. v.Chr. zu einer bewährten, griechischen Barbarisierungsstrategie.[63] Mit einem programmatischen Text wie der Satrapenstele gelang es ihm – der Erfolg zeigt sich unter seinen Nachfolgern –, auf verschiedenen Ebenen Kontinuität und Neuanfang, Legitimation und Sonderstatus sowie ägyptische und griechisch-makedonische Identität auszudrücken. Historische Nachrichten werden mit literarischen Topoi verbunden, die sich mit Antonio Loprienos Worten in einer griechischen und ägyptischen „Intertextualität" bewegen. Motive des negativen Xerxes- und Perserbildes, wie die Zerstörung der Tempel oder der Raub der Götterbilder, scheinen aus der griechischen Tradition von Herodot bis zu den Alexanderhistorikern entlehnt, während das Genre der Satrapenstele zweifellos dem traditionellen Muster der ägyptischen Königsnovelle folgt.[64] Damit ist freilich die Frage nach dem Autor des Textes um so weniger zu beantworten.

---

[63] Siehe Funke 2007, 28f., 32; Kienast 1995, 117–133.

[64] Aus diesem Grund ist es verfehlt, in dem ägyptischen Erzähler der Tempelgeschichte vor Ptolemaios eine reale historische Persönlichkeit zu sehen. Vielmehr gehört diese Figur des Erzählers vor dem Pharao zum typischen Aufbau und Erzählduktus der

Fakt bleibt aber, daß die Inschrift ein höchst politischer Text ist, der die politischen Interessen des Ptolemaios und die der ägyptischen Priester auf kulturhistorischer Ebene verbindet. Als prägender Vorläufer der hellenistischen Synodaldekrete[65] stellt die Inschrift den Satrapen Ptolemaios durch das Genre der Königsnovelle in der Position des Pharao dar. Nicht zuletzt kann sich Ptolemaios in der Rückerstattung der Tempelrechte und in der Beseitigung der Frevel positiv von der persischen Fremdherrschaft distanzieren und sich damit auch durch die Wiederherstellung der Maat in der Erfüllung pharaonischer Qualitäten präsentieren. Das Provokante dieser literarisch kunstvollen und inhaltlich komplexen Komposition liegt im Zeitpunkt, zu dem diese ideologische Legitimierung präsentiert wird: Sieben Jahre vor der eigenen Krönung zum Pharao, fünf Jahre vor der Erklärung zum Basileus und unter der Regierung des legitimen Königs und Pharaos Alexander IV.

Königsnovelle. Vgl. auch zum Erhalt der Königsnovelle in Kreisen der ägyptischen Priesterschaft und zum Einfluß dieses Erzählgenres auf die griechische Literatur Huß 1994, 136. Zu den inhaltlichen und stilistischen Elementen der ägyptischen Königsnovelle sowie zur Diskussion um Identifikation als eigenem literarischen Genre siehe grundlegend Hofmann 2004; Shirun-Grumach 1993.

[65] Siehe Huß 1994, 46f., 93f.

Literaturverzeichnis

Ackroyd, P.R. 1988, „Problems in handling of biblical and related sources in the Achaemenid Period", *Method and Theory* (Achaemenid History III), ed. Kuhrt, A./Sancisi-Weerdenburg, H., Leiden, 33–54.

Balinski, A. 1987, „La chronologie de la crise dynastique de la monarchie des Achéménides dans les années 424–423 av.J.-C. d'après l'oeuvre de Ctésias de Cnide", *Eos* 75, 295–303.

Beckerath, J.v. ²1999, *Handbuch der ägyptischen Königsnamen* (MÄS 49), Mainz.

Bellen, H. 1974, „Der Rachegedanke in der griechisch-persischen Auseinandersetzung", *Chiron* 4, 43–67.

Bichler, R. 1985, „Die „Reichsträume" bei Herodot. Eine Studie zu Herodots schöpferischer Leistung und ihrer quellenkritischen Konsistenz", *Chiron* 15, 125–147.

Bichler, R. 1988, „Der Barbarenbegriff des Herodot und die Instrumentalisierung der Barbaren-Topik in politisch-ideologischer Absicht", *Soziale Randgruppen und Außenseiter im Altertum*, ed. Weiler, I./Graßl, H., Graz, 117–128.

Bichler, R./Rollinger R. 2000, *Herodots Welt*, Berlin.

Bickerman, E. 1976, „Notes on the Greek book of Esther", *Studies in Jewish and Christian History I*, 2007 ed. Tropper, A., I, Leiden/Boston, 238–265.

Briant, P. 1996, *L'histoire de l'empire perse de Cyrus à Alexandre*, Paris.

Briant, P. 1998, „L'Égypte des Grands Rois", Afrique & Orient 9, 11.

Dandamaev, M.A. 1989, *The culture and social institutions of ancient Iran*, Cambridge.

Devauchelle, D. 1995, „Le sentiment anti-perse chez les anciens Égyptiens", *Transeuphratène* 9, 67–80.

Dorothy, C.V. 1997, *The Book of Esther. Genre and Textual Integration*, Sheffield.

Erbse, H. 1992, *Studien zum Verständnis Herodots* (Untersuchungen zur antiken Literatur und Geschichte 38), Berlin/New York.

Feix, J. 1963a-b, Herodot. *Historien I* und *II*, München.

Frei, P./Koch, K. ²1996, *Reichsidee und Reichsorganisation im Perserreich* (OBO 55), Freiburg, Schweiz/Göttingen.

Gehrke, H.-J. 1987, „Die Griechen und die Rache. Ein Versuch in historischer Psychologie", *Saeculum* 28, 121–149.

George, A.R. 1992, *Babylonian Topographical Texts*, Leuven.

Georges, P. 1994, *Barbarian Asia and the Greek Experience*, Baltimore.

Grätz, S. 2004, *Das Edikt des Artaxerxes*, Berlin

Grimm, G. 1997, „Verbrannte Pharaonen, Die Feuerbestattung Ptolemaios' IV. Philopator und ein gescheiterter Staatsstreich in Alexandria", *Antike Welt* 28, 3, 233–249.

Heltzer, M. 1998, „The Right of Ezra to Demand Obedience to the Laws of the King from Gentiles of the V Satrapy (Ez. 7: 25–26)", *Zeitschrift für Altorientalische und Biblische Rechtsgeschichte* 4, 192–196.

Herzfeld, E. 1937, „Xerxes' Verbot des Daiva-Kultes", *AMI* 8, 56–77.

Hinz, W. 1967, „Xerxes", *RE* IX A, 2096–2102.

Hinz, W. 1979, *Darius und die Perser II*, Baden-Baden.

Hölbl, G. 1997, „Zur Legitimation der Ptolemäer als Pharaonen", *Selbstverständnis und Realität. Akten des Symposiums zur Ägyptischen Königsideologie in Mainz 15.–17.6.1995* (ÄAT 36), ed. Gundlach, R., Wiesbaden, 21–34.

Hofmann, B. 2004, *Die Königsnovelle*, Wiesbaden.

Hoschander, J. 1923, *The book of Esther in the light of history*, Oxford 1923.

Huß, W. 1994, „Der rätselhafte Pharao Chababasch", *Studi epigrafici e linguistici sul Vicino Oriente antico* 11, 97–112.

Hutzfeld, B. 1999, *Das Bild der Perser in der griechischen Dichtung des 5. vorchristlichen Jahrhunderts*, Wiesbaden.

In der Smitten, W.T. 1973, „Xerxes und die Daēva", *BiOr* 30, 369.

Justi, F. 1895, *Iranisches Namenbuch*, Marburg.

Kienast, D. 1995, „Die Politisierung des griechischen Nationalbewußtseins und die Rolle Delphis im großen Perserkrieg", *Rom und der griechische Osten (FS H.H Schmitt)*, ed. Schulller, C./Brodersen, K./Huttner, U., Stuttgart, 117–133.

Kienitz, F.K. 1953, *Die politische Geschichte Ägyptens vom 7. bis zum 4. Jahrhundert vor der Zeitenwende*, Berlin.

Klinkott, H. 2005, *Der Satrap. Ein achaimenidischer Amtsträger und seine Handlungsspielräume* (Oikumene 1), Frankfurt a.M.

Klinkott, H. 2007, „Der ‚Oberste Anweiser' der Straße des Pharao Xerxes", *Getrennte Wege? Kommunikation, Raum und Wahrnehmung in der Alten Welt*, ed. Rollinger R. u.a., Frankfurt a.M. (im Druck).

Knuf, H. 2002, *Die Satrapenstele. Übersetzung und Kommentar einer Quelle des frühen Ptolemäerreiches*, unpublizierte Magisterarbeit Köln.

Kuhrt, A. 1990, „Achaemenid Babylonia: Sources and Problems", *Centre and Periphery* (Achaemenid History IV), ed. Sancisi-Weerdenburg, H./Kuhrt, A., Leiden, 177–194.

Kuhrt, A. 1995, *The Ancient Near East II*, London.

Kuhrt, A. 2001, „The Persian Kings and Their Subjects: a Unique Relationship?", *OLZ* 96, 166–173.

Kuhrt, A./Sherwin-White, S. 1987, „Xerxes' destruction of Babylonian Temples", *The Greek Sources* (Achaemenid History II), ed. Sancisi-Weerdenburg, H./Kuhrt, A., Leiden, 69–87.

Kuhrt, A./Sherwin-White, S. 1994, „The transition from Achaemenid to Seleucid rule in Babylonia: Revolution or Evolution?", *Continuity and Change* (Achaemenid History VIII), ed. Sancisi-Weerdenburg, H./Kuhrt, A./Root, M.C. Leiden, 311–327.

Levenson, J.D. 1997, *Esther – A Commentary*, Louisville.

Littman, R.J. 1974/75, „The religious policy of Xerxes and the book of Esther", *JQ* 65, 145–155.

Maul, S. 1997, „Babylon", *DNP* 2, Stuttgart/Weimar, 384–388.

Mayrhofer, M. 1970, „Xerxes, König der Könige", *Almanach der Österreichischen Akademie der Wissenschaften* 119, 158–70.

Mayrhofer, M. 1979, *Ausgewählte Kleine Schriften*, Wiesbaden.

Mayrhofer, M. 1979b, *Iranisches Personennamenbuch*, Wien.

Olmstead, A.T. 1948, *History of the Persian Empire*, Chicago.

Porten, B. 1996, *The Elephantine Papyri*, Leiden.

Posener, G. 1936, *La première domination perse en Égypte*, Kairo.

Quack, J.F. 2006, „Inaros, Held von Athribis", *Altertum und Mittelmeerraum: Die antike Welt diesseits und jenseits der Levante (FS P. Haider)*, ed. Rollinger, R./Truschnegg, B., Stuttgart, 499–505.

Rollinger, R. 1993, *Herodots Babylonischer Logos*, Innsbruck.

Rollinger, R. 1998, „Überlegungen zu Herodot, Xerxes und dessen angeblicher Zerstörung Babylons", *Altorientalische Forschungen* 25, 339–373.

Rollinger, R. 2000, „Herodotus and the Intellectual Heritage of the Ancient Near East", *Melammu Symposia 1: The Heirs of Assyria. Proceedings of the Opening Symposion of the Assyrian and Babylonian Intellectual Heritage Project held in Tvärminne, Finland October 7–11, 1998*, ed. Aro S./Whiting, R.M., Helsinki, 65–83.

Sancisi-Weerdenburg, H. 1980, *Yaunā en Persai. Grieken en Perzen in een ander perspectief*, Leiden.

Sancisi-Weerdenburg, H. 1989, „The Personality of Xerxes, King of Kings", *Archaeologia Iranica et Orientalis I (FS Louis VandenBerghe)*, ed. Meyer, L. de/Haerinck, E., Gent, 549–560.

Sancisi-Weerdenburg, H./Kuhrt, A. 1987, *The Greek sources* (Achaemenid History II), Leiden.

Scheer, T.S. 2000, *Die Gottheit und ihr Bild. Untersuchungen zur Funktion griechischer Kultbilder in Religion und Politik* (Zetemata 106), München.

Scheer, T.S. 2003, „Die geraubte Artemis. Griechen, Perser und die Kultbilder der Götter", *Die Griechen und der Vordere Orient*, ed. Witte, M./Alkier, S., Göttingen, 59–85.

Schmitt, R. 1977, „Thronnamen bei den Achaimeniden", *Beiträge zur Namenforschung*, N.F. 12, 422–425.

Schmitt, R. 1982, „Achaemenid Throne-Names", *AION* 42, 83–95.

Schmitt, R. 1985, „Achaemenid Dynasty", *Encyclopaedia Iranica I*, ed. E. Yarshater, London 418f.

Schmitt, R. 2000, *The Old Persian Inscriptions of Naqsh-i Rustam and Persepolis (CII I.2)*, London.

Seibert, J. 1998, „'Panhellenischer' Kreuzzug, Nationalkrieg, Rachefeldzug oder makedonischer Eroberungsfeldzug? Überlegungen zu den Ursachen des Krieges gegen Persien", *Alexander der Große*, ed. Will, W., Bonn, 5–58.

Shirun-Grumach, I. 1993, *Offenbarung, Orakel und Königsnovelle*, Wiesbaden.

Spalinger, A. 1978, „The reign of king Chabbash", *ZÄS* 105, 142–154.

Spiegelberg, W. 1928, *Drei demotische Schreiben aus der Korrespondenz des Pherendates, des Satrapen Darius' I., mit den Chnumpriestern von Elephantine* (SBAW, Phil-Hist. Klasse), Berlin.

Stiehl, R. 1982, „Das Buch Esther", *Studies in the book of Esther*, ed. Moore, C.A., New York.

Stronach, D. 1965, „Excavations at Pasargadae: Third preliminary report", *Iran* 3, 19–42.

Vittmann, G. 1994, „Eine mißlungene Dokumentenfälschung: Die „Stelen" des Peteesi I (pRyl. 9, XXI–XXIII)," Acta Demotica, *Egitto e Vicino Oriente* 27, 301–315.

Vittmann, G. 1998, *Der demotische Papyrus Rylands 9.* 2 Bde., ÄAT 38, Wiesbaden.

Wachsmuth, C. 1871, „Ein Dekret des aegyptischen Satrapen Ptolemaios I.", *RhM* 26, 463–472.

Walser, G. 1984, *Hellas und Iran* (Erträge der Forschung 209), Darmstadt.

Wiesehöfer, J. 1985, „Rez. P. Frei/K. Koch, Reichsidee und Reichsorganisation im Perserreich", *Gnomon* 57, 565–567.

Wiesehöfer, J. 1987, „Kyros und die unterworfenen Völker. Ein Beitrag zur Entstehung von Geschichtsbewusstsein", *Quaderni di storia* 26, 107–126.

Wiesehöfer, J. 1987b, „Zur Frage der Echtheit des Dareios-Briefes an Gadatas", *RhM* 130, 396–398.

Wiesehöfer, J. 1989, „Tauta gar en atelea. Beobachtungen zur Abgabenfreiheit im Achaimenidenreich", *Le tribut dans l'empire perse*, ed. Briant, P./Herrenschmidt C, Paris, 183–191.

Wiesehöfer, J. 1994, *Das antike Persien. Von 550 v.Chr. bis 650 n.Chr.*, München/Zürich.

Wiesehöfer, J. 1995, „'Reichsgesetz' oder 'Einzelfallgerechtigkeit'. Bemerkungen zu P. Freis These der achaimenidischen Reichsautorisation", *ZABR* 1, 36–46.

Wiesehöfer, J. 1999, „Kontinuität oder Zäsur? Babylonien unter den Achaimeniden", *Babylon: Focus mesopotamischer Geschichte, Wiege früher Gelehrsamkeit, Mythos in der Moderne*, ed. Renger, J., Saarbrücken, 167–188.

Wiesehöfer, J. 2005, „Xerxes: Persepolis, 4. August (?) 465 v. Chr.", *Politische Morde. Vom Altertum bis zur Gegenwart*, ed. Sommer, M., Darmstadt, 37–44.

Wiesehöfer, J. 2007, „Die Ermordung des Xerxes: Abrechnung mit einem Despoten oder eigentlicher Beginn einer Herrschaft", *Herodot und die Epoche der Perserkriege (FS D. Kienast)*, ed. Bleckmann, B., Köln, 3–19.

Winnicki, J.K. 1994, „Carrying off and Bringing Home the Statues of the Gods. On an aspect of the religious policy of Ptolemies towards the Egyptians, *JJP* 24, 149–190.

Young, T.C. 1988, „The Consolidation of the Empire and its Limits of Growth under Darius and Xerxes", *CAH* IV². Cambridge, 53–111.

Zenger, E. u.a. ⁴2001, *Einleitung in das Alte Testament*, Stuttgart/Berlin/Köln.

Alexander der Große. Pharao und Priester[1]

Donata Schäfer

1. Einführung

Alexander der Große war knapp neun Jahre Herrscher über Ägypten und wohl bereits nach kurzer Zeit als Pharao anerkannt.[2] Als Hinterlassenschaften für das Land während dieser Regierungszeit werden häufig nur die von ihm eingeführte Ordnung der Verwaltung[3] und die Stadt Alexandria genannt, obwohl zahlreiche weitere Belege seiner Herrschaft existieren. Diese Zeugnisse zeigen, daß die Länge seines tatsächlichen Aufenthaltes von nur etwa einem halben Jahr dem Anspruch, Pharao zu sein, keinerlei Abbruch tat. In seinem Namen wurde datiert, restauriert, dekoriert und sogar neu gebaut.

Als mit seinem Namen versehene Hinterlassenschaften, die in keinem Bezug zu Alexanders Bautätigkeit stehen, sind folgende zu nennen:[4] ein demotischer Papyrus des Oriental Institute in Chicago (P. O.I. 25257) aus dem 1. Regierungsjahr, Monat Mesore;[5] ein demotischer Papyrus aus dem Louvre (E 2439) aus dem 3. Regierungsjahr, Monat Phaophi;[6] eine Buchisstele aus dem 4. Jahr, Monat Thoth;[7] der demotische Papyrus 1 der Straßburger Bibliothek aus dem 9. Jahr, Monat Thoth; und ein undatiertes Fragment einer Klepsydra aus dem Britischen Museum (EA 933).[8] Wahrscheinlich tragen auch eine Holzpalette mit

---

1 Herrn Prof. Dr. Erich Winter möchte ich herzlich für seine vielen hilfreichen Anregungen und Bemerkungen danken; die Abbildungen befinden sich im Tafelteil am Ende des Bandes.

2 Die erste sichere Datierung unter seinem Namen fällt bereits in sein erstes Regierungsjahr.

3 Burstein 1995, 47f., bezeichnet diese Ordnung allerdings als eine Fortführung der Zustände während der Perserherrschaft.

4 Vollständigkeit ist hier nicht angestrebt, da sich in den Magazinen der Museen und in Privatsammlungen bestimmt noch manches Objekt mit dem Namen Alexanders des Großen finden ließe.

5 Hughes/Jasnow 1997, 16–18 Nr. 2.

6 Für diesen und den folgenden demotischen Papyrus siehe Pestman 1967, 11.

7 So Goldbrunner 2004, 102. Siehe auch Mond/Myers 1934, Taf. XXXVII.

8 Stanwick 2005, 547f. Nr. 112. Hierzu gehört vielleicht auch das Wasseruhrenfragment aus dem Louvre (E 30890), auf dem einzig eine Kartusche mit dem Eigennamen Alexander eingraviert ist.

einem hieratischen Kultobjektinventar aus dem 2. Regierungsjahr, 9. Tybi,[9] und ein weiteres undatiertes Wasseruhrenfragment aus der Eremitage (2507a)[10] seinen Namen. Ob die Statue eines Pharaos aus Rosengranit im Frankfurter Liebieghaus (St. P. 565) wirklich Alexander den Großen darstellt, ist umstritten.[11]

Zeugnisse für die unter seiner Herrschaft unternommenen Bautätigkeiten im weitesten Sinne, also Neubau, Dekorierung und Restaurierung, finden sich an mehreren Orten in Ägypten, wobei Alexandria hier ausgeklammert werden soll:[12]

In Qasr el-Megysba in der Oase Bahrija steht der sogenannte Alexandertempel, von dessen Dekoration jedoch kaum noch etwas erhalten ist.[13] Auch in Hermopolis Magna, dem heutigen el-Aschmunein, wurden Blöcke mit dem Namen Alexanders gefunden, die wohl aus dem dortigen Thottempel stammen.[14]

Im Delta scheinen ebenso Bauprojekte in Angriff genommen worden zu sein, obwohl dort bisher keine unmittelbaren Spuren gefunden wurden: In den Kalkstein-Steinbrüchen von Maʿsara, nördlich von Memphis, befindet sich ein demotisches Graffito aus dem 4. Regierungsjahr eines nicht näher bestimmten Pharaos Alexander, zu dem möglicherweise auch eine hieroglyphische Felsstele mit leeren Kartuschen gehört.[15] Beide Inschriften nennen Gottheiten der Triade von Tuch el-Qaramus: Amun, Mut und Chons. Dieser Umstand legt den Ge-

---

[9] Varille 1942, 135–139. Eine neue Bearbeitung findet sich bei Jasnow 1994, 99–112. Allerdings ist nicht mit vollkommener Sicherheit festzustellen, ob das Inventar aus der Zeit Alexanders des Großen oder seines Sohnes Alexanders IV. stammt, da nur der für beide gleichlautende Eigenname genannt ist. So auch Jasnow 1994, 100 n. 9.

[10] Bolshakov 2005, 548f. Nr. 113. Da auch hier der Eigenname und nicht der Eindeutigkeit stiftende Thronname zu finden ist, besteht erneut die Möglichkeit, daß es sich um den Sohn handelt. An einer anderen Stelle des Fragmentes findet sich zudem noch der Horusname Nektanebos' I.

[11] Für diese Zuschreibung spricht sich Bol 2005, 15–19, aus. M.E. berechtigte Zweifel äußert Schulze 2005, 31.

[12] Von Alexandria soll hier nicht die Rede sein, da es sich um eine griechische Polis und nicht um eine ägyptische Ortschaft handelt.

[13] Fakhry 1940, 823–828. Photos des Tempels finden sich auch in Hawass 2000, 108; 182; 195–201.

[14] Porter/Moss 1934, 165–167; Daressy 1888, 143f. (X); Roeder 1959, 111 und Taf. 67d. Außerdem vermerkt Arnold 1999, 138 n. 4: „For a limestone block with cartouches of Alexander and the name of Thoth of Hermopolis, see the sales catalogue of Bonhams, Knightsbridge, vol. 40, no. 193 (Dezember 1996)." Dieser Block ist in Foreman 2000, 36, abgebildet, obwohl hier Luxor als Herkunftsort angegeben wird. Zu den Blöcken aus Hermopolis Magna und ihrer Bedeutung siehe jüngst Winter 2005, dem ich hiermit auch herzlich für die Vorabeinsicht in sein Manuskript danken möchte.

[15] Spiegelberg 1905, 220–222. Siehe auch Guermeur 2005, 250.

danken nahe, daß die Steinbrucharbeiten für den dortigen Tempel durchgeführt wurden.[16] Der Tempel in Tuch el-Qaramus bestand aus Kalkstein, der später den Brennöfen zum Opfer fiel. Dort wurde ein Gründungstäfelchen mit dem Namen Philipp Arrhidaios gefunden.[17] In Anbetracht des Graffitos in Ma'sara ist es also sehr wahrscheinlich, daß der Tempel von Alexander dem Großen geplant und vorbereitet wurde, die Gründung aber erst unter Philipp Arrhidaios stattfand.

Die besterhaltenen Spuren des Makedonen befinden sich auf der thebanischen Ostseite, und zwar in beiden großen Tempeln: In Karnak wurden ein Zimmer im Festtempel Thutmosis' III., dem sogenannten Achmenu, dekoriert,[18] am IV. Pylon eine Erneuerungsinschrift angebracht,[19] Teile des Pylons zum Chonstempel dekoriert[20] und in der Westaußenmauer zwischen Opet- und Chonstempel möglicherweise eine kleine Kapelle umgebaut, von der leider nur zwei Blöcke erhalten sind.[21]

Im Luxortempel wurden im Barkenraum Amenophis' III. ein Wandteil restauriert[22] und in die Mitte desselben ein Barkensanktuar eingebaut.[23] Außerdem befindet sich an der Ostaußenmauer des Vorhofs von Amenophis III. ein Restaurationsgraffito, das sowohl Alexander den Großen als auch Philipp Arrhidaios nennt.[24]

Mit dieser Bautätigkeit in zwei der wichtigsten ägyptischen Heiligtümer sollte zweifelsohne untermauert werden, daß Alexander der Große ein legitimer Pharao war, der sich um die Erhaltung der Maat bemühte.[25] Die faktischen Voraussetzungen für ein legitimes Königtum Alexanders waren gegeben,[26] da er zum einen bereits die tatsächliche Regierungsgewalt innehatte und zum anderen seit dem Besuch des Orakels von Siwa als Sohn des Amun bekannt war. Die

---

[16]   Guermeur 2005, 568.
[17]   Naville/Griffith 1890, 29 u. 55. Aus welchem der unter Naville gefundenen Gründungsdepots das Täfelchen stammt, ist unbekannt, da es ein Arbeiter erst im nachhinein herausrückte, als er sah, daß es für andere Funde Belohnungen gab.
[18]   Porter/Moss ²1972, 119–120.
[19]   Porter/Moss ²1972, 79.
[20]   Porter/Moss ²1972, 228–229.
[21]   Traunecker 1987, 347–354.
[22]   Porter/Moss ²1972, 324.
[23]   Porter/Moss ²1972, 324–326; Abd-el-Raziq 1984.
[24]   Porter/Moss ²1972, 335; Daressy 1893, 33 (LIV); Abd-el-Raziq 1983, 211–218.
[25]   Leider wissen wir nicht, ob auch im Ptahtempel von Memphis in Alexanders Namen gebaut wurde. Um Mißverständnisse zu vermeiden, werden im Folgenden das Barkensanktuar im Luxortempel als „Alexandersanktuar", der Raum im Festtempel Thutmosis' III., dem sogenannten Achmenu, im Karnaktempel als „Alexanderzimmer" und die Kapelle in der Karnak-Außenmauer als „Alexanderkapelle" bezeichnet.
[26]   Siehe hierzu Gundlach 1997, 11–20, und Hölbl 1997, 21–25.

Sorge für die Tempel Ägyptens gehörte ebenso zum Handlungskanon eines ägyptischen Königs wie die Abwehr von Feinden. Letztere Tat hatte Alexander bereits vollbracht, indem er die Perser aus Ägypten vertrieb. Für den Ägypter war Maat das wichtigste; die Weltordnung mußte erhalten bleiben. Um das Gegenteil − Chaos − zu verhindern, war Ägypten auf das kultische Handeln des Pharaos angewiesen.[27] Als dieses *kultische* Handeln wurde jedoch *jegliches* Handeln des Königs verstanden. Für das Wohl Ägyptens Krieg zu führen, stand somit auf der gleichen Stufe wie die Fürsorge für die Tempel, deren Ordnung erhalten bleiben mußte, da der ägyptische Tempel den gesamten Kosmos widerspiegelte.

Als Alexander in Ägypten die Herrschaft übernahm, mußte von den Priestern eine Form gefunden werden, ihn als rechtmäßigen Pharao darzustellen, obwohl oder gerade weil sie wußten, daß Alexander von ägyptischer Religion wenig oder keine Ahnung hatte. Außerdem war das Land nur eines unter vielen, die er bereits erobert hatte, und es war anzunehmen, daß noch weitere folgen sollten. Sie mußten davon ausgehen, daß der neue Pharao nicht im Land bleiben und die Kulthandlungen in eigener Person vollziehen würde. Deshalb war es von essentieller Wichtigkeit, das Abbild des Königs in ägyptischer Manier an die Tempelwände zu bringen, damit durch seine Anwesenheit der tägliche Gottesdienst gewährleistet werden konnte und das Land nicht im Chaos versank. Dieses Problem war den Priestern allerdings nicht neu, hatten sie doch auch die Achämeniden als Herrscher anerkennen müssen, obwohl diese in weiter Ferne residierten und vor allem an dem Einkommen aus Ägypten interessiert waren. Wieso wurde im Falle Alexanders des Großen seitens der Priester anders verfahren als bei den Persern, von denen in den Tempeln des Landes fast gar keine Spuren zu finden sind?

Diesbezüglich ist es interessant zu überlegen, wie viel das ägyptische Volk von den Darstellungen „ihres" Pharaos Alexander sah: Der Alexandertempel in Bahrija war zwar als solcher bei der dortigen Oasenbevölkerung bekannt, vom Gros der Ägypter wurde er allerdings wegen seiner Lage abseits des Niltals nicht wahrgenommen. Über den Thottempel in Hermopolis Magna läßt sich heute keine Aussage mehr machen, und der Bau in Tuch el-Qaramus wurde erst unter Philipp Arrhidaios wirklich begonnen. Die Kapelle an der Karnak-Außenmauer war wohl für das normale Volk sichtbar, ebenso wie möglicherweise auch der Pylon des Chonstempels. Daß der 4. Pylon für die Menge einsichtig war, darf bezweifelt werden. Die Darstellungen im Achmenu und im Luxortempel waren definitiv nur den Priestern, die dort gerade ihren Dienst versahen, zugänglich. Primäres Ziel der Darstellungen Alexanders als ägyptischer Pharao kann also

---

[27] Vgl. Assmann 1990, 213.

nicht gewesen sein, seinen neuen Untertanen zu demonstrieren, daß der Makedone legitimer Machthaber über Ägypten war.

Im Folgenden soll untersucht werden, welche Überlegungen und Intentionen
hinter der Darstellung Alexanders des Großen als Pharao in den Tempeln von
Luxor und Karnak gestanden haben könnten. Dafür seien zunächst die Bestän-
de in kurzer Form vorgestellt.

2. Luxor

Tief im Inneren des Luxortempels wurde während der Herrschaft Alexanders
des Großen über Ägypten im Barkensanktuar Amenophis' III. ein neuer frei-
stehender Bau in der Tempelachse errichtet, der wohl zur Aufnahme der Barke
des Amun während des Opetfestes diente.[28]
    Hierbei handelt es sich um eine typisch ägyptische Kapelle mit Sockel,
geböschten Außenwänden, Rundstab und Hohlkehle. Als bauliche Besonderheit
sei noch die „Geheimkammer" zwischen dem Dach der Kapelle, durch Archi-
trave abgeschirmt, und der Decke des umgebenden Raumes erwähnt. Sie wurde
möglicherweise zu Orakelzwecken benutzt.[29] Die Außenwandreliefs sind entsprechend ägyptischer Gewohnheit versenkt gearbeitet, die Innenreliefs erha-
ben. Da die Nordwand gleichzeitig den Eingang darstellt, hat auch sie Hochre-
liefs. Die beiden Längswände sind außen jeweils mit sechs Szenen in drei
Registern und innen jeweils mit drei Szenen in einem Register dekoriert. Unter-
halb dieses letztgenannten Registers verläuft die Darstellung einer Gauprozes-
sion (Abb. 1), die auch noch auf die Außenwand der Nordseite übergreift. Die
Reliefs sind sauber gearbeitet. Die Szenentexte bieten nichts Überraschendes,
sondern erweisen sich als traditionell ägyptisch. Fast jede Darstellung zeigt den
Pharao Alexander in Interaktion mit Amun bzw. Kamutef, andere Götter kom-
men nur gelegentlich und auch fast nur in Verbindung mit einer Form des
Amun vor. Ausnahmen bilden die beiden Ausgänge, wobei diese Aussage für die
Nordwand nur auf der Annahme einer Parallelität zur Südwand beruht, da die
Stellen, an denen sich die Gottheiten befanden, heute zerstört sind.

---

[28] Porter/Moss ²1972, 324–326. Siehe Plan XXXII, Räume XI und XII. Eine ausführ-
      liche Publikation der Reliefs und Inschriften ist von Abd-el-Raziq 1984 erstellt wor-
      den.
[29] Die Kammer erinnert sehr an diejenige im Tempel von Aghurmi in Siwa, deren
      Funktion Kuhlmann 1988, 22–31, vorstellt. So auch Abd-el-Raziq 1984, 9, und Win-
      ter 2005, 205.

In Bezug auf das Alexandersanktuar ist es auch wichtig, von einem Graffito zu sprechen, das sich auf der Nord-Ost-Außenseite des Vorhofs Amenophis' III. im Luxortempel befindet.[30] Dieses Graffito aus dem 4. Regierungsjahr Philipp Arrhidaios' wurde von dem Amunpriester Anchpachered verfaßt und beinhaltet u.a. eine Art Bauinschrift für das Alexandersanktuar, dessen Bau der Priester dem Text zufolge geleitet hat. Angegeben werden Baubeginn, Aufstellungsort, Material, Maße, Zweck des Bauwerkes und seine Fertigstellung. Von den von Alexander bekannten Bauwerken kann es sich tatsächlich nur um das sogenannte Alexandersanktuar handeln: Dem Text zufolge wird im bereits existierenden Goldhaus des Amun-Re,[31] womit das unter Amenophis III. erbaute Sanktuar des Tempels gemeint ist, ein Prozessionsheiligtum aus hellem (Kalk-)Stein errichtet. Als deutlichster Beweis gilt natürlich der Anbringungsort des Graffitos am Luxortempel selbst.

Der Bau dauerte etwa zwei Monate, nämlich vom 1. Monat der Achet-Jahreszeit im 3. Regierungsjahr bis zum 6. Tag des 3. Monats der Achet-Jahreszeit, ebenfalls im 3. Regierungsjahr, d.h. von November 330 v. Chr.[32] bis zum 18. Januar 329 v. Chr. Das Alexandersanktuar erweist sich somit als bislang einzige Baumaßnahme Alexanders, die wir zeitlich genau einordnen können. Der Bau wurde unmittelbar vor, vielleicht auch genau während des Opetfestes vorgenommen, das vom 19. Tag des 2. Monats bis zum 10. Tag des 3. Monats der Achet-Jahreszeit stattfand.[33]

Zu diesem Zeitpunkt hatte Alexander der Große nicht nur bereits Dareios III. bei Gaugamela besiegt, sondern auch die Städte Babylon, Susa und Persepolis eingenommen. Sein Eroberungsdrang trieb ihn nun schon Richtung Baktrien. Die Aussagen im Sanktuar, alle Länder seien in Furcht vor ihm, waren also nur allzu wahr, da sich nun fast die gesamte den Ägyptern bekannte Welt, mit Ausnahme von Nubien, unter der Herrschaft Alexanders befand.

Das Alexandersanktuar macht deutlich, wer letztendlich für die Erfolge des Makedonen verantwortlich war: Aus ägyptischer Sicht war der Pharao in Bezug auf das gute Gelingen seiner Pläne immer von der Gottheit abhängig. Amun war also Urheber und Garant für die Eroberungen seines Sohnes Alexander. So lautet der Tenor der Texte durchgehend dem folgenden Ausspruch ähnelnd:

---

[30] Porter/Moss ²1972, 335 (219). Siehe hierzu besonders Abd-el-Raziq 1983, 211–218.

[31] Die Gründungszeremonien, bestehend aus Strickspannen und Schnurlösen, werden zum zweiten(!) Mal vollzogen. Es handelt sich also um eine Erweiterung.

[32] Das 3. Regierungsjahr Alexanders des Großen in Ägypten begann am 14. November 330 v. Chr. und endete am 12. November 329 v. Chr., siehe Skeat ²1969, 9.

[33] Golvin/Goyon 1990, 49. Zur Bedeutung des Opetfestes s.u. S. 66f.

„Ich habe dir Ägypten und das Ausland gegeben. Ich habe dir alle Fremdländer
<unter> deine Sohlen gegeben."[34]

Dies ist aber auch ein Kennzeichen dafür, daß der Gott den neuen Macht-
haber als rechtmäßigen Pharao über Ägypten anerkannte, da er ihm ansonsten
weder Kriegsglück gegeben, noch ihm das Königtum des Re verliehen hätte. Als
König sollte er die „Macht der beiden Herren" innehaben und Tapferkeit und
Stärke von der Gottheit erhalten. Die Länge seines Königsamtes im Diesseits
wie im Jenseits war nicht nur als kurze Übergangszeit gemeint, da seine Dauer
„Hunderttausende von Jahren" betragen sollte und Alexander „Millionen von
Sedfesten" versprochen wurden. Anders hatte sich die Gottheit auch den indi-
genen ägyptischen Pharaonen gegenüber nicht verhalten.

3. Karnak

3.1 Das Achmenu[35]

Achmenu wird der östlichste Teil des Amuntempels von Karnak genannt, der
während der 18. Dynastie von Thutmosis III. erbaut wurde. Im Gegensatz zum
Haupttempel hat es zwei Achsen und ist nur durch einen Seitengang südlich von
der Haupttempelachse zugänglich. Das Achmenu ist ein „Haus der Millionen
von Jahren" und somit „ein Ort, an dem die Erneuerung des Königtums, eingebunden in den Zyklus der beständigen Regeneration der Schöpfung, vollzogen wird und zwar in Anbindung an den Kult des ‚Königs der Götter' Amun-
Re."[36]

Im Namen Alexanders des Großen wurde hier derjenige Raum umgebaut
bzw. umdekoriert, der parallel zum Kultbildraum des ithyphallischen Amun-Re,
dem axialen Sanktuar des Achmenu, liegt.[37] Sein Kult, wie auch der des übrigen

---

34 Abd-el-Raziq 1984, 33 und Taf. 9b.

35 Die Betrachtung des Alexanderzimmers im Achmenu in Karnak leidet etwas unter
    der ungünstigen Publikationslage. Es gibt leider keine frei zugängliche Bilddokumen-
    tation der Wände, weshalb man ohne eigene Autopsie auf Barguet 1962, 192–197,
    und die Kurzbeschreibung in Porter/Moss ²1972, 119–120, angewiesen ist. Einige
    Reliefs finden sich bei Schwaller de Lubicz 1982, Taf. 203, und Lepsius 1849–1858,
    3–4. Glücklicherweise wurde ich von Silke Caßor-Pfeiffer und Stefan Pfeiffer mit
    vorzüglichen Photos versorgt, wofür ich den beiden zu großem Dank verpflichtet
    bin, ebenso wie für die Genehmigung, diese zu veröffentlichen.

36 Ullmann 2002, 82. Auch der Luxortempel ist solch ein Millionenjahrhaus, ebd., 154–
    160.

37 Raum XXIX bei Porter/Moss ²1972, Plan XII [2] und XIII [2].

Achmenu, richtet sich „primär an Amun-Re."[38] Zudem ist an der Eingangsfassade dieses Raumes die Große Neunheit von Karnak – „als Verkörperung der göttlichen Ahnen des herrschenden Königs"[39] – zusammen mit Alexander dargestellt.

Die Wände bestehen vollständig aus Sandstein, weshalb sie wohl auch noch zur Gänze erhalten sind.[40] Auf dem Boden des Raumes befinden sich die Reste einer Statue aus Kalkstein, die Barguet als Falkenstatue aus der 18. Dynastie interpretiert (Abb. 2).[41]

Die Wände sind in jeweils zwei Register unterteilt, deren Szenen bis auf wenige Ausnahmen den Kulthandlungen zwischen Amun-Re und Alexander gewidmet sind.[42] Über der Tür räuchert und libiert der Makedone vor Amun-Re (Abb. 3 und 11). Im unteren Register auf der südlichen Westwand wird Alexander von Horus gereinigt (Abb. 4), im oberen bringt er dem ithyphallischen Amun-Re Kamutef Lattich dar (Abb. 3). Das untere Register der Südwand besteht aus sechs Szenen (Abb. 4 bis 6): Von Westen nach Osten gesehen ist zuerst Thutmosis III. stehend dargestellt, der einen Schenditschurz empfängt, daneben thront der gleiche König auf einem Sockel im Morgenhaus. Dann folgt zweimal Alexander, erst mit Stab in der Hand, dann indem er eine Hand vor seinen Mund hält. Als nächstes sieht man Alexander anbetend vor dem ithyphallischen Amun-Re stehen und schließlich denselben mit Stab und Keule vor Amun-Re. Das obere Register enthält nur drei Szenen: In der ersten wird der ithyphallische Amun-Re von dem Makedonen angebetet (Abb. 7), in der zweiten Szene bringt Alexander Amun-Re ein Gefäß dar (Abb. 8). Hinter dem König ist sein Ka in menschlicher Gestalt mit Ka-Armen auf dem Kopf dargestellt, die den Horusnamen des Pharaos halten. Die dritte Szene zeigt Alexander beim Darbringen von Schminke vor Amun-Re (Abb. 9). Dabei steht der falkenköpfige Gott Sokar hinter dem König.

Auf der nördlichen Westwand opfert Alexander Amun-Re Brot (Abb. 10), über dieser Darstellung bringt er ihm Maat dar (Abb. 11). Die Nordwand enthält

---

[38] Ullmann 2002, 81.

[39] Ullmann 2002, 81.

[40] Die benachbarten Räume bestanden im oberen Teil wohl aus Kalkstein, der im Mittelalter den Kalksteinbrennöfen zum Opfer fiel, vgl. Martinez 1989, 109. Kalkstein als Baumaterial wird auch durch die Widmungsinschrift Thutmosis' III., Urk. IV 607, 5, bestätigt.

[41] Barguet 1962, 195: „Etant donné le caractère particulier de ce sanctuaire, il faut supposer que ce faucon représente le roi." Ullmann 2002, 83, ist allerdings der Meinung, daß „aufgrund des fragmentarischen Charakters dieser Plastik […] jedoch Deutung und Datierung in diesem Fall äußerst hypothetisch" sind.

[42] Sie seien hier, da ihre Publikationslage nicht der des Alexandersanktuars in Luxor entspricht, vollständig in kurzer Form aufgeführt.

im unteren Register vier Szenen: Alexander empfängt erst „Millionen von Jahren" und „Hunderttausende von Sedfesten auf dem Horusthron" (Abb. 12) und dann „alles Leben, alle Dauer und alle Stärke" (Abb. 12). Daneben tauscht er mit Amun-Re Nahrung aus (Abb. 13). Abschließend steht der Makedone anbetend vor dem Gott, wobei sich erneut sein Ka, diesmal als Standarte, die seinen Horusnamen trägt, hinter ihm befindet (Abb. 13). In der ersten Szene des oberen Registers wird Alexander von der Göttin Amaunet zu Kamutef geführt (Abb. 14). In der folgenden Szene spielt der König Sistrum für den ithyphallischen Amun-Re (Abb. 15). Das Register endet mit dem Darbringen von Schminke, die in einem sphinxgestaltigen Gefäß aufbewahrt wird, an Amun-Re (Abb. 16). Auch hier befindet sich hinter dem Pharao sein Ka, der seinerseits Weihrauch von Punt darbringt. Wieder als Mensch dargestellt, ist der Ka diesmal nur durch seine Beischrift kenntlich gemacht.

Die drei Szenen des unteren Registers der Ostwand gehören dem Mundöffnungsritual an (Abb. 2): Im Süden wird Amun-Re von Alexander gereinigt, in der Mitte bringt der König dem gleichen Gott vier Töpfe mit Weihrauch dar, und im Norden findet schließlich die Mundöffnung am ithyphallischen Amun-Re, durchgeführt von Alexander, statt (Abb. 17). Das obere Register wird vollständig von einer Szene eingenommen (Abb. 18 und 19), auf deren südlicher Seite Alexander mit Keule und Stab in der linken Hand steht. Hinter ihm kniet ein Hapi. Der Nil trägt ein Tablett mit Vasen und Blumen. Aus Alexanders Worten geht hervor, daß er dem am nördlichen Ende sitzenden Amun-Re den Speisebedarf garantiert, der durch die in der Mitte angebrachte Opferliste konkretisiert wird.

Gerade die Ostwand weist bei näherem Hinsehen einige Unstimmigkeiten in der Reliefverarbeitung auf (Abb. 2). So fehlt z.B. einer der Wasserlinien in der Reinigungsszene die Fortsetzung, während die Wasserlinie, die ihr eigentlich entsprechen sollte, im Nichts beginnt.[43] Das Alexanderzimmer bietet also ebenso wie das Alexandersanktuar in Luxor eine reiche Auswahl an Ritualszenen, doch kann die Qualität der Dekoration nicht mit diesem mithalten. Weshalb allerdings gerade dieser Raum im Achmenu in der beschriebenen Art und Weise umdekoriert wurde, läßt sich meines Erachtens nicht erklären.

Der Soubassement-Inschrift zufolge handelt es sich um eine Restauration. Doch erscheint es unwahrscheinlich, daß das Zimmer dermaßen zerstört war, daß eine völlige Neubearbeitung notwendig gewesen wäre. Im Gegensatz zum Alexanderzimmer wurden nämlich in den angrenzenden Räumen während der gesamten Nutzungsphase nur kleinere Renovierungen vorgenommen. In den

---

[43]   Für weitere Abweichungen siehe Martinez 1989, 112. Eine hervorragende Abbildung der Wand findet sich bei Schwaller de Lubicz 1982, Taf. 203.

Reliefs erscheint dort stets der Erbauer Thutmosis III. als Pharao, der die Ritualhandlungen durchführt. Dies ist auch im Vorraum zum Alexanderzimmer der Fall, der auch unter Alexander dem Großen restauriert wurde. Allerdings sind die Wände jener Räume heute nur noch etwa zwei Meter hoch, der Rest ist abgetragen.

Die auffälligste Szene des Alexanderzimmers ist die obere Szene der Ostwand, die auch gleichzeitig die flächenmäßig größte des Raumes ist (Abb. 18). Die hier dargestellte Opferliste wird für die Priester wohl besondere Bedeutung gehabt haben, da sie die speziellen Zuwendungen Alexanders für das Achmenu festlegte und fixierte.

3.2 Der Chonsbezirk

3.2.1 Der Pylon zum Chonstempel[44]

Der Chonstempel befindet sich in der Südwestecke des Areals des großen Amuntempels von Karnak und ist auf den Luxortempel ausgerichtet. Der hier besprochene Pylon ist allerdings nicht der mittlerweile zerstörte Pylon in der Umfassungsmauer, von dem heute nur noch das Bab el-Amara, das sogenannte Euergetestor, steht, sondern der direkt an den Tempelhof anschließende, viel kleinere Pylon. Dieser stammt aus der Zeit Pinodjems I., der während der dritten Zwischenzeit (ca. 1070 bis nach 1037/1036 v. Chr.)[45] zuerst als Hohepriester des Amun und später als König in Theben geherrscht hat.

Darstellungen Alexanders des Großen finden sich am eigentlichen Tor des Pylons, und zwar an der Vorderseite und an der westlichen Tordicke. Der Türsturz ist in zweimal zwei Szenen unterteilt, die zur Mitte hin ausgerichtet sind. Links außen opfert Alexander Lattich vor Amun-Re Kamutef und Mut (Abb. 20),[46] rechts außen zwei Salbgefäße wiederum vor Amun-Re Kamutef, der diesmal von Chons begleitet wird (Abb. 21).[47] Durch diese Aufteilung ist die Triade des Karnaktempels vollständig anwesend. In den beiden mittleren Sze-

---

44 Auch hier stellt sich die Publikationslage nicht allzu günstig dar: Lepsius 1849–1858, bringt drei Szenen in Umzeichnung. Schwaller de Lubicz 1982, Taf. 252, zeigt zwar eine Gesamtansicht des Pylons, doch läßt sich dort nur das Vorhandensein von Reliefs erahnen, Details sind keine erkennbar. Weitere Photos verdanke ich Erich Winter sowie Silke Caßor-Pfeiffer und Stefan Pfeiffer.

45 Beckerath 1997, 102.

46 In Porter/Moss ²1972, 228 (12), wird die linke Hälfte des Türsturzes Pinodjem I. zugeschrieben, doch ist hier eindeutig Alexander der Große dargestellt.

47 Eine Umzeichnung letzterer Darstellung findet sich bei Lepsius 1849–1858, 5d.

nen bringt jeweils Alexander dem sitzenden Amun die Göttin Maat dar (Abb. 20 und 21).

Der linke Türpfosten hat drei Szenen, deren obere beide im Namen Alexanders angebracht wurden (Abb. 22). Oben libiert der Makedone vor Chons und Hathor, darunter räuchert er vor Amun und Mut und opfert Blumen. Im unteren Register steht Pinodjem I. mit Salbgefäßen vor Chons. Hinter ihm, bereits auf der Wand des Pylonturmes, ist seine sistrumspielende Gemahlin Henuttaui dargestellt. Da dem König keine Kartuschen beigeschrieben sind, ist er nur durch die Königin zu identifizieren.

Auf dem rechten Türpfosten befinden sich ebenfalls drei Szenen (Abb. 23). Wiederum sind die oberen zwei unter Alexander dekoriert worden. Er bringt Chons und Nephthys eine Wasserspende dar und darunter, wohl parallel zum linken Pfosten, ein Rauchopfer und Blumen vor Amun und Amaunet. Die entsprechenden Stellen sind heute jedoch leider stark zerstört. Unter dieser Szene tritt ein nicht mehr zu identifizierender König mit Salbgefäßen vor Chons. Auf der Türdicke sind noch drei von vier Registern erkennbar, die jeweils Alexander mit Blumen vor Chons, mit einem Halskragen vor Mut und einem Opfertablett vor Amun-Re, König der Götter, darstellen (Abb. 24 und 25).

Darüber hinaus befinden sich auf der Türlaibung Abbildungen von Pinodjem I. und seiner Tochter, der Gottesgemahlin Maatkare-Mutemhat, und auf der Nordseite des Tores von Pinodjem I., Ptolemaios II. und Arsinoe II., die an dieser Stelle allerdings als Göttin fungiert.

Die Reliefs am Chonspylon unterscheiden sich von den bisher behandelten in Luxor und im Achmenu dahingehend, daß der König hier statt des Schurzes das Leopardenfell trägt.[48] Dies mag damit zusammenhängen, daß zuerst Pinodjem I. Dekorierungen hat durchführen lassen. Dieser war, bevor er sich König nannte, Hoherpriester des Amun gewesen. Mit diesem Amt ging jedoch das Leopardenfell als Amtstracht einher. In seinen Reliefs ist das Gewand also sinnvoll platziert. Unter Alexander wurden möglicherweise nur die Kartuschen geändert oder aber seine Darstellung den früheren angepaßt.[49] Natürlich wurde dadurch auch Alexanders Funktion als oberster Priester Ägyptens unterstrichen.

---

[48] Allerdings ist diese Aussage nicht für alle Reliefs sicher zu treffen, da der Erhaltungszustand zum Teil nicht eindeutig entscheiden läßt, ob der Pharao das Leopardenfell oder ein langes Obergewand trägt. Zumindest auf den Reliefs der Türdicke hat er zudem noch Sandalen an den Füßen.

[49] Auch die Könige auf den nördlichen Türpfosten tragen, soweit erkennbar, das Leopardenfell, siehe Schwaller de Lubicz 1982, Taf. 254.

3.2.2 Alexanderkapelle in der Umfassungsmauer

Im südwestlichen Bereich des Karnaktempels befinden sich unter den Blöcken, die im Januar 1948 von H. Chevrier gefunden wurden,[50] zwei, die Kartuschen Alexanders des Großen tragen. Leider gibt es jedoch keine näheren Angaben über die Fundumstände und den genauen Fundort. Der eine Block ist ein Türsturz, der andere ein Teil einer Rückwand. „La disposition et les dimensions du décor du dais et des naos imbriqués du second bloc sont très exactement celles de la stèle de Nectanebo Ier dédiée à Khonsou-Chou […].“[51] Diese Stele schmückte die Rückwand einer kleinen Kapelle auf der Westseite der Süd-West-Ecke der Außenmauer des Karnaktempels,[52] die als Prozessionskapelle für Chons-Schu auf seinem täglichen Weg nach Medinet Habu gedacht war. Wohl zu Beginn der Ptolemäerzeit wurde die Kapelle gänzlich umgebaut und die Stele für das Fundament des neuen Podiums verwendet. Die beiden Blöcke mit dem Namen Alexanders des Großen deuten nun darauf hin, daß der Umbau während seiner Regierungszeit stattgefunden hatte.[53] Ob die Kapelle unter den Makedonen die gleiche Funktion innehatte wie unter Nektanebos I., läßt sich nicht beurteilen.

Auf dem zweiten Block befindet sich ein Textstück, in dem von Bauarbeiten die Rede ist. Interessanterweise steht hier nicht der Name des Monumentes, stattdessen wurde eine allgemeine Formulierung benutzt. Traunecker äußert die bestechende Vermutung, daß sich die Inschrift nicht nur auf den Umbau der Kapelle bezieht, sondern auf alle Arbeiten am Chonsbezirk, die unter Alexander dem Großen durchgeführt wurden, anspielt: Der große Pylon, zu dem das Euergetes-Tor gehört, wurde in der Zeit zwischen der 30. Dynastie und Ptolemaios III. begonnen. Da nun die Kapelle unter Alexander umgebaut und das Tor des kleinen Pylons dekoriert wurde, scheint es sehr wahrscheinlich, daß auch der große Pylon in dieses Bauprojekt fällt. Somit erweist sich der Chonsbezirk als durchdachtes Programm und nicht nur als Stückwerk.

4. Auswertung

Da Alexander der Große zwar Herrscher über Ägypten qua Eroberung, selbst aber kein Ägypter war, könnte sich nun die Frage stellen, ob und inwieweit in

---

[50] Chevrier 1949, 4–7.
[51] Traunecker 1987, 349–351 (Zitat S. 349). Zur Nektanebos-Stele siehe Traunecker 1982, 339–354.
[52] Zur Lage der Kapelle siehe Traunecker 1982, 339 Fig. 1.
[53] Traunecker 1987, 349.

solchen Darstellungen zutage kommt, daß es sich nicht um einen indigenen
Pharao handelt: Machten die Priester in ihren Kompositionen deutlich, daß sie
es mit einem „Fremden" zu tun hatten? Und versuchten sie, ihn deshalb unter-
schwellig mit bestimmten Formulierungen gegenüber den „wirklichen" Pharaonen herabzusetzen?

Diese Fragen können definitiv verneint werden. Bei den Untersuchungen
fand sich kein Hinweis darauf, daß der Makedone in den Darstellungen in irgendeiner Weise von den indigenen Pharaonen unterschieden wurde. Wort und
Bild stehen in guter alter ägyptischer Tradition und weisen noch nicht einmal in
irgendeiner Form auf eine besondere Situation, wie sie die Herrschaft Alexanders über Ägypten zweifelsohne darstellte, hin.

Nun sind diese Überlegungen zugegebenermaßen zu modern westlich
gedacht: Die ägyptischen Priester waren fest verwurzelt in ihrer Religion, der
Art, wie sie sie ausübten, und ihrem Weltbild. In dieser Religion und diesem
Weltbild stand Pharao an der Spitze der Menschen und bildete das Bindeglied
zur Welt der Götter. Diese Verbindung wurde durch das Tempelritual geschaffen und fruchtbar gemacht. Die Durchführung des Tempelrituals war theoretisch dem Pharao vorbehalten, wobei er de facto durch die Priester vertreten
wurde. Allerdings war dabei immer das Abbild des Königs, d.h. letztlich er
selbst, anwesend und vollzog seinerseits, in Stein festgehalten, das Ritual. Diese
Darstellungsweise ist über Jahrhunderte hinweg nur wenig modifiziert worden.
Es wäre also kontraproduktiv für das Ziel der Priester – die Erhaltung der Ordnung – gewesen, mehr oder minder versteckte Spitzen gegen den neuen Pharao
in die Darstellung einzubauen, da sonst die Wirkmächtigkeit des kultischen Geschehens hätte beeinflußt werden und zu Chaos führen können.

Signifikant ist vielleicht der Anbringungsort zumindest zweier Restaurierungen bzw. Neubauten: das Alexandersanktuar in Luxor und das Alexanderzimmer
im Achmenu des Karnaktempels. Der Luxortempel und das Achmenu sind
„Häuser der Millionen von Jahren" und somit besonders eng mit dem ägyptischen Königtum verbunden. „Kernpunkt des Kultgeschehens in den Millionenjahrhäusern ist die zeitweise Identität des irdischen Königs mit seinem Ka, dem
göttlichen Teil seiner Wesenheit und damit einhergehend die phasenweise Vereinigung mit der im Tempel zu Besuch weilenden Gottheit. Diese vorüberge-
hende Einswerdung zwischen König und Gott fand im Rahmen einer zyklisch
vollzogenen ‚Erneuerung' der Gottheit statt. So wie der Gott sich durch die
Vereinigung mit den Urkräften der Schöpfung regenerierte, so wurde diese
‚Erneuerung' auch auf den königlichen Ka und darüber auf den irdischen König übertragen."[54] Dieses Ereignis war Teil des Opetfestes, in dessen Verlauf

---

[54] Ullmann 2002, 666. Für das Folgende vgl. auch ebd. 81 u. 667f.

eine Götterprozession vom Karnaktempel zum Tempel von Luxor stattfand. An der Prozession nahmen Amun, seine Gemahlin Mut und ihr gemeinsames Götterkind Chons mit ihren Barken teil. Zudem wurde auch eine Statue des Königs mit eigener Barke mitgeführt. Auf dem Höhepunkt des Opetfestes wurde die Erneuerung der königlichen Herrschaft, sowohl in der Götterwelt (personifiziert durch „Amun-Re, König der Götter") als auch bei den Menschen (in der Person des Pharaos) vollzogen. Für diese Erneuerung war die Verbindung des Königs mit seinen Ahnen essentiell, als deren lebender Vertreter der Herrscher die königlichen Ka-Kräfte, den göttlichen Aspekt des Königs, innehaben mußte, um eine legitime Herrschaft ausüben zu können. Durch diese Verbindung wurde der König zum Repräsentanten des Gottkönigs auf Erden, während die göttlichen Ahnen des Königs durch die zur Gottheit gehörige Neunheit verkörpert wurden.

Doch wie mag es dazu gekommen sein, daß ausgerechnet an diesen bedeutsamen Orten im Namen Alexanders Baumaßnahmen durchgeführt wurden? Nach der sogenannten Befreiung Ägyptens durch Alexander und seinen ersten Handlungen im Land, sahen die Priester wohl, daß nun wieder ein Mann an der Macht war, der nicht nur Mittel genug zur Verfügung hatte, um Bau- und Restaurierungsprojekte zu finanzieren, sondern auch willens war, genau dies zu tun, in der Hoffnung, dadurch die lokalen Eliten auf seine Seite zu bringen. Ihre Unterstützung war unerläßlich, da Alexander nicht beabsichtigte, persönlich in Ägypten zu bleiben und es sich auch nicht leisten konnte, einen ausreichend großen Teil seiner Truppen am Nil zur Befriedung zurückzulassen.

Er hatte, anders als die Perser vor ihm, viel Wert darauf gelegt, sich als legitimer Pharao zu präsentieren, indem er nach Siwa, einer für ägyptische Verhältnisse zugegebenermaßen etwas abgelegenen Orakelstätte des Gottes Ammon-Zeus, reiste und dort an einem Königsorakel teilnahm, im Niltal verschiedenen ägyptischen Göttern opferte, unter denen sich auch der Apisstier befand,[55] der eine wichtige Rolle bei der Königsinthronisierung spielte, und sich vielleicht sogar in Memphis krönen ließ, was jedoch nicht sicher belegt und in der Forschung umstritten ist. Unbestritten war er aber von ägyptischen Priestern als Sohn des Amun bezeichnet worden.[56] Nun mußte zum einen Alexander beweisen, daß er zu Recht Pharao genannt wurde, zum anderen mußten die Priester, die diese Gottessohnschaft anerkannten, ihn als solchen behandeln.

---

55 Arr. An. III 1,4.
56 Vgl. Diod. XVII 49–51; Strab. XVII 1,43 (= FGrHist 124, F 14); Curt. IV 30–32; Plut. Alex. 26–28; Just. XI 11; Ps.Kallisthenes I 30,2–31, wobei man von einer Gleichsetzung von Amun, Ammon und Zeus ausgehen kann. Einen Beleg für diese Gleichsetzung dürfte bereits eine Weihung an den „Zeus von Theben" aus dem 6. Jh. v.Chr. darstellen: SEG 27, 1106, vgl. auch Masson 1977, 53–57.

Sie werden die sich bietende Gelegenheit ergriffen und Alexander insbesondere Stellen für Neubauten und Restaurierungen genannt haben, die auch für den Makedonen selbst einen gewissen Reiz hatten, da sie nicht nur dem Gott Amun geweiht waren, dem sich Alexander seit seinem Aufenthalt in Siwa besonders verbunden fühlte, sondern auch sonst eng mit dem legitimen Königtum verknüpft waren.

Indem Alexander sich also an eben jenen markanten Stellen verewigen ließ, bewies er seine Annahme durch die ägyptischen Götter als legitimer Herrscher.[57] „Amun-Re als ‚Vater' des Königs garantiert ihm – zusammen mit den Ahnengöttern der Großen Neunheit – ein dauerhaftes Königtum, mit einer beständigen Erneuerung seiner göttlichen Kräfte als Herrscher."[58] Der Bau des Alexandersanktuars in Luxor und des Zimmers im Achmenu waren folglich dazu da, kultisch und mythologisch aus Alexander einen wirklichen Pharao zu machen, der vollständig in gut thebanischer Tradition stand: Als Pharao brauchte der Makedone seinen königlichen Ka, den er beim Opetfest erhielt und der sich jedes folgende Jahr während dieses Festes verjüngte. Dabei war jedoch Pharaos Anwesenheit vonnöten. Da dies für Alexander aber unmöglich war und in diesem Fall kein Priester an seiner Statt agieren konnte, mußte zumindest ein Abbild Pharaos vor Ort sein, in dem er dann einwohnen konnte. Dadurch wurde die Wirkmächtigkeit seines Königtums gewährleistet.[59] Daß die dargestellten Rituale und damit ihre mythologische Funktion zumindest durch ihre Abbildung vollzogen wurden, war also der Zweck dieser Baumaßnahmen.

Auch wenn Alexander die theologische Seite wahrscheinlich nicht gänzlich verstand, wird ihn doch die direkte Anknüpfungsmöglichkeit an bedeutende Pharaonen überzeugt haben. Im Achmenu war die Verbindung zu Thutmosis III. gegeben, der selbst ein starker Herrscher über ein großes, über das Kernland Ägypten hinausgehendes Reich gewesen ist. Die Erinnerung an seine Feldzüge nach Asien war nicht nur in den Tempeln Thebens lebendig, wo er doch im Achmenu einen Bericht über seinen Sieg in Megiddo hatte anbringen lassen. Sein guter Ruf als Pharao war dermaßen langlebig, daß die demotische

---

57 Vgl. Bell 1985, 270. So auch Winter 2005, 208: „Es ist naheliegend anzunehmen, daß es gerade die in Luxor betonte Rolle des königlichen Ka war, die dazu geführt hat, daß Alexander der Große ausgerechnet für den Luxor-Tempel einen neuen Barkenschrein gestiftet hat."

58 Ullmann 2002, 81, wobei sie unter „ihm" allerdings den König im Allgemeinen versteht.

59 Problematisch ist allerdings, daß sich in Luxor nirgends eine Spur von Ptolemaios I. Soter findet, da auch dieser nicht qua Geburt Zugang zum königlichen Ka hatte, vgl. Minas 2000, 78.

Literatur sich seiner Person bediente[60] und auf seine Bestimmungen bezüglich des Tempels in Esna dort noch in hadrianischer Zeit verwiesen wurde.[61]

Amenophis III., an den Alexander durch den Bau des Sanktuars im Tempel von Luxor anknüpft, hatte zwar wohl keine weiteren Eroberungen in Asien errungen, doch hielt er das Erreichte weitgehend durch Diplomatie. Der Terminus „Asien" kommt sogar in einem seiner Goldnamen vor: „Mit großer Kraft, der die Asiaten schlägt".[62] Auch Ramses III., der den Bau des Chonstempels, dessen Tor zum Teil in Alexanders Namen dekoriert wurde, begonnen hatte, kann in diesem Zusammenhang genannt werden, da er während seiner Regierungszeit die von Nordosten einfallenden Seevölker erfolgreich abgewehrt hatte. Diese kann man zwar auch mit Griechen assoziieren, doch ist der Kampf gegen Feinde von außen zum Wohle Ägyptens an sich das zentrale Thema der Verknüpfung mit früheren Pharaonen. In diesem Sinne war vielleicht auch eine Verbindung mit Nektanebos I., der 373 v. Chr. einen Rückeroberungsversuch der Perser vereitelt hatte, durch die Errichtung der Alexanderkapelle in Karnak intendiert gewesen.[63]

Besonders das Beispiel Thutmosis' III. zeigt, daß Alexanders Ratgeber durchaus noch die Namen dieser längst vergangenen Pharaonen kannten und daß deren Taten in guter Erinnerung und hohem Ansehen gehalten wurden. Auch Alexander wurde von diesen Herrschern angesprochen, und sei es nur, weil ihr Ruf ihm von Nutzen sein konnte und eine Verknüpfung mit ihrem Andenken ihm etwas zu bieten hatten: Durch Darstellungen in von ihnen errichteten Bauwerken und besonders durch Rückgriffe auf Ausdrücke, die an unzähligen Stellen diese Könige als Sieger über ihre Feinde bezeichnen und im Alexandersanktuar mit Bezug auf den Makedonen Verwendung fanden,[64] wurde er auf eine Stufe mit den großen, indigen-ägyptischen Pharaonen gestellt.

---

[60] Pap. Wien D 62 vs. und die zweite Setne-Erzählung, siehe hierzu Quack 2005, 29 und 37, der mich freundlicherweise darauf hingewiesen hat.

[61] Sauneron 1968, Nr. 344. Vgl. auch Sauneron 1954, 37f. und besonders 38 n. 1. Diese Hinweise verdanke ich Erich Winter.

[62] Für die Belegstellen siehe Gauthier 1912, 306–329.

[63] In diesem Sinne läßt sich auch das Fragment einer Klepsydra aus der Eremitage werten, auf der der Horusname Nektanebos' I. zusammen mit dem Eigennamen eines Pharaos Alexander vorkommt. Ob es sich hierbei um eine Stiftung mit Bezug auf Nektanebos I. handelt oder ob der Horusname hier nicht Nektanebos bezeichnet, sondern ein bisher unbekannter Alexanders ist, kann nicht geklärt werden. Für obige Deutung ist die Unterscheidung jedoch zweitrangig. Leider ist auch der Fundort der Wasseruhr unbekannt, der vielleicht hätte aufschlußreich sein können. Siehe auch Bolshakov 2005, 549.

[64] Siehe Abd-el-Raziq 1984, passim.

Eine andere Verbindung ergibt sich noch aus der Bau- und Restaurationstätigkeit in der Umgebung des Chonstempels. Um Alexanders enge Verbundenheit mit Amun zu verdeutlichen, bot es sich an, auch dem ihm zugehörigen Kindgott besondere Verehrung zukommen zu lassen. Hier liegt vielleicht auch eine andere Erklärung für das Leopardenfell, das Alexander auf dem Pylon zum Chonstempel trägt. Chons war der (älteste) Sohn des Amun und somit in der ägyptischen Gedankenwelt der Sem-Priester dieses Gottes, der die Mundöffnungszeremonie an ihm durchführte. Alexander schlüpft am Tor des Chonstempels in diese Rolle, indem er das zum Sem-Priester gehörige Leopardenfell anlegt.[65] Damit würde er sich als Nachfolger seines Vaters, also als legitimer Herrscher erweisen, der von Amun, dem „König der Götter", das Amt übertragen bekommen hätte. Die bevorzugte Behandlung des Gottes Chons wird auch ganz im Sinne Alexanders gewesen sein, da Chons als Sohn des Amun, der ja Zeus war, mit Herakles identifiziert werden konnte.[66] Diesen verehrte der Makedone aber besonders, führte er doch seine eigene Abstammung auf ihn zurück.[67]

In Theben sind Darstellungen Alexanders des Großen also an herausragenden Stellen zu finden. Es ist durchaus möglich, daß Alexander von den Priestern mit diesen Prestigeprojekten dazu gebracht werden sollte, auch Geld für andere Bauten und wichtige Restaurierungsarbeiten bereitzustellen. Weshalb jedoch der Raum im Achmenu ausgewählt wurde, ist nicht ganz einsichtig. Die Bedeutung der Anlage für die legitime Herrschaft eines Pharaos ist zwar weitestgehend bekannt, doch erscheint die Raumwahl nach den bisherigen Erkenntnissen eher willkürlich. Vielleicht hatte Alexander, nachdem ihm das Opetfest erklärt worden war, den Wunsch geäußert, nicht nur im Tempel von Luxor, sondern auch im Achmenu in Karnak baulich tätig zu werden. Das hierfür ausgewählte Zimmer ist ein wichtiger Raum für das Königtum, doch keiner der allerwichtigsten des Achmenu; diese wurden vielleicht aus Pietät Thutmosis III. vorbehalten. Zum Kult in den Millionenjahrhäusern gehörte häufig auch die Verehrung eines realen Ahnherrn, zum Teil auch weiter zurückliegender Vorgänger als Osiris-König, die „die Verbindung zwischen dem regierenden König und seinen göttlichen Ahnen ... verbildlichte bzw. konkretisierte."[68] Dies war vielleicht ein Grund dafür, daß in den anderen Räumen die Darstellungen

---

[65] Eine Darstellung der Mundöffnung findet sich im Alexanderzimmer im unteren Register der Ostwand.
[66] Vgl. Lajtar 1999, 60, und Yoyotte 2005, 589.
[67] Zu Alexander als Nachkomme des Herakles vgl. z.B. Arr. An. III 3, IV 11 und VI 3.
[68] Ullmann 2002, 668.

und Kartuschen Thutmosis' III. als solche restauriert wurden und dieser zudem auch im ansonsten nur Alexander abbildenden Alexanderzimmer vorkommt.[69] Die wichtigste Szene des Raumes scheint die Opferliste zu sein, da sie an zentraler Stelle angebracht ist und die größte Fläche im Alexanderzimmer einnimmt. Das Achsensanktuar war jedoch nicht der Ort, eine solche Szene unterzubringen, weshalb auf einen anderen Raum ausgewichen werden mußte. Eine unmittelbare Nähe war aber wohl nicht nur möglich, sondern vielleicht sogar wünschenswert. An diesem Ort konnten im Namen Alexanders gerade derjenigen Form des Amun Zuwendungen zugesichert werden, die am engsten mit dem Königtum verbunden war, nämlich dem im Achmenu verehrten „Amun, Herr des Himmels, König der Götter".[70]

Meines Erachtens war Alexander in erster Linie der Geldgeber, die Priester aber die Initiatoren. Allerdings war Geld für Bauprojekte wohl leichter zu gewinnen, wenn der König vom Konzept überzeugt war. Natürlich wissen wir nicht, ob die Pläne wirklich dem König vorgelegt wurden oder ob nur die Verwaltung vor Ort involviert war, wie dies wahrscheinlich bei Philipp Arrhidaios und Alexander IV. der Fall war. Zur Persönlichkeit Alexanders des Großen würde es allerdings passen, wenn er bestimmte Anweisungen hinterlassen hätte, was er in bezug auf die Darstellung seiner Person beachtet haben wollte.

5. Fazit

Die Bau- und Restaurierungsarbeiten, die im Namen Alexanders des Großen durchgeführt wurden, erweisen sich keineswegs als Zufallsprodukte, sondern zeigen ein durchgeplantes kult-theologisches Konzept. Die Qualität der Arbeiten mag nicht herausragend sein, doch ist ihre ideengeschichtliche Aussage nicht zu unterschätzen. Der Fremde befand sich nun in unmittelbarer Nähe einer der wichtigsten Gottheiten Ägyptens an zwei der heiligsten Stätten des Landes, wodurch er sich als legitimer Pharao präsentierte.

In diesem Sinne wäre es interessant zu sehen, inwieweit das andere theologische Zentrum des Landes, Memphis, mit seinem Hauptgott Ptah in die Baupolitik einbezogen wurde. Daß von dort keine Maßnahmen überliefert sind, heißt nicht, daß keine vorgenommen wurden, sondern liegt an der ungenügenden Erhaltung des Ptahtempels.

---

[69] Vgl. Blöbaum 2006, 152 und 280.
[70] Diese Beinamen trägt Amun in eben dieser Szene, siehe Abb. 19.

Literaturverzeichnis

Abd-el-Raziq, M. 1983, „Ein Graffito der Zeit Alexanders des Großen im Luxortempel",
ASAE 69, 211–218.

ders. 1984, *Die Darstellungen und Texte des Sanktuars Alexanders des Großen im Tempel von
Luxor* (ADAIK 16), Mainz.

Arnold, D. 1999, *Temples of the Last Pharaohs*, New York u.a.

Assmann, J. 1990, *Ma'at. Gerechtigkeit und Unsterblichkeit im Alten Ägypten*, München.

Baines, J./Málek, J. 1980, *Atlas of Ancient Egypt*, Oxford.

Barguet, P. 1962, *Le temple d'Amon-Rê à Karnak. Essai d'exégèse* (Recherches d'Archéologie,
de Philologie et d'Histoire 21), Kairo.

Beckerath, J. von 1997, *Chronologie des pharaonischen Ägyptens. Die Zeitbestimmung der ägyptischen Geschichte von der Vorzeit bis 332 v. Chr.* (MÄS 46), Mainz.

Bell, L. 1985, "Luxor Temple and the Cult of the Royal Ka", *JNES* 44, 251–294.

Blöbaum, A. I. 2006, „*Denn ich bin ein König, der die Maat liebt". Herrscherlegitimation im spät-
zeitlichen Ägypten. Eine vergleichende Untersuchung der Phraseologie in den offiziellen Königsinschriften vom Beginn der 25. Dynastie bis zum Ende der makedonischen Herrschaft* (Aegyptiaca Monasteriensia 4), Aachen.

Bol, P. C. 2005, „Einleitung: Die Frankfurter Alexanderstatue. Ein griechisches Werk in
ägyptischer Tradition", *Ägypten Griechenland Rom. Abwehr und Berührung*,
Tübingen/Berlin, 15–19.

Bolshakov, A. O. 2005, „Fragment einer Wasseruhr", *Ägypten Griechenland Rom. Abwehr
und Berührung*, Tübingen/Berlin, 548–549.

Burstein, S. M. 1995, „Alexander in Egypt: Continuity or Change", Ders., *Graeco-Africana.
Studies in the History of Greek Relations with Egypt and Nubia*, New Rochelle, NY, 43–52.

Chevrier, H. 1949, "Rapport sur les travaux de Karnak, 1947-1948", *ASAE* 49, 1–35.

Daressy, G. 1888, "Remarques et notes", *RecTrav* 10, 139–150.

Daressy, G. 1893, "Notes et remarques", *RecTrav* 14, 20–38.

Fakhry, A. 1940, "A Temple of Alexander the Great at Bahria Oasis", *ASAE* 40, 823–
835.

Foreman, L. 2000, *Kleopatras versunkener Palast. Suche nach einer Legende*, München.

Gauthier, H. 1912, *Le livre des rois d'Égypte. Recueil de titres et protocoles royaux, noms propres de
rois, reines, princes, princesses et parents de rois de la XIIIe à la fin de la XVIIIe dynastie*, Bd. 2
(MIFAO 18), Kairo.

Goldbrunner, L. 2004, *Buchis. Eine Untersuchung zur Theologie des heiligen Stieres in Theben zur
griechisch-römischen Zeit* (Monographies Reines Élisabeth 11), Turnhout.

Golvin, J.-C./Goyon, J.-C. 1990, *Karnak, Ägypten. Anatomie eines Tempels*, Tübingen.

Guermeur, I. 2005, *Les cultes d'Amon hors de Thèbes. Recherches de géographie religieuse*
(Bibliothèque de l'École des Hautes Études Sciences Religieuses 123), Turnhout.

Gundlach, R. 1997, „Die Legitimation des ägyptischen Königs – Versuch einer Systematisierung", *Selbstverständnis und Realität*. *Akten des Symposiums zur ägyptischen Königsideologie in Mainz 15.-17.6.1995*, ed. Gundlach, R./Raedler, Ch., Wiesbaden, 11–20.

Hawass, Z. 2000, *Das Tal der goldenen Mumien. Die neueste und großartigste archäologische Entdeckung unserer Tage*, Bern u.a.

Hölbl, G. 1997, „Zur Legitimation der Ptolemäer als Pharaonen", *Selbstverständnis und Realität*. *Akten des Symposiums zur ägyptischen Königsideologie in Mainz 15.-17.6.1995*, ed. Gundlach, R./Raedler, Ch., Wiesbaden, 21–25.

Hughes, G.R./Jasnow, R. 1997, *Oriental Institute Hawara Papyri. Demotic and Greek Texts from an Egyptian Family Archive in the Fayum (Fourth to Third Century B.C.)* (OIP 113), Chicago.

Jasnow, R. 1994, „The Hieratic Wooden Tablet Varille", *For His Ka. Essays Offered in Memory of Klaus Baer*, ed. Silverman, D. P. (SAOC 55) Chicago, 99–112.

Kuhlmann, K.P. 1988, *Das Ammoneion. Archäologie, Geschichte und Kultpraxis des Orakels von Siwa* (ADAIK 75), Mainz.

Lajtar, A. 1999, „Die Kontakte zwischen Ägypten und dem Horn von Afrika im 2. Jh. v. Chr. Eine unveröffentlichte griechische Inschrift im Nationalmuseum Warschau", *JJP* 29, 51–66.

Lepsius, C.R. 1849–1858, *Denkmaeler aus Aegypten und Aethiopien nach den Zeichnungen der von Seiner Majestät dem Koenige von Preussen Friedrich Wilhelm IV. nach diesen Ländern gesendeten und in den Jahren 1842–1845 ausgeführten wissenschaftlichen Expedition*, Bd. 9/4. Abt.: *Denkmaeler aus der Zeit der griechischen und roemischen Herrschaft*, Berlin.

Martinez, Ph. 1989, „A propos de la décoration du sanctuaire d'Alexandre à Karnak: Reflexions sur la politique architecturale et religieuse des premiers souverains lagides", *BSEG* 13, 107–116.

Masson, O. 1977, „Quelques bronzes égyptiens à inscription grecque", *RdÉ* 29, 53–67.

Minas, M. 2000, *Die hieroglyphischen Ahnenreihen der ptolemäischen Könige. Ein Vergleich mit den Titeln der eponymen Priester in den demotischen und griechischen Papyri* (Aegyptiaca Treverensia 9), Mainz.

Mond, R./Myers, O.H. 1934, *The Bucheum*, Bd. 2: *The Plates* (MEES 41), London.

Naville, E./Griffith, F.Ll. 1890, *The Mound of the Jew and the City of Onias* (MEEF 7), London.

Pestman, P.W. 1967, *Chronologie Égyptienne d'après les textes démotiques (332 av. J.-C. – 453 ap. J.-C.)* (Papyrologica Lugduno-Batava 15), Leiden.

Porter, B./Moss, R. 1934, *Topographical Bibliography of Ancient Egyptian Hieroglyphic Texts, Reliefs, and Paintings*, Bd. 4: *Lower and Middle Egypt*, Oxford.

Porter, B./Moss, R. ²1972, *Topographical Bibliography of Ancient Egyptian Hieroglyphic Texts, Reliefs, and Paintings*, Bd. 2: *Theban Temples*, Oxford.

Quack, J.F. 2005, *Einführung in die Altägyptische Literaturgeschichte III. Die demotische und gräko-ägyptische Literatur* (Einführungen und Quellentexte zur Ägyptologie 3), Münster.

Roeder, G. 1959, *Hermopolis 1929 – 1939. Ausgrabungen der Deutschen Hermopolis-Expedition in Hermopolis, Ober-Ägypten*, Hildesheim.

Sauneron, S. 1954, „Le dégagement du temple d'Esné: mur nord", *ASAE* 52, 29–39.

Sauneron, S. 1968, *Esna*, Bd. 3: *Le temple d'Esna, textes nos 194-398*, Kairo.

Schulze, H. 2005, „Das soll Alexander der Große sein?", *Frankfurter Allgemeine Zeitung* vom 28.12.2005, 31.

Schwaller de Lubicz, R.A. 1982, *Les Temples de Karnak. Contribution à l'étude de la pensée pharaonique*, Bd. 2, Paris.

Skeat, Th.C. ²1969, *The Reigns of the Ptolemies*, München.

Spiegelberg, W. 1905, „Die demotischen Inschriften der Steinbrücke von Tura und Ma'sara", *ASAE* 6, 119–233.

Stanwick, P.E. 2005, „Wasseruhr mit dem Namen Alexanders des Großen", *Ägypten Griechenland Rom. Abwehr und Berührung*, Tübingen/Berlin, 547–548.

Traunecker, C. 1982, „Un exemple de rite de substitution: une stèle de Nectanébo Ier", *Karnak* 7, 339–354.

Traunecker, C. 1987, „La chapelle de Khonsou du mur d'enceinte et les travaux d'Alexandre", *Karnak* 8, 347–354.

Ullmann, M. 2002, *König für die Ewigkeit – Die Häuser der Millionen von Jahren. Eine Untersuchung zu Königskult und Tempeltypologie in Ägypten* (ÄAT 51), Wiesbaden.

Varille, A. 1942, "Inventaire d'objets cultuels d'un temple thébain de Maat", *BIFAO* 41, 135–139.

Winter, E. 2005, „Alexander der Große als Pharao in den ägyptischen Tempeln", *Ägypten Griechenland Rom. Abwehr und Berührung*, Tübingen/Berlin, 204–215.

Yoyotte, J. 2005, „Postface", *Les cultes d'Amon hors de Thèbes. Recherches de géographie religieuse* (Bibliothèque de l'École des Hautes Études Sciences Religieuses 123), Turnhout.

Antiochos IV. Epiphanes. Basileus und Pharao Ägyptens? Porphyrios und die polybianische Überlieferung[1]

Andreas Blasius

Porro Antiochus parcens puero et amicitias simulans ascendit Memphim, et ibi ex more Aegypti regnum accipiens puerique rebus se providere dicens cum modico populo omnem Aegyptum subiugavit sibi.

„Sodann zog Antiochos, wobei er den Knaben verschonte und Freundschaft heuchelte, nach Memphis hinauf und unterwarf sich, indem er dort nach der Sitte Ägyptens die Königsherrschaft übernahm und sagte, daß er sich um die Angelegenheiten des Knaben kümmere, mit wenigen Truppen ganz Ägypten".

(Porph., FGrHist. II B 260, Frg. 49a = Hieron., Comm. in Dan. 11,21–24)[2]

Diese Worte des spätantiken Platonikers Porphyrios sorgten und sorgen in der Beurteilung des 6. Syrischen Krieges hinsichtlich der tatsächlichen Motive und Pläne des Seleukidenkönigs Antiochos IV. Epiphanes bis heute für kontroverse Diskussionen.

Dieser Herrscher überrannte 170/169 und 168 v.u.Z. in zwei Feldzügen Ägypten, das seinerseits den Krieg mit der Absicht einer Rückeroberung des an Antiochos III. einst verlorenen Koile-Syrien eröffnet hatte.[3] Bis auf die Stadt Alexandria befand sich zuletzt offenbar das gesamte ptolemäische Territorium in der Hand des Seleukiden. Dieser hatte sich zunächst, das Zerwürfnis seiner kindlichen Gegner, der Herrschertrias Ptolemaios VI. und VIII. sowie Kleopatra II. (der Neffen und der Nichte des Antiochos) ausnutzend, zum Protektor des älteren Ptolemaios aufgeschwungen und sein Hauptquartier in Memphis aufgeschlagen. Philometor befand sich dann auch bis zur Versöhnung der Geschwister nach dem ersten Ägyptenzug des Antiochos bei seinem Onkel. Erst

---

[1] Die vorliegende Untersuchung beschränkt sich weitgehend auf die hier angesprochenen Autoren, ohne damit weitere literarische Quellen, Münzen, Inschriften und Papyri vernachlässigen zu wollen. Zu einer umfassenden Behandlung gerade dieser hier nicht vertretenen Gattungen und Texte entsteht eine Studie des Verfassers. Für eine kritische Durchsicht des vorliegenden Beitrages sei an dieser Stelle Professor E. Kettenhofen gedankt. Verbliebene Fehler gehen selbstverständlich zu Lasten des Autors.

[2] Siehe auch Stern 1980, 463–465, no. 464n.

[3] Zum 6. Syrischen Krieg, siehe u.a. Otto 1934; Mørkholm 1966, 64–101; Will 1982, 311–325; Gera 1998, 121–177 und 215–217; Huß 2001, 542–563; Mittag 2006, 159–181 und 209–223.

unmittelbar vor der Hauptstadt, am berühmt-berüchtigten ‚Tag von Eleusis' im Juli 168 v.u.Z. kam der erneute Marsch des geprellten Oheims auf Alexandria durch römische Intervention in Gestalt der Legation unter C. Popillius Laenas zu einem abrupten Ende.[4]

Welche Absichten hegte der Seleukidenkönig, und welche Ziele verfolgte er, der nicht allein den ptolemäischen Vorstoß auf Koile-Syrien zurückschlug, sondern Ägypten militärisch vernichtet und faktisch erobert hatte?

1. Die Forschungsdebatte

Ungeachtet des Eindrucks, daß die Bemerkung des Porphyrios deutlichen Aufschluß über die Pläne des Antiochos zu geben scheint, bleibt seine Aussage in der wissenschaftlichen Bewertung äußerst umstritten. Den Ausgangspunkt der Kontroverse bildet die Frage nach der Glaubwürdigkeit der Aussage des Platonikers bzw. damit auch des ihn hier tradierenden Kirchenvaters Hieronymus im Spiegel der weiteren literarischen Überlieferung. Die Problematik wurde dabei gleichsam formal durch die Suche nach den zugrundeliegenden Quellen des Porphyrios und/oder durch eine inhaltliche Bewertung im Sinne des common sense der Handlungen des Seleukidenkönigs analysiert. Als zwei der prominentesten und wirkungsgeschichtlich einflußreichsten Vertreter dieses wissenschaftlichen Streites seien hier exemplarisch die Ansichten Ottos und Mørkholms ausführlicher skizziert, da sie die beiden Extrempositionen vertreten:[5]

Für Walter Otto, der den Bericht des Porphyrios 1934 in seiner Studie „Zur Geschichte der Zeit des 6. Ptolemäers" ausführlich behandelte, stand die Autorität des spätantiken Autors außer Zweifel, da er überzeugt war, diesen auf Polybios zurückführen zu können:

> „Bei diesem [Porphyrios] liegen nun letzten Endes beste Quellen zugrunde; so hat man bei der Schilderung des syrisch-ägyptischen Konflikts auch gerade an Polybios zu denken. In der Tat hat Porphyrios selbst den Polybios als eine seiner Quellen angegeben, s. frg. 36. Es werden sich ... denn auch immer wieder sehr enge sachliche

---

4   Das Exemplum römischer *virtus* des Laenas gehört zweifellos zu den meistdokumentierten Ereignissen der griechisch-römischen Literatur: Polyb. 29,27,1–8; Diod. 31,2,1–2; Liv. 45,12,3–8; Liv., per. 45,2f.; Cic., Phil. 8,23; Vell. Paterc. 1,10,1–2; Val. Max. 6,4,3; Plin., nat.hist. 34,11,24; Plut., mor. 202F–203A; App., Syr. 66,350–352; Iust. 34,3,1–5; Porph., FGrHist. II B 260, Frg. 50; Zonar. 9,25,B–C (wohl aus: Dio Cass. 20).

5   Eine breiter gefächerte Analyse der Forschungsdiskussion wird die oben angesprochene Studie des Verfassers enthalten.

Übereinstimmungen zwischen den Zitaten aus Polybios, Diodor, bei dem ja in den einschlägigen Partien Polybios verwertet ist, und Porphyrios-Hieronymus ergeben, und wir können in einem Falle sogar noch trotz aller Zwischenglieder eine sprachliche Übereinstimmung zwischen Diodor XXX 18,2: φείδεσθαι τοῦ μειρακίου (sc. Antiochos) und Hieronymus ad Dan. XI 22f. *parcens puero* (sc. Antiochos) feststellen".[6]

Scheint gar eine sprachliche Übereinstimmung zumindest eines Teiles der Porphyrios-Passage mit Diodor – und damit vielleicht mit Polybios – vorzuliegen, so müsste angesichts der allgemein unbestrittenen Integrität des Achäers an der von Porphyrios gebotenen Darstellung scheinbar kein Zweifel aufkommen. Die literarische Anknüpfung des Abschnitts an die ‚vertrauenswürdigen' Historiker bleibt indes problematisch, fährt doch gerade die von W. Otto aufgezeigte ‚Parallele' des Diodor zwar ähnlich dramatisch, aber nicht in gleicher Weise deutlich mit einer Beschreibung der Philometor drohenden Gefahr fort (Diod. 30,18,2):

διὰ γὰρ τὴν συγγένειαν ὀφείλων φείδεσθαι τοῦ μειρακίου, καθάπερ αὐτὸς ἔφησε, τοὐναντίον ἐξαπατήσας ἐπεβάλετο τοῖς ὅλοις σφῆλαι τὸν πεπιστευκότα.

„Er sollte den Kleinen aber, wie er selbst sagte, wegen der Blutsverwandtschaft verschonen; stattdessen machte er sich daran, den hintergehend, der ihm vertraut hatte, auf gänzliche Weise zu Fall zu bringen".

Dieses σφῆλαι ist in seiner Tragweite recht ‚dehnbar'. So bietet sich ebenso sehr die Interpretation des Passus als „to bring him to utter ruin"[7] wie auch die noch offenere Variante im Sinne eines „ihn auf jedwede Art zu täuschen/zu betrügen" an.[8]

Das Motiv des königlichen Betruges findet sich in zahlreichen Quellen, nicht zuletzt im Vers 27 des 11. Danielbuchkapitels.[9] Dort wird es indes, anders als in der Darstellung Diodors, auf beide Herrscher bezogen, was der tatsächlichen Situation des Zweckbündnisses zwischen Antiochos IV. und seinem Neffen Ptolemaios VI. Philometor im Jahr 169 v.u.Z. sicherlich entsprochen haben dürfte, sah Philometor seine weitere Zukunft doch wohl kaum in der dauerhaften Funktion eines Vasallen der Seleukiden.

---

6   Otto 1934, 2 n. 4, vgl. dort S. 54f.
7   So Walton in der Übersetzung seiner Loeb-Ausgabe 1957, 303.
8   Beide Nuancen begegnen häufiger im Werk des Diodor, s. McDougall 1983, 110, s.v. σφάλλειν auch die Verbindung mit τοῖς ὅλοις lässt sich außerhalb der Fragmente zweimal in der *Historischen Bibliothek* nachweisen (a.a.O.).
9   Vgl. auch Diod. 31,1; siehe S. 102.

Welche Auflösung der oben zitierten Diodor-Stelle indes auch zugrunde-
gelegt wird: Beide Versionen sprechen nicht von einer Krönung des Antiochos.
Und dies scheint gleichfalls für die übrige literarische Überlieferung zum 6. Syrischen Krieg zu gelten. So wandte sich denn auch der bedeutende Antiochos-
Biograph O. Mørkholm entschieden gegen die Darstellung des Porphyrios:

> „I find it most difficult to share Otto's optimism regarding the reliability of this
> tradition. Otto may be right that Porphyrius ultimately goes back to Polybius, but the
> tradition was certainly not handed down directly. We know of many intermediaries,
> one of whom, a certain Callinicus Suctorius is directly quoted by Hieronymus as
> Porphyrius' source. It is a grave mistake to assume with Otto that the rejection of
> Porphyrius' statement implies an attack on Polybius' ability as a historian. The truth
> is that we have to reject the testimony of Porphyrius on the coronation of Antiochus
> IV in Egypt, because his version is incompatible with the surviving fragments of the
> genuine Polybian tradition. … in Polybius, Diodorus, and Livy we find several passa-
> ges from the time after the supposed coronation which show that Antiochus during
> the whole of 169 consistently maintained the attitude of protecting the legitimate
> interests of his nephew, Ptolemy Philometor. The important point is that Polybius
> and the accounts dependent on him do not believe in Antiochus' professions but
> nevertheless they never use the coronation as an argument against his sincerity,
> which would have been the most obvious thing to do if Antiochus had been
> crowned king of Egypt. From an unprejudiced study of these passages we can only
> conclude that Antiochus IV certainly did not assume the crown of Egypt in 169."[10]

Ähnlich hatte zuvor bereits H. Volkmann in seinem RE-Eintrag zu Ptolemaios VI. Philometor geurteilt:

> „Gegen eine Krönung des Antiochos zum König von Ägypten spricht ... das Schwei-
> gen der übrigen Überlieferung; besonders auffällig ist es, daß ein solcher für die rö-
> mische Politik sehr bedenklicher staatsrechtlicher Akt bei der späteren Mission des C.
> Popilius Laenas überhaupt nicht zur Sprache kommt. Schließlich paßt auch der wei-
> tere Bericht des Porphyrios frg. 39a [sic; gemeint ist 49a], nach dem Antiochos nun
> rücksichtslos das Land auszuplündern begonnen habe, nicht zu seinem betont scho-
> nenden Vorgehen in der Zeit kurz vorher."[11]

Beide ‚Krönungsskeptiker' verbanden dabei den negativen Überlieferungsbe-
fund mit einer inhaltlichen Plausibilitätsabwägung. Sah Volkmann einen klaren

---

[10] Mørkholm 1966, 82f.
[11] Volkmann 1959, 1708.

Widerspruch zwischen einer Verneigung vor der ptolemäischen Tradition und der Plünderung des Landes im Bericht des Porphyrios – wobei er offenbar den Plünderungsaspekt für realistisch hielt –, so war es für Mørkholm der Pragmatismus des Realpolitikers Antiochos, der gegen eine solch zwangsläufige Provokation Roms sprechen mußte:

> „from the outbreak of hostilities he followed a premeditated plan with a clear political aim: the establishment of some sort of hegemony over Egypt, probably in the form of a tutelage of his nephew Ptolemy Philometor".[12]

Auch sein Marsch auf Alexandria während des zweiten Feldzuges 168 v.u.Z. gegen die wiedervereinigte ptolemäische Herrschertrias sei deshalb so langsam vorangekommen, weil der Seleukide auf eine neuerliche Entzweiung der rivalisierenden Brüder hoffen mußte, um sich weiterhin als Mentor Philometors ausgeben zu können:

> „This was the only way for Antiochus to obtain the same secure position as the previous year and thus to avert the danger of Roman intervention".[13]

Antiochos konnte nicht so größenwahnsinnig gewesen sein, an eine Annexion Ägyptens zu denken und sich ohne Rücksicht auf Rom zum Herrn des Landes krönen zu lassen – oder doch?

Daß Antiochos zu einer solch vermeintlich absurden Tat fähig gewesen wäre, hielt zumindest Bevan wohl nicht zuletzt unter dem Eindruck des Epiphanes-Epimanes-Wortspiels des Polybios (Athen. 19,439a und 5,193d = Polyb. 26,1a und 1) sowie angesichts der Charakterisierung des Seleukiden als hochmütig im Danielbuch (7,8.20.25) für möglich:

> „We may say, I think, that Antiochus cannot seriously have meant to present himself to the world as Pharaoh, and that possibly the statement about his being crowned at Memphis is quite untrue. But when we bear in mind the character of Antiochus – his spasmodic and extravagant caprices, his love of anything spectacular and dramatic – it seems to me quite possible that the same man who used later on in Antioch, as we know, to love to play at being a Roman ædile and judge disputes in the market-place, dressed in Roman garb, might quite conceivably, when he found himself at Memphis in 170, have had the ancient ceremony of crowning performed upon him by Egyp-

---

12　Mørkholm 1966, 68.
13　Mørkholm 1966, 93.

tian priests – not as an expression of his real political purpose, but for the fun of the thing."[14]

Die nur durch den in undurchsichtiger Überlieferung und lateinischer Übertragung vorliegenden Porphyrios-Auszug behauptete Krönung des Antiochos IV. Epiphanes wäre angesichts der weltpolitischen Lage also allein einem Epimanes zuzutrauen.[15]

Auch aus Bevans Schlichtungsversuch wird dabei letztlich dessen Skepsis hinsichtlich der Bemerkung des Porphyrios deutlich, muß er doch den Geisteszustand des Seleukiden in Frage stellen, um an einer Plausibilität des Geschehens festhalten zu können. Daß Antiochos aus reiner Freude an theatralischen Auftritten sein an sich taktisch kluges Vorgehen im Rahmen des Krieges derart gefährden sollte, kann zwar nicht gänzlich ausgeschlossen werden, vermag indes nicht wirklich zu überzeugen. So sind auch die für sein Verhalten in Antiochia aufgeführten ‚Auffälligkeiten' – befreit von polemischer Verzerrung des Antiochos-feindlichen Polybios und des Danielbuches – durchaus als konstruktive, wenn auch nur bedingt erfolgreiche Versuche administrativer Reformen innerhalb des Seleukidenreiches zu erklären.

Entsprechend vehement hatte denn auch W. Otto in seiner Ablehnung des Lösungsvorschlags Bevans reagiert:

„Die Angaben des Porphyrios über die Depossedierung des Philometor und die Krönung des Antiochos zum ägyptischen König sind von der neuen Forschung vielfach angezweifelt worden oder man hat versucht, sie wenigstens umzudeuten, hat sie als Mummenschanz oder als einen der bizarren Einfälle des Königs gefaßt. Man hat dies getan, obwohl man sich sagen mußte, daß man mit seinen Zweifeln auch Polybios traf, auf den Porphyrios letzten Endes doch zurückgeht; man traute damit jenem hier nicht nur ein Verschweigen oder ein Retuschieren der Tatsachen, sondern eine grobe Erfindung selbst eines historisch besonders wichtigen Vorganges zu. Und wenn man auch mit Recht auch Polybios gegenüber kritisch eingestellt sein muß, so

---

[14] Bevan 1927, 284f.

[15] Eine gleichsam ehrenrettende Alternative schlug hier Braunert (1964, 97 = 1980, 121) vor, der vermutete, daß es sich lediglich um eine propagandistische Übertreibung des Antiochos zur Hebung seines Ansehens als Eroberer Ägyptens handelte, eine Absicht, der ja auch die Daphne-Prozession des Jahres 166 v.u.Z. (mit)dienen sollte, siehe dazu Bunge 1976; Walbank 1996 (= 2002, 79–90); Mittag 2006, 282–295. Braunert schloß mit seinem Ansatz letztlich jedoch die Glaubwürdigkeit der Porphyrios-Stelle aus, die ja dann nur einer bewußten Fehlinformation gefolgt wäre.

hätte man in einem solchen Falle die Verwerfung der Tradition doch nicht nur mit allgemeinen Erwägungen stützen sollen."[16]

Die eigentliche Grundlage der Krönungsskeptiker war und blieb jedoch die in den Formulierungen der ernstgenommenen literarischen Tradition nicht erkennbare Verifizierbarkeit des Ereignisses, das durch das explizite Schweigen der Quellen zum Motiv in der althistorischen Forschung der letzten Jahrzehnte nach wie vor weitgehend abgelehnt wurde.

Doch nicht allein das Schweigen der außer-porphyrischen Überlieferung konstatierte die kritische Forschung, sondern sie kam auch zu der Überzeugung, daß deren Darstellungen eine solche Aktion definitiv ausschließen und stattdessen ein anderes Verhalten und Planen des Seleukiden beschreiben würden. So faßte auch L. Mooren im Rahmen seiner Untersuchung zum ptolemäischen Königtum des Antiochos den literarischen Befund folgendermaßen zusammen:

„die Absetzung selbst wird ausdrücklich durch Porphyrios erwähnt, diesmal bei Eusebius [FGrHist. II B 260, Frg. 2, § 7]. Die übrigen literarischen Quellen – Polybios, Diodor und Livius – schweigen darüber. Diese Autoren lassen uns dagegen verstehen, daß Antiochos sich bis zu seinem Abzug Ende 169 als Protektor der Interessen Philometors benahm. Und da sie die Aufrichtigkeit seiner Absichten in Zweifel ziehen, kann man sich über ihr Schweigen angesichts einer Krönung in Memphis nur wundern."[17]

Zeitgleich brachte es F.W. Walbank in seinem Polybios-Kommentar auf den vermeintlichen Punkt:

„Against Porphyry's statement ... that Antiochus now had himself crowned king of Egypt ... is the Polybian tradition in [xxviii.] 23. 4; Diod. xxxi. 1; Livy, xliv. 19. 8, xlv. 11. 1, 11. 8, which shows him continuing to treat Ptolemy VI as king".[18]

---

[16] Otto 1934, 54f. Er nahm bei seiner Kritik auch gleichsam im voraus die Charakterisierung des Antiochos durch Tarn 1951, 190–192 ins Visier, der hier an eine Verkettung von Ereignissen dachte, in die Antiochos, der eigentlich gegen Eukratides von Baktrien ziehen wollte, gleichsam ‚aus Versehen' hineingeraten war. – Dagegen sprechen jedoch letztlich alle erhaltenen Quellen, die dem Seleukiden ein planmäßiges – wenn auch hinterhältiges – Vorgehen bescheinigen.

[17] Mooren 1979, 82. Ähnlich sah es auch zunächst Mittag 2006, 172: „Porphyrios ist der einzige literarische Beleg, und das Schweigen der übrigen Quellen ist auffällig". Er hielt jedoch dann über die grundsätzlich sehr skeptische Einschätzung Moorens (a.O., 86) hinaus angesichts des Zusammenspiels der einzelnen gerade außerliterarischen Indizien „eine Krönung für sehr wahrscheinlich" (a.O., 173).

[18] Walbank 1979b, 358 zu Polyb. 28,22,1–3.

Polybios, Diodor und Livius seien somit als Kronzeugen der literarischen
Beweisführung gegen den Wahrheitsgehalt der Behauptung des Porphy-
rios(/Hieronymus)-Textes zu betrachten. Dies umso mehr, als die Information,
die Porphyrios einst bot, heute in mehrfacher Brechung vorliegt. Übertragen ins
Lateinische und eingebettet in die Ausführungen des Porphyrios-Gegners
Hieronymus in dessen Daniel-Kommentar, ist zum einen nicht ganz sicher zu
entscheiden, ob der Kirchenvater mit seiner Streitschriftvorlage *Adversus
Christianos* adäquat umging oder sie stattdessen in seinem Sinne und in seinem
Verständnis des Daniel-Textes interpretierte oder verfremdete.[19] Zum anderen
bleibt unklar, bei welchem Autor der Gewährsmann des Porphyrios auf die
Nachricht von der Krönung des Seleukiden gestoßen war (siehe S. 90). Wollte
W. Otto den Porphyrios durch seine unmittelbare Anbindung an Polybios
gleichsam ‚adeln‘, so verwies O. Mørkholm auf den bald nach der Krönungs-
notiz im Textabschnitt folgenden Hinweis auf Suctorius, hinter dem sich der
Historiker Kallinikos von Petra verbirgt, der unter Zenobia von Palmyra um 270
u.Z. eine zehnbändige Ptolemäergeschichte verfaßt haben soll, von dessen
Œuvre sich indes nichts Aussagekräftiges erhalten hat (FGrHist. III A und a
281). Hieronymus bemerkt hier spöttisch:

*Haec Porphyrius sequens Suctorium sermone latissimo[20] prosecutus est, quae nos brevi compendio
diximus. Nostri autem et melius interpretantur et rectius*

„Dies hat Porphyrios dem Suctorius folgend mit weitschweifigen Worten geschildert,
was wir kurz in Zusammenfassung gesagt haben. Unsere aber erklären es sowohl
besser als auch richtiger: [es folgt der Bezug auf Taten des Antichristen gegen das
jüdische Volk]“.

(Porph., FGrHist. II B 260, Frg. 49a = Hieron., Comm. in Dan. 11,21–24)[21]

Ob Kallinikos alias Suctorius nun Polybios unmittelbar verwendete oder
gänzlich andere Quellen nutzte, bleibt im Dunkeln, ebenso, ob Porphyrios hier
allein auf dem kaiserzeitlichen Historiker fußte oder mehrere Autoren zu Rate
zog. Daß zu diesen grundsätzlich auch Polybios und Diodor gehörten,

---

19   Zu diesem Werk des Porphyrios und seiner Überlieferung siehe den Überblick bei
      Stern 1980, 425–428.
20   Stern 1980, 464, Z. 28 zu no. 464n, bevorzugt hier die Lesung *laciniosissimo* der älteren
      Editionen.
21   Gekürzt zitiert von Stern 1980, 464f., no. 464n.

überliefert Hieronymus nun ebenfalls.[22] Die zuvor zitierten Worte des Kirchenvaters machen dabei deutlich, daß im hier relevanten Abschnitt offenbar kein eigentliches Porphyrios-Exzerpt, sondern eine Epitomê seiner Darstellung vorliegt.

Die Spur des dem Porphyrios zugewiesenen Krönungsszenarios verliert sich somit rückblickend bezüglich seiner Herkunft vor dem Werk des Suctorius Kallinikos, und es bleibt in seinem genauen Wortlaut der ausführlicheren griechischen Originalformulierung des Platonikers unbekannt – es dürfte demnach nicht einmal als Porphyrios-Fragment im eigentlichen Sinne bezeichnet werden. Auch in dieser Hinsicht fällt die Porphyrios/Hieronymus-Stelle also weit hinter die drei älteren Darstellungen des Polybios, Diodor und Livius zurück. Doch ist es um deren Bestand wirklich so viel besser bestellt?

2. Polybios, Diodor und Livius – Quellen und Tradierung

Alle drei genannten Autoren gelten hinsichtlich ihres Überlieferungswertes als äußerst vertrauenswürdig, ein Eindruck, der sich in den hier relevanten Textpartien vor allem dadurch erklärt, daß die beiden spätrepublikanisch bzw. augusteischen Historiker im wesentlichen auf der polybianischen Tradition fußen und diese selbst als unmittelbare Rezipienten darstellen.

Leider ereilte die Diodor-Überlieferung dabei das selbe Schicksal wie der Polybios-Bericht, was von den Krönungsskeptikern nicht gerne erwähnt wird, da sie gerade auf das Schweigen der drei Autoren über eine Inthronisation verweisen: Beider Berichte zum 6. Syrischen Krieg und damit auch über die Absichten und Handlungen des Seleukidenkönigs in Ägypten liegen nur in sehr fragmentarischem Zustand vor.

Die hier relevanten Fragmente der Bücher 30 und 31 Diodors entstammen sämtlich dem auch als Hauptquelle der Polybios-Bücher 21 bis 30 anzusprechenden Sammelwerk der sogenannten *Konstantinischen Exzerpte*, jenem im 10. Jh. u.Z. im Byzanz des Kaisers Konstantinos VII. Porphyrogennetos zusammengestellten Exempla-Handbuch, das in insgesamt über 53 Bänden Textausschnitte älterer Autoren, von Thukydides bis ins 7. Jh. u.Z., von wenigen Zeilen bis zu über zehn Seiten zitiert. Das Werk selbst ist aber leider nur zu etwa 3% erhalten.[23] Diodors Fragmente entstammen mehrheitlich den Themen *De virtu-*

---

[22] FGrHist. II B 260, Frg. 36 (= Hieron., Comm. in Dan. prol.; Stern, 1980, 457, no. 464c) nennt: Suctorius Kallinikos, Diodor, Hieronymus (von Kardia), Polybios, Poseidonios, Claudius Theon, Andronicus Alipius.

[23] Zu den *Excerpta historica iussu imperatoris Constantini Porphyrogenneti confecta* siehe Buettner-Wobst 1904, III–XVII; vgl. auch Swain 1944, 73f. n. 2; Botteri 1992, 30–34;

tibus et vitiis und *De sententiis*, also den Abschnitten zu vorbildlichen Tugenden und zu verurteilenden Lastern sowie den berühmten Aussprüchen.

Diese beiden Kategorien gehören auch zum wesentlichen Quellenbereich der Polybios-Überlieferung. J.W. Swain stellte hier für die Bücher 21 bis 30, die die Phase von Magnesia bis Pydna bzw. Eleusis, d.h. von 190 bis 168 v.u.Z., behandelten, eine aufschlußreiche Statistik zusammen.[24] Etwa 95% des Bestandes verteilen sich auf vier Themenkomplexe des Exzerptwerkes:[25]

Sektion der *Excerpta Constantiniana*	Anteil an Buch 21–30 des Polybios
de legationibus gentium (περὶ πρέσβεων ἐθνῶν πρὸς Ῥωμαίους)	ca. 65% des Polybios-Bestandes
de legationibus Romanorum (περὶ πρέσβεων Ῥωμαίων πρὸς ἐθνικούς)	ca. 10% des Polybios-Bestandes
de virtutibus et vitiis (περὶ ἀρετῆς καὶ κακίας)	ca. 10%
de sententiis (περὶ γνωμῶν)	ca. 10% Beiden Bereichen weist J.W. Swain zusammen 20% zu.

Eine gewisse Systematik findet sich in der gewählten Anordnung der Exzerpte ein und desselben Autors im Rahmen einer Themensektion. Diese ‚Zitate' fol-

---

für Detailaspekte Nissen 1863, 313–323. Zum kulturhistorischen Kontext der ‚makedonischen Renaissance' siehe Hecht 1973, 206–208; Beck 1982, 298–300, der dort die Grundidee derartiger Zusammenstellungen wie folgt charakterisiert: „die große Sammeltätigkeit im Kreis um Kaiser Konstantin VII. Porphyrogennetos ist nicht rein konservierend; sie bemüht sich um die ἀρετή der Werke, die man exzerpiert, d.h. sie will aus ihnen jene Lebensweisheit und jene Verhaltensregeln schöpfen, die man für den byzantinischen Alltag nötig zu haben glaubt." (a.O., 298).

[24] Swain 1944, 73f. n. 2.

[25] Vgl. die detaillierte Auflistung der einzelnen Fragmentquellen der hier nun relevanten Bücher 26–30 bei Walbank 1979b, 22–34.

gen zumeist der vom Originalwerk vorgegebenen Dramaturgie, gerahmt oder unterbrochen einzig durch den Kommentar des Exzerptors. Daß das Gros der Textpassagen im betrachteten Abschnitt zu immerhin ca. 75% der Gesandtschaftsthematik entstammt, erklärt auch das deutliche Mißverhältnis zwischen gelegentlicher Ereignisschilderung und ausführlichen Verhandlungsdialogen und -monologen in den Fragmenten zum 6. Syrischen Krieg der Bücher 29 und 30 des Polybios.

Allein die insgesamt verbleibenden 5% entstammen nun älteren, nicht an die Sammlungsvorgabe gebundenen Nutzern des griechischen Polybios-Textes, darunter Plutarch, Strabon oder Athenaios. Die von Diodor verwendeten Abschnitte gehen fast vollständig in der mit Polybios gemeinsamen Tradierung der genannten Exzerpt-Sektionen auf.

Trotz der durchaus der modernen Wertschätzung des polybianischen Werkes adäquaten Frequentierung in der antiken bis byzantinischen Rezeption und der als ‚Rechnung mit mehreren Unbekannten‘ zu bezeichnenden Schätzung Swains ist dessen Vermutung, daß auf diese Weise allein nur etwa ein Fünftel des Originalbestandes der Bücher 21–30 des Polybios-Werkes erhalten blieb, eine ebenso erschreckende wie bemerkenswerte Behauptung.[26] Mögen es auch 20–30% sein; daß das Pendel eindeutig zu Ungunsten der erhaltenen gegenüber den verlorenen Partien ausschlägt, kann wohl nicht bestritten werden.

Tritt Diodor in seiner Eigenständigkeit gleichsam etwas in den Hintergrund und fungiert vor allem als ‚Mittelsmann‘ zwischen Polybios und der mittelalterlichen Sammlung, so kommt nun der livianischen Tradition eine besondere Bedeutung zu. In den Büchern 42, 44 und 45 seiner *Römischen Geschichte* behandelt Livius für die Zeit von 171 bis 168 v.u.Z. im Rahmen der für die römische Politik relevanten Streiflichter auf die ‚Weltgeschichte‘ auch einzelne Aspekte und Ereignisse der Auseinandersetzung zwischen Antiochos IV. und den Ptolemäern. Die betreffenden Bücher des Livius liegen dabei nur in einer unvollständig erhaltenen Handschrift vor.[27] Auch für die Schilderung des 6. Syrischen Krieges sind Textausfälle anzusetzen, die für die Chronologie wie für die Ereignisgeschichte von nicht unerheblicher Bedeutung sind.[28] Manches erweist sich nun im Bericht des Römers als Übertragung oder Paraphrase einer polybianischen Vorlage.[29] Problematisch ist aber vor allem die Einschätzung der im

---

[26] Swain 1944, 73 n. 2.

[27] Zum *Codex Vindobonensis* (Bibl. Nat. Lat. 15) wohl aus dem 5. Jh. u.Z. und seiner bewegten Geschichte siehe die *praefatio* der Teubner-Ausgabe: Briscoe 1986, III–VI.

[28] Siehe besonders Liv. 45,12,1, aber auch 44,19,9 und 45,11,1.

[29] Auch dabei aber kommt es zum Teil zu gewissen Abweichungen. Vgl. etwa die Darstellung des ‚Tages von Eleusis‘: Polyb. 29,27,1–8 und Liv. 45,12,3–8. Dazu auch Tränkle 1977, 82–84. „Die Begegnung zwischen Popilius und Antiochos ist bei

griechischen Bestand nicht vorhandenen Abschnitte. Daß sie sich nicht für den griechischen Historiker nachweisen lassen, bedeutet nicht, daß diese grundsätzlich auf anderen Quellen fußen müssen, konnte sich Livius doch einer weitaus umfangreicheren Polybios-Ausgabe bedienen als die heutige Forschung. So wird denn auch in der Regel der in diesem Sektor ‚überzählige' Livius-Bestand als Spiegel des ehemaligen Polybios-Materials gewertet. Dennoch bleibt natürlich nicht ausgeschlossen, daß Livius auch für die ‚eastern affairs' seiner „Römischen Geschichte" gelegentlich einem anderen Gewährsmann gefolgt sein konnte.[30] Abweichungen im Detail zu den parallel überliefernden *Excerpta Constantiniana* verdeutlichen, daß Polybios hier zumeist in überarbeiteter Form vorliegt. Ob diese von Livius selbst verändert oder bereits in modifizierter Tradierung durch einen ‚Polybios-Annalisten' vermittelt wurde, bleibt letztlich offen.[31] Im Einzelfall wird indes die naheliegende Tendenz des Livius deutlich,

---

Livius nicht mehr so sehr wie bei Polybios ein Glied der historischen Kausalitätskette. Ihre Voraussetzungen und Folgen treten in den Hintergrund. Sie selbst aber rückt zu einem die Welt überstrahlenden Zeichen auf, in dem sich die Macht der Römer manifestiert. Auch hier ist es wieder die große, repräsentative Szene, die von Livius herausgestellt wird" (a.O., 84). Bei Abweichungen im Detail mag dabei offen bleiben, ob es sich um divergierende Nuancen oder um der Übersetzung geschuldete Veränderungen handelt. Daß Livius auch weitere, zum Teil annalistische Werke zur Grundlage seiner Geschichtsdarstellung machte, die indes kaum mehr als namentlich bekannt sind und allgemein skeptisch betrachtet werden, vereinfacht die Diskussion um den polybianischen Befund im Werk des Römers natürlich nicht. Vgl. zur Quellensituation des Livius in der fünften Dekade die immer noch aufschlußreiche Untersuchung: Nissen 1863; zu den Spuren der Annalisten Q. Claudius Quadrigarius und Valerius Antias: Unger 1878. Die hier relevanten Partien zum Auftreten des Antiochos in Ägypten verweisen beide weitgehend auf Polybios, siehe S. 89ff. Über die annalistisch inspirierten Partien fällte – neben vielen anderen – Walsh (1987, 254f.) ein vernichtendes Urteil, seien diese doch „durch Irrtümer in der Chronologie, moralisierende Verzerrungen, patriotische Tendenzen, anti-plebeische Gefühle und jenes Idealisieren der führenden Männer Roms, das Livius in allen Teilen seines Werkes beibehält, verfälscht". Daß aber auch der Bericht des Polybios – hier nun gerade im Hinblick auf die Person des Laenas – keineswegs *sine ira et studio* verfasst wurde, betont zu recht Mittag (2006, 214–216).

30 Dabei wird in der Livius-freundlichen Forschung davon ausgegangen, dass die livianische Arbeitstechnik durch „eine kontinuierliche Ausarbeitung größerer Passagen anhand einer Hauptquelle, die durch eine oder höchstens zwei Nebenquellen kontrolliert und hier und da berichtigt wurde", geprägt sei (Burck 1987, 4), Polybios also in den relevanten Kapiteln den eindeutigen Schwerpunkt der Vorlagenauswahl bildete. Doch bleibt eben unklar, wie viel im vorliegenden Livius-Text „kontrolliert und hier und da berichtigt wurde".

31 Vgl. die Untersuchung von Leidig 1994, zu den Büchern 30 und 31 des Livius, der dort in quellenkritischer Analyse neben den Spuren des Valerius Antias die Präsenz

der mit Blick auf sein römisches Publikum dazu neigte, diejenigen Themen des 6. Syrischen Krieges ausführlicher darzustellen, die Rom unmittelbar betrafen und in die der Senat darum involviert war.[32] Man vergleiche etwa die weiter unten diskutierte Beschreibung des Auftritts der ptolemäischen Gesandtschaft im Jahr 169/168 v.u.Z. vor dem römischen Senat, der daraufhin letztlich die Entsendung von C. Popillius Laenas, C. Decimus und C. Hostilius beschloß (44,19,6–14), mit der äußerst kurzen Notiz in den Polybios-Fragmenten (Polyb. 29,2), wie sie in der Exzerptrubrik De legationibus Romanorum (Exc. 27) vorliegt.[33]

Dabei muß natürlich offen bleiben, ob Polybios einst auch die Präsentation der alexandrinischen Gesandtschaft ausführlicher bedachte, deren Auftreten aber für die vom Exzerptor gewählte ‚headline‘ keine große Bedeutung besaß – oder wollte hier Polybios, der mit Ptolemaios Philometor sympathisierte, die möglicherweise durch dessen verhaßten Bruder initiierte Rettungsmission nicht zu ausführlich würdigen?[34]

An diesem Punkt befindet man sich in dem klassischen Dilemma bei der Einschätzung der in Auszügen anderer Autoren vorliegenden Fragmentüberlieferung. Wie weit wurde zitiert und wurde überhaupt im modernen Sinne korrekt zitiert? Sind nachweislich sachliche Fehler auf den Verfasser oder auf seinen Rezipienten zu beziehen?[35]

Würde eine allgemeine Diskussion der Fragmentproblematik antiker Quellen auch den Rahmen des hier verfolgten Vorhabens sprengen, so sollten doch die bisher angesprochenen Aspekte bereits deutlich machen, daß ein Schweigen der

---

„einer romanhaften Polybiosbearbeitung durch einen vorlivianischen Annalisten, dem sich Livius inhaltlich und teilweise wohl auch sprachlich sehr eng angeschlossen haben muß", erschloß (a.O., 104).

[32]　Vgl. Tränkle 1977, 200. Hier mochte Livius auch verstärkt die Rom-zentrierten Vorarbeiten der ‚Annalisten‘ eingesetzt haben.

[33]　Die Abweichungen zwischen Polybios und Livius sind auch hier in ihrer Wertigkeit bis heute umstritten. Dort, wo Livius in seinen zusätzlichen und zum Teil widersprüchlichen Informationen eine annalistische Erweiterung des Urstoffs unterstellt wird, fällt das Urteil oft für den Römer vernichtend aus, vgl. Otto 1934, 60 n. 3, und 62 mit deutlicher Kritik an Nissen 1863, 262f.; Swain 1944, 90 n. 78 sowie ausführlicher unten zur genannten Polybios-Stelle.

[34]　Zur Einschätzung der Brüder durch Polybios siehe Walbank 1979a, 184–186.

[35]　Dies ist gelegentlich problemlos zu entscheiden – wenn es etwa zur kontextuellen Einordnung der aus dem Urzusammenhang gerissenen ‚Tag von Eleusis‘-Episode in De legationibus Romanorum (Exc. 28) heißt: ὅτι τοῦ Ἀντιόχου πρὸς Πτολεμαῖον ἕνεκεν τοῦ Πηλούσιον κατασχεῖν ἀφικομένου (= Polyb. 29,27,1). So ist die Begründung durch ein Vorgehen gegen Pelusion als ein offensichtlicher Irrtum des Exzerptors anzusetzen. Vgl. Walbank 1979b, 404 zur Stelle; siehe auch die Absetzung im Druck der Polybios-Ausgabe von Buettner-Wobst 1904, 268.

polybianischen Tradition zur Übernahme der Königswürde durch Antiochos in Ägypten eigentlich nur sehr bedingt gegen Porphyrios/Hieronymus eingesetzt werden kann. Die oben dargelegte Quellenlage verdeutlicht, daß der Befund am Text des Polybios – d.h. im betreffenden Abschnitt: an den Polybios-*Fragmenten* – mit der massiven Konzentration auf die Gesandtschaftsberichte keineswegs der Intention des Autors selbst entsprochen haben muß. Ereignishistorische und politische Entwicklungen spielten für den Exzerptor jedoch keine tragende Rolle. Daß die Polybios-Überlieferung bestimmte Dinge nicht tradiert, kann somit nicht als Beweis dafür ins Feld geführt werden, daß Polybios sie nicht berichtet hatte. Einst mag der als Sympathisant der Antiochos-Opfer Ptolemaios VI. Philometor und Demetrios I. und daher *cum ira* gegen Antiochos IV. schreibende Achäer durchaus auch das herrscherliche Auftreten des Seleukiden in Ägypten kritisch beleuchtet haben – dies kann zumindest nicht kategorisch ausgeschlossen werden. Eine nicht unähnliche Situation liegt zudem im Falle des vormaligen Mitkönigs und Neffen des Antiochos IV. Epiphanes, nämlich des jungen Antiochos, des Sohnes Seleukos' IV., vor, den Epiphanes bei seinem Einzug in Syrien als bereits gekrönt vorfand und der nicht lange vor Ausbruch des 6. Syrischen Krieges von einem Gefolgsmann Antiochos' IV. ermordet wurde.[36] Auch der anschließende Schauprozess (?) konnte den König nicht vom Verdacht des Auftragsmordes befreien. Dies berichtet zwar Diodor 30,7,2 (aus *de sent.*) im polybianischen Sinne mit der zu erwartenden Anklage gegen den Monarchen, doch sucht man das unerhörte Verhalten und die entsprechende Beschuldigung in den allgemein akzeptierten Polybios-Fragmenten vergeblich. Sollte dieser tatsächlich auf eine solche Gelegenheit zur Kritik verzichtet haben? Vermutlich nicht, fußt hier doch Diodor sehr wahrscheinlich auf Polybios, auch wenn dies eben nicht mehr bewiesen werden kann.

Mehr als das aufgezeigte ‚Minimalergebnis' vermag der Befund der Überlieferungssituation nun zwar nicht zu erzielen. Und das Schweigen der Quelle sollte auch nicht als Argument *für* eine stattgefundene Krönung mißbraucht werden. Aber das Ergebnis erlaubt es, die vermeintlich unüberwindliche Hürde für weitere Überlegungen zu nehmen.

Dabei bleibt indes nicht allein die Frage nach dem Umfang und der Vielfalt des ursprünglich Berichteten bestehen. Auch terminologische Analysen werden erschwert. Spricht z.B. im Einzelfall Polybios oder der Exzerptor – etwa bei einer Bezeichnung des Antiochos als ὁ κύριος Ägyptens (siehe S. 93)?

Manches läßt sich durch die Zitate des Diodor oder die Übertragung des Livius überprüfen. Da diese aber zudem andere Quellen benutzten, müssen Ab-

---

[36] Siehe zum Kindkönig, seiner Identität und seinem Schicksal Mørkholm 1966, 41–50 und 71; zuletzt Mittag 2006, 157f.

weichungen nicht gegen die Überlieferung des Achäers eintreten. Es wäre aber auch zu holzschnittartig im Sinne einer „Polibiolatria" gedacht, wollte man alle tatsächlichen oder vermeintlichen Fehler der diodorschen und livianischen Überlieferung einer Kontamination der reinen Polybios-Quelle durch Annalisten oder andere Gewährsleute anlasten.[37] Dies ist dann besonders problematisch, wenn eine solche Scheidung in Textpassagen vorgenommen wird, die sich in den Werkfragmenten des Polybios nicht mehr vergleichen lassen.

3. Die Pläne des Antiochos im Bestand des Polybios, Diodor und Livius

Bliebe es zweifellos ein unbefriedigendes Unterfangen, im Rahmen der Krönungsdiskussion allein auf Lücken in der Überlieferung zu spekulieren, so gilt es nun umso eindringlicher zu untersuchen, ob die im vorhandenen Bestand vorliegenden Aussagen wirklich so eindeutig gegen eine auch formale Machtübernahme des Seleukiden im Ptolemäerreich einzusetzen sind, wie dies von O. Mørkholm, F.W. Walbank u.a. angesprochen wurde.

3.1 Polybios

Wie F.W. Walbank betonte, spricht die dem Antiochos von Polybios in den Mund gelegte Aussage in 28,23,4 offenbar eindeutig gegen Porphyrios/ Hieronymus. Dort erklärt der Seleukide den Gesandten, die ihn in seinem Feldlager aufsuchen:

> **4** τὴν μὲν γὰρ βασιλείαν εἶναι Πτολεμαίου τοῦ πρεσβυτέρου, πρὸς δὲ τοῦτον καὶ διαλελύσθαι πάλαι καὶ φίλους ὑπάρχειν, καὶ νῦν βουλομένων τῶν ἐν τῇ πόλει κατάγειν τοῦτον μὴ κωλύειν Ἀντίοχον **5** καὶ δὴ πεποίηκεν.

„**4** das Königreich (/die Krone) gehöre selbstverständlich Ptolemaios dem Älteren, mit dem er sich schon lange versöhnt habe, und daß sie Freunde seien, und Antiochos verwehre es nicht, daß die in der Stadt[38] ihn zurückführen wollten. **5** Und so hat er es (auch) gemacht".[39]

---

[37] Vgl. Briscoe 1993, 39, der dort den Begriff nach De Sanctis 1917, 582, zitiert.

[38] Ob dabei die Formulierung „die in der Stadt" als „verächtlich" zu gelten hat, wie Otto 1934, 59, anmerkt, bleibt unbeweisbar, vgl. auch seine eigene Alternative a.O. n. 2.

[39] Buettner-Wobst 1904, 238, markiert die kurze Bestätigung im Nachsatz als Beiwerk des Exzerptors, und auch Mittag 2006, 21 n. 22 möchte „die einzige nicht durch negative Kommentare begleitete positive Äußerung" eher dem Verfasser der excerpta

Unter der Prämisse, daß die in den *Excerpta Constantiniana* aufgeführten Text-passagen des Polybios der Anordnung innerhalb seines Werkes zumindest weit-gehend folgen,[40] ist diese Begegnung mit den Gesandten und das Bekenntnis des Seleukiden im Kontext des ersten Ägyptenfeldzuges anzusetzen. In die gleiche Phase des Krieges fällt auch die Krönungsnotiz des Porphyrios/Hiero-nymus – sofern die generell falsche Zuweisung des Passus durch den Kirchen-vater an den Abschnitt zu Dan 11,21–24 in seinem Kommentar nicht eine Dra-maturgieverzerrung nach sich zog.[41] In der Tat erscheint die Protektorenrolle des Antiochos mit einer Übernahme königlicher Macht in Ägypten – und gar mit einer Verdrängung des Juniorpartners – unvereinbar. Betrachtet man indes seine zwischen 175–170 v.u.Z. praktizierte Dyarchie im Seleukidenreich, die er dort aus Staatsraison mit seinem ebenfalls bereits gekrönten kindlichen Neffen durchführte (siehe S. 104), so mochte das Ansinnen des Seleukiden keineswegs überraschen: Philometor hatte ja sogar gerade eine Triarchie verlassen. Sowohl die angesprochene faktische Dyarchie im Seleukidenreich als auch die Triarchie im Ptolemäerreich haben dabei bemerkenswerterweise in der literarischen Tra-dition keine Spuren hinterlassen.[42]

Auf der literarischen Ebene widersprechen sich die Szenarien also nur hin-sichtlich der Einschätzung der Aufrichtigkeit des Antiochos, der hier bei Poly-bios sogar deutlich positiver bewertet wird als im kritischen Krönungsvermerk

---

als dem Polybios zuweisen. Selbst wenn dies zuträfe, dürfte der spätere Bearbeiter aber wohl eher zu einer Zusammenfassung des längeren Textes als zu einer freien Behauptung gegriffen haben, vgl. Swain 1944, 84f. n. 50; „valueless", urteilt indes Walbank 1979b, 360 zu 28,23,5.

[40] Problematisch ist hier aber z.B. die Einordnung der Flucht des Ptolemaios VI. Philo-metor nach Samothrake Polyb. 28,21,1–5, die wohl nicht erst zwischen dem Vor-marsch des Antiochos auf Alexandria und dessen Abzug während des ersten Ägyp-tenfeldzuges anzuordnen ist, sondern noch unter der Leitung des Eulaios wohl nach der vernichtenden Niederlage der Ptolemäer zu Beginn des Kampfes positioniert werden sollte, also letztlich unmittelbar vor oder nach Kapitel 18, vgl. dazu Walbank 1979b, 27 und 356f. zu 28,21,1–5.

[41] Den Ausschlag für die falsche Zuweisung des Porphyrios-Abschnitts an die in Dan 11,21–24 geschilderten (Un)taten des Antiochos IV. im Seleukidenreich und der Pro-vinz Judäa dürfte gerade die explizite Nennung der betrügerisch angeeigneten Krone gegeben haben, berichtet doch V. 21 ausdrücklich von einer solchen Maßnahme zur Nachfolge in Antiochia 175 v.u.Z.

[42] Diod. 30,7,2 und Johannes Antiochenus, Roberto 2005, Nr. 132 (S. 200–203), er-wähnen zwar die Mordtat im Auftrag des Antiochos IV. an dem jungen Antiochos, verlieren jedoch kein Wort über den Status des Knaben. Zu den Belegen für die ptolemäische Herrschertrias: Ptolemaios VI., VIII. und Kleopatra II. siehe Blasius 2006.

des Porphyrios/Hieronymus. Da sich letzterer im Sinne des Hieronymus gleichsam auf den Antichristen bezieht, mag die Betonung des verschlagenen Charakters aber auch diesem Schreiber anzulasten sein.

Wie verhält es sich nun mit der weiteren Darstellung der Kriegsereignisse
und Maßnahmen des Antiochos in Ägypten im Werk des Polybios – zumal mit
den tatsächlichen Motiven des Seleukiden? Die Schilderung des Historikers
mußte dabei nicht auf der Ebene der offiziellen Verlautbarungen verharren.

Zweimal, in Polyb. 28,19,1 und 20,1, werden Ereignisse des ersten Feldzuges, die Beratung des Kronrates unter den Nachfolgern des Eulaios und Lenaios, Komanos und Kineas,[43] mit dem König und die sich anschließende Begegnung der daraufhin aus Alexandria zu Antiochos entsandten Mission mit
dem Seleukidenkönig im Jahr 169 v.u.Z. auf die folgende Weise eingeführt:

28,19,1. ὅτι μετὰ τὸ παραλαβεῖν Ἀντίοχον τὰ κατὰ τὴν Αἴγυπτον

„1 Nachdem Antiochos Ägypten eingenommen hatte."

28,20,1. ὅτι κατὰ τὸν καιρόν, ὅτε Ἀντίοχος τὴν Αἴγυπτον παρέλαβε

„1 Zu der Zeit, als Antiochos Ägypten eingenommen hatte."

Die von F.W. Walbank im ersten Fall als „Antiochus advanced on Alexandria"
gedeutete,[44] im zweiten dann unkommentiert gelassene, nahezu gleichlautende
Formulierung weist Ägypten als eroberten Besitz des Antiochos aus. Dies παραλαβεῖν mag dabei mehr den faktisch militärischen Akt als eine staatsrechtliche
Einstufung bedeuten, ist jedoch für die Auffassung des Schreibenden aufschlußreich. Dieser war anhand der ihm zur Verfügung stehenden Informationen
offensichtlich zu der Überzeugung gelangt, daß der Seleukide Ägypten fest in
seiner Hand hielt. Als dramatische Situationsbeschreibung ist hier nicht an die
hehren Absichten des Antiochos erinnert, sondern die machtpolitische Lage betont worden.

Der Verfasser dieser Einleitungsworte dürfte sich indes unschwer als
Exzerptor bestimmen lassen, bedingte doch die Zerlegung des polybianischen
Erzählflusses in kleine, kategorisierende Abschnitte eine gewisse ‚Anmodera-
tion' der einzelnen Stücke.[45] Dementsprechend wurde auch in den zeitlich un-

---

43   Zu den Regenten der jugendlichen Ptolemäerkönige siehe Mørkholm 1961; Walbank
     1979b, 353f. zu 28,19,1.
44   Walbank 1979b, 353 zu 28,19,1.
45   Die Edition von Buettner-Wobst 1904, 234f., hält indes allein die Wiederholung in
     28,20,1 für ein Werk des Exzerptors.

mittelbar zusammengehörigen Passagen, Polybios-Kapitel 19 und 20, jene fast identische Einleitung kreiert.

Daß indes Polybios eine ähnliche Formulierung mit παραλαβεῖν sehr wohl zur Bezeichnung einer tatsächlichen Herrschaftsübernahme verwendet haben dürfte, zeigt etwa die zur Auflistung verschiedener Machtergreifungen gewählte Terminologie in Buch 4,2,8. Dort heißt es bezüglich des Thronwechsels in Kappadokien:

ἅμα δὲ τούτοις Ἀριαράθης παρέλαβε τὴν Καππαδοκῶν ἀρχήν.

„Zugleich mit ihnen [d.h. den zuvor genannten Herrschern] hatte Ariarathes die Herrschaft in Kappadokien übernommen."

Nun ist die Verbindung des παραλαβεῖν mit τὴν ἀρχήν gegenüber den obigen Konstruktionen in ihrer Aussage eindeutig. Daß der Exzerptor hinsichtlich der Antiochos-Situation nicht explizit von der „Herrschaft" spricht, bleibt festzuhalten, doch zumindest im Falle des τὴν Αἴγυπτον παρέλαβε liegt eine recht ähnliche Auffassung vor.

Kann hier nun die Formulierung als mißverstandene Deutung späterer Nutzung des ursprünglichen Polybios-Werkes ins Feld geführt werden, so gestaltet sich die Situation an anderer Stelle schwieriger. In Buch 29,2,1–3 (de legat. Rom., Exc. 27) erhält der römische Senat aus hier ungenannter Quelle einen Lagebericht über den Stand der Dinge in Ägypten, demzufolge allein Alexandria dem Begehren des Antiochos noch Widerstand leisten konnte. Der Senat beschließt daraufhin die Entsendung der Gesandtschaft um C. Popillius Laenas zur Beendigung der Feindseligkeiten:

1 ὅτι ἡ σύγκλητος πυνθανομένη τὸν Ἀντίοχον τῆς μὲν Αἰγύπτου κύριον γεγονέναι, τῆς δ᾽ Ἀλεξανδρείας παρ᾽ ὀλίγον, 2 νομίζουσα πρὸς αὑτήν τι διατείνειν τὴν αὔξησιν τοῦ προειρημένου βασιλέως, κατέστησε πρεσβευτὰς τοὺς περὶ Γάιον Ποπίλιον, 3 τόν τε πόλεμον λύσοντας ...

„1 Da der Senat erfährt, daß Antiochos Herr Ägyptens geworden sei und von Alexandria beinahe, 2 und er glaubte, daß sich die (Macht)ausdehnung des zuvor genannten Königs in gewisser Hinsicht bis zu ihm hin erstreckt, setzte er als Gesandte diejenigen um Gaius Popilius ein, 3 daß sie den Krieg beenden sollten ..."

Durch welche ptolemäische Gesandtschaft der Senat wann genau unterrichtet wurde, ist in der Forschung nach wie vor umstritten. Bleiben die Informanten des ehrwürdigen Gremiums sowie ihre Auftraggeber bei Polybios anonym, so verbindet Livius die betreffende Anhörung, auf welche die Entsendung der Mission um Laenas erfolgte, mit den von Kleopatra II. und einem Ptolemaios, d.h. Ptolemaios VIII., beauftragten Boten (Liv. 44,19,6). Für Justin (34,2,8–3,1) hingegen war erst der Auftritt einer Gesandtschaft der wieder miteinander versöhnten Ptolemäerbrüder Anlaß für diese Entscheidung des Senates. J.W. Swain, F.W. Walbank und in seiner Folge D. Gera hatten sich für die alleinige Glaubwürdigkeit des Livius ausgesprochen und die zweite Ptolemäergesandtschaft negiert, W. Otto, O. Mørkholm, W. Huß und zuletzt Mittag hingegen sprachen sich für die Zwei-Missionen-Variante aus.[46] Einigkeit herrscht indes darin, daß der von Polybios beschriebene Zustand tatsächlich dem der Entsendung des Laenas unmittelbar vorausgehenden Gesandtschaftsbericht entspricht, welcher zumeist um den Beginn des neuen Konsulatsjahres herum, also nach den ersten Januartagen des Jahres 168 v.u.Z., angesetzt wurde.[47]

Als Gegner der in Alexandria eingeschlossenen Geschwister wird nun allein Antiochos genannt und dies in auffälliger Weise. Die in 29,2,1 vorliegende Charakterisierung durch τῆς μὲν Αἰγύπτου κύριον γεγονέναι, die hier zum eigentlichen Textbestand gehören dürfte, bestimmt in nahezu wortgleicher Formulierung an anderer Stelle (4,2,8), in der oben bereits angeführten Auflistung den Thron besteigender Monarchen, den Regierungsantritt des Ptolemaios IV. Philopator:

8 ὁ δὲ Φιλοπάτωρ Πτολεμαῖος ἐν τοῖς καιροῖς τῶν κατ᾽ Αἴγυπτον ἐγεγόνει κύριος.

„**8** Zur selben Zeit war Ptolemaios Philopator Herr über die (Menschen) in Ägypten geworden."

Unter Verweis auf diese Parallele übersetzte denn auch Walbank die auf Antiochos bezogene Bemerkung:

„the natural meaning is ‚that Antiochus had become (and was) master of Egypt' …, rather than had had – but now no longer had – control of Egypt'."[48]

Er nahm damit kritisch Bezug auf eine nicht unproblematische Ansicht W. Ottos, der den geschilderten Status des gesamten Satzes als vorzeitig auffasste, wodurch die Machtposition des Antiochos im Text gleichsam als wieder aufgehoben beschrieben wäre :

„aus der leider aus dem Zusammenhang herausgerissenen Stelle darf übrigens nicht entnommen werden, daß der Seleukide zur Zeit des Senatsbeschlusses noch wirklich das ganze übrige Ägypten in seiner Hand gehabt habe".[49]

Grundsätzlich skeptisch ist dabei allerdings Ottos Deutung zu betrachten, daß die Formulierung des Textes auf ein Wissen des Senates um das „Mißlingen des Versuches des Antiochos, Alexandrien zu erobern", schließen lasse.[50] Daß Antiochos παρ' ὀλίγον ‚Herr' Alexandrias gewesen war, es also noch nicht beherrschte, galt natürlich ebenso für den gerade belagernden König.[51]

Zwar wird somit kontrovers um die exakte zeitliche Einordnung der im Text beschriebenen Situation gerungen, doch folgt aus der grundsätzlichen Feststellung der κύριος-Position des Seleukiden erstaunlicherweise keine eigentliche inhaltliche Auseinandersetzung mit dem Befund. Mit der wortgetreuen Bezeichnung als „master" vermied etwa Walbank eine Diskussion über den tatsächlichen Status des Antiochos in diesem Zusammenhang. Die Formulierung des Polybios – zumal angesichts der parallelen und dabei eindeutigen Verwendung des Ausdrucks als Herrschaftsantritt – sollte jedoch nicht leicht abgetan

---

48 Walbank 1979b, 363 zu 29,2,1; vgl. a.O., 362 zu 29,2,1–4.

49 Otto 1934, 62, vgl. dort auch n. 2. Leider fehlt eine wirkliche Begründung dieser Ansicht. Sollte ihn vor allem das verwendete Plusquamperfekt dazu bewogen haben? Seiner Meinung folgt grundsätzlich Briscoe 1964, 72 mit n. 65.

50 Otto 1934, 62. Auch Swain (1944, 91) sah demgegenüber die Aussage des Polybios-Textes im Einklang mit einer akuten Bedrohung Alexandrias. Vgl. seine Übersetzung des Passus in n. 78 auf S. 90.

51 Dementsprechend setzte denn auch Walbank 1979b, 363 zu 29,2,1, die Polybios-bzw. Gesandtschaftsaussage nicht, wie Otto 1934, 62 n. 2, mit Liv. 45,11,1, sondern mit Liv. 44,19,9 in Verbindung, siehe dazu unten S. 104.

werden. Antiochos hier explizit als βασιλεύς zu bezeichnen, war angesichts der Umschreibung und des geschilderten Gesamtkontextes wohl gar nicht nötig. Auch die Umsetzung des Passus durch Walbank läßt an dem Ernst der Lage und der klaren Machtsituation im Land eigentlich keinen Zweifel.[52] Antiochos war offensichtlich zum Herr(scher) Ägyptens geworden, ein Umstand der in seiner Schärfe kaum zu überbieten ist – und vielleicht doch noch überboten wird.

Im behandelten Zusammenhang bislang unbeachtet geblieben ist eine etwas enigmatische Formulierung in 29,2,2. Dort ist die Rede von Bedenken des Senates, daß sich die „Ausdehnung (αὔξησις) des ... Königs bis zu ihm hin", d.h. bis ans/ins Römische Reich erstrecke. Dies kann wörtlich wie übertragen im Kontext eigentlich nur auf eine zunehmende ‚Machtfülle' des Herrschers bezogen werden, die Rom gefährlich zu werden drohte. In Verbindung mit 29,2,1 scheint hier aber wohl nicht die Protektorenrolle des Antiochos befürchtet zu werden, sondern dessen Annexion Ägyptens.

Auch das Fazit der Aktion des C. Popillius Laenas kann in diesem Sinne interpretiert werden, heißt es doch in 29,27,11 knapp, aber deutlich:

11 καὶ Ῥωμαῖοι μὲν ὅσον οὔπω καταπεπονημένην τὴν Πτολεμαίου βασιλείαν τούτῳ τῷ τρόπῳ διέσωσαν

„**11** Und die Römer retteten auf diese Weise das beinahe schon überwältigte Königreich des Ptolemaios".

Betrachtet man zusammenfassend die angeführten Aussagen des Polybios, so wird deutlich, daß er es dort scheinbar bewußt vermeidet, eine eindeutige Aussage zum Status des Antiochos IV. zu machen. Seine Umschreibungen geben indes keinen Anlaß dazu, an einer darin zum Ausdruck gebrachten Machtübernahme grundsätzlich zu zweifeln. Die genannten Formulierungen lassen vielmehr die Möglichkeit einer solchen Aktion zu.

Daß der Seleukide schon recht früh im Land als Herrscher in Erscheinung trat, dürfte auch dessen von Polybios (28,20,10f.) überliefertes Verhalten in der alten Griechenstadt Naukratis verdeutlichen, die er während seines ersten Marsches auf Alexandria besuchte. Die dort durchgeführte Geldschenkung an die Bürger der Polis ist nicht nur eines Königs würdig, sondern erklärt sich eigentlich nur als Ausdruck eines unmittelbaren Verhältnisses zwischen Herrscher und Beherrschten:[53]

---

52   Walbank 1979b, 363 zu 29,2,1.

53   Es erstaunt sehr, daß das Ereignis in der Literatur stets genannt, doch kaum in seiner Tragweite angesprochen wird. Mørkholm 1966, 79, bemerkt hier lediglich: „he tried

10 τότε μὲν διέπλευσεν εἰς τὴν Ναύκρατιν. **11** χρησάμενος δὲ καὶ τούτοις φιλανθρώπως καὶ δοὺς ἑκάστῳ τῶν Ἑλλήνων τῶν κατοικούντων χρυσοῦν προῆγεν ἐπὶ τῆς Ἀλεξανδρείας.

„**10** damals setzte er nach Naukratis über. **11** Als er den dort Ansässigen menschenfreundlich begegnet war und auch jedem der Hellenen von den Einwohnern ein Goldstück gegeben hatte, rückte er nach Alexandria vor".

Gleich zwei Herrschertugenden werden hier in der φιλανθρωπία und der εὐεργεσία des Seleukiden in der altehrwürdigen Griechenstadt präsentiert.[54] Die Szene fügt sich dabei ein in die auch für Antiochia am Orontes belegten Bemühungen des Antiochos (Polyb. 26,1,1–9), als guter Herrscher seines Volkes betrachtet zu werden.[55]

3.2 Diodor

Als zweiter literarischer Zeuge gegen die Glaubwürdigkeit der Notiz des Porphyrios/Hieronymus gilt der Bericht des Diodor, der indes angesichts des äußerst fragmentarischen Zustandes der Bücher 30 und 31 nur wenig zur angesetzten Fragestellung beiträgt. Im Einklang mit Polybios 28,23,4 übermittelt auch er zunächst die bei jenem den rhodischen Gesandten vorgetragene Position des Antiochos, daß dieser als Protektor der Interessen des Philomet agieren würde. Anders als Polybios oder dessen Exzerptor in 28,23,5 stellt Diodor der offiziellen Erklärung des Seleukiden jedoch unmittelbar und in aller Schärfe

to win the Greek population". Ähnlich zuvor Otto 1934, 50. Gera 1998, 135f., sah immerhin eine überlokale Bedeutung darin, daß Antiochos die ihn begleitenden griechischen Gesandten und Fürsprecher der Ptolemäer mit seiner Freigiebigkeit beeindrucken wollte. Sehr ansprechend scheint der neue Vorschlag Mittags (2006, 169), daß der Seleukide mit seinen Geldgeschenken zu zeigen suchte, daß er „einen Verteidigungskrieg führte, der sich nur gegen die ptolemäischen Aggressoren richtete, nicht aber gegen die Griechen". Das Auftreten in Naukratis, einer der wenigen Poleis Ägyptens, noch dazu der einzigen einst von griechischen Mutterstädten aus gegründeten Stadt des Nillandes, dürfte in der Tat von hohem Symbolgehalt für Antiochos gewesen sein, zumal die Verneigung vor dem Griechentum in seiner Politik einen wesentlichen Zug darstellte. Insofern mochte eine gewisse Anerkennung der gleichsam neutralen Institution neben dem zu zollenden Tribut vor der ehrwürdigen Tradition eine besondere Triebfeder der Aktion gewesen sein. Dies konnte nun aber sowohl im Status eines Herrschers des Nachbarreiches als auch in dem des Landesherrn von Nutzen sein.

[54] Vgl. zur Haltung: Polyb. 26,1,10 (= Athen. 5,194a) und Liv. 41,20,5.
[55] Vgl. die Einschätzung durch Otto 1934, 50.

dessen ‚wahre Absichten' gegenüber, die in den Polybios-Fragmenten getrennt von dieser – aber durchaus in paralleler Formulierung vorliegen (31,1 [aus *de sent.*]):

1 ὅτι ὁ Ἀντίοχος τὴν ἀρχὴν ἐσεμνύνετο, λέγων οὐ τῆς κατ᾽ Αἴγυπτον βασιλείας ἑαυτὸν ἐπιθυμοῦντα παρεσκευάσθαι μεγάλας δυνάμεις εἰς τὸν πόλεμον, ἀλλὰ τῷ πρεσβυτέρῳ Πτολεμαίῳ βούλεσθαι συγκατασκευάσαι τὴν πατρῴαν ἀρχήν. οὐ μὴν τό γε ἀληθὲς οὕτως εἶχεν, ἀλλὰ διαγωνοθετῶν τὰ μειράκια διελάμβανε μεγάλης⁵⁶ χάριτος ἀφορμὴν παρέχων ἀκονιτὶ *κυριεύσειν τῆς Αἰγύπτου.*

„1 Antiochos benahm sich von Anfang an würdevoll, indem er sagte, daß er nicht aus Begierde nach der Königherrschaft über Ägypten große Truppenkontingente für den Krieg gerüstet hätte, sondern, daß er dem älteren Ptolemaios zur vom Vater ererbten Herrschaft verhelfen wolle. Wahr aber war es so nicht, sondern die Jugendlichen entzweiend erwog er einen Anlaß zu großer Dankbarkeit in Aussicht stellend, kampflos Ägypten zu beherrschen."

Das κυριεύσειν τῆς Αἰγύπτου steht nun in enger Verbindung zum τῆς μὲν Αἰγύπτου κύριον γεγονέναι des Polybios in 29,2,1, der dort aber nicht mehr von einem Wunsch des Antiochos spricht, sondern dessen „Herr über Ägypten sein" als tatsächliches Geschehnis bezeichnet.

Das betrügerische Element im Handeln des Antiochos wurde auch bereits in der von Otto als der Porphyrios/Hieronymus-Nachricht nächststehenden Formulierung in 30,18,2 thematisiert (siehe S. 77).

τοὐναντίον ἐξαπατήσας ἐπεβάλετο τοῖς ὅλοις σφῆλαι τὸν πεπιστευκότα.

„stattdessen machte er sich daran, den hintergehend, der ihm vertraut hatte, auf gänzliche Weise zu Fall zu bringen."

In diesem Zusammenhang wurde bereits auf die Begriffsweite des σφῆλαι zwischen ‚betrügen' und ‚vernichten' eingegangen. Noch deutlicher scheint eine weitere Bemerkung zur Doppelzüngigkeit des Seleukiden in 30,14:

14 καὶ πρὸς τὴν τοῦ Πηλουσίου κατάληψιν καὶ μετὰ ταῦτα *τὴν κατάκτησιν τῆς Αἰγύπτου* ταύτης τῆς φιλανθρωπίας μέγιστα συμβαλομένης.

---

56 μεγάλην vertrat L.A. Post. So notiert F.R. Walton in seiner Loeb-Edition, der jenem dort folgt. Die hier präferierte Lesung μεγάλης geht auf diejenige des Vatikan-Palimpsests zurück. Diese vertraten u.a. I. Bekker und L. Dindorf.

„14 diese Menschenfreundlichkeit sowohl für die Einnahme von Pelusion als auch danach für die Aneignung Ägyptens am meisten nützte."

Mørkholm spricht hier lediglich davon, daß das Wohlverhalten des Antiochos zu dessen „later success in Egypt" beigetragen habe;[57] der Text indes spricht mit τὴν κατάκτησιν deutlich von einer Übernahme des Landes, auch wenn sie erneut nicht als vollzogen charakterisiert wird.[58]

Anders als (das erhaltene Material des) Polybios betonen somit die Fragmente des Diodor stets die vorgetäuschten und die tatsächlichen Absichten des Antiochos gegenüber seinen ptolemäischen Verwandten und gegenüber dem weiteren Schicksal ihres Reiches. Die Gegenüberstellungen verdeutlichen dabei, daß die wahren Pläne des Seleukiden jenseits einer Restituierung des Philometor lagen. Diodor findet denn auch, ähnlich wie Polybios – nur durch die stets unmittelbare Kontrastierung umso eindeutiger – Formulierungen, die eindrücklich an eine geplante Okkupation Ägyptens denken lassen.

3.3 Livius

Welche Tendenzen lassen sich nun in der Überlieferung des Livius zwischen polybianischer und annalistischer Tradition aufzeigen? Zunächst seien erneut die von den Krönungsskeptikern als eindeutig gegen eine aktive Herrschaft des Antiochos in Ägypten angeführten Passagen genannt. So berichtet Livius in seinem 44. Buch ausführlich vom Auftreten der königlichen Gesandtschaft aus Alexandria, die oben bereits im Kontext des Polybios-Berichtes betrachtet wurde. Dabei werden deutlich die beiden 169 v.u.Z. in Alexandria eingeschlossenen Herrscher Ptolemaios VIII. und Kleopatra II. gleichsam mitfühlend in ihrer Bedrohung durch den die Hauptstadt bedrängenden Antiochos beschrieben. Beide Ptolemäer sind zudem explizit als *amici* bezeichnet. Ptolemaios VI. spielt hier eine gänzlich untergeordnete Rolle, wird aber doch als durch den Seleukiden vertreten genannt. Anders als der persönlich involvierte Achäer, mußte Livius nun keinerlei Rücksicht auf etwaige politische Empfindlichkeiten oder Freundschaften der vergangenen Könige nehmen, zumal er als Vertreter Roms ohnehin keine grundsätzliche Veranlassung für eine Parteinahme sah. So scheint denn auch das Leid der Herrscher in Alexandria in seiner Dramatik eher die besonnene Souveränität des Senates und Volkes von Rom zu illustrieren, die in

---

[57] Mørkholm 1966, 74.
[58] Vgl. McDougall 1983, 54, s.v. κατάκτησις.

höchster Not der um Hilfe Bittenden ihre eigene Legation entsenden, als wahres Mitleid mit den Bedrängten auszudrücken.

Hinsichtlich der hellenistischen Herrscher ist – läßt man die pathetischen vielleicht aus anderer Quelle beigemengten Stimmung außer acht[59] – der Bericht des Livius (44,19,6-14) dadurch deutlich neutraler als jener des Polybios und des ihm in seiner Sicht folgenden Diodor:

8 *Antiochus Syriae rex, qui obses Romae fuerat, per honestam speciem maioris Ptolemaei reducendi in regnum, bellum cum minore fratre eius, qui tum Alexandream tenebat,* **9** *gerens et ad Pelusium navali proelio (superior) fuerat, ... nec procul abesse, quin poteretur regno opulentissimo, videbatur.* **10** *ea legati querentes orabant senatum, ut opem regno regibusque amicis impigre ferrent. ...* **12** *quod si cunctentur facere, brevi extorres regno Ptolemaeum et Cleopatram Romam venturos, cum pudore quodam populi Romani, quod nullam opem in ultimo discrimine fortunarum tulissent.*

„**8** Antiochos, der König Syriens, der eine Geisel in Rom gewesen war und der im ehrenvollen Schein, den älteren Ptolemaios ins Königsamt zurückzuführen, Krieg gegen dessen jüngeren Bruder führte, der damals Alexandria hielt, **9** war in einer Seeschlacht bei Pelusion ⟨der Überlegene⟩, ... und es schien nicht weit davon entfernt zu sein, daß er das überreiche Königreich in Besitz genommen hätte. **10** Dies beklagend, baten die Gesandten den Senat, dem Königreich und dem König und der Königin, den Freunden, unverzüglich Hilfe zu leisten. ... **12** Daß aber, wenn sie zögerten, es zu tun, in Kürze die aus dem Königreich vertriebenen Ptolemaios und Kleopatra nach Rom kommen würden, mit einer gewissen Schmach für das römische Volk, da sie in der höchsten Bedrängnis des Geschicks keine Hilfe geleistet hätten.“

Die komprimierte Darstellung der Ereignisse des 6. Syrischen Krieges, der in Buch 45 weiter ausgreifende Schilderungen folgen, deutet die wahren Motive des Seleukidenkönigs zunächst nur zaghaft an. So wird durch die Formulierung *honestam speciem* in 19,8 nur kurz auf die im folgenden Buch zutage tretenden Pläne des Antiochos hingewiesen. Die Inbesitznahme des Landes durch den Seleukiden in 19,9 ist zwar ähnlich deutlich, dabei aber ebenso wenig staatsrechtlich eindeutig formuliert wie die vergleichbare Terminologie des Polybios: τῆς μὲν Αἰγύπτου κύριον γεγονέναι und des Diodor: κυριεύσειν τῆς Αἰγύπτου und τὴν κατάκτησιν τῆς Αἰγύπτου. Durch das eingefügte *videbatur* bleibt die Aussage jedoch vage, was auch der Distanz des die Ereignisse aus der zeitlichen Ferne notierenden Römers geschuldet sein mag. Ob Antiochos nun bei seinem Vorgehen bewußt im eigenen Auftrag handelte oder für sein Mündel eintretend durch die

---

59 Von Nissen 1863, 261–263 den Annalisten zugewiesen hielt Unger 1878, 199, Antias hier für den Gewährsmann der Darstellung.

raschen militärischen Erfolge gleichsam wider Willen zum Herrn Ägyptens wurde oder zu werden drohte, bleibt gänzlich offen.[60] Klarer treten die Absichten des Seleukiden im zweiten von F.W. Walbank u.a. als Anti-Porphyrios/Hieronymus-Text eingeschätzten Passus des Livius hervor (45,11,1–2)[61]:

1 ⟨Cum⟩ haec gererentur, Antiochus frustra temptatis moenibus Alexandreae abscesserat, *ceteraque Aegypto potitus, relicto Memphi maiore Ptolemaeo, cui regnum quaeri suis viribus simulabat, ut victorem mox adgrederetur*, in Syriam exercitum abduxit. **2** nec huius voluntatis eius ignarus Ptolemaeus.

„**1** ⟨Als⟩ sich diese Dinge ereigneten, hatte sich Antiochos nach vergeblichem Anstürmen von den Mauern Alexandrias zurückgezogen, und er führte das Heer nach Syrien zurück, nachdem er sich des übrigen Ägyptens bemächtigt hatte. In Memphis ließ er dabei den älteren Ptolemaios zurück, dem er vorspiegelte, daß ihm mit seinen Truppen das Königreich gewonnen werde – um (aber) bald den Sieger angreifen zu können. **2** Der dieser seiner Absicht keineswegs unkundige Ptolemaios."

Am Ende des ersten Ägyptenfeldzuges zog sich der Seleukidenkönig zunächst zurück und installierte den von ihm vertretenen Philometor in der ‚Gegenhauptstadt' Memphis, eine Maßnahme, die in der Chora durchaus honoriert worden sein dürfte, kam doch nun die alte Metropole damit wieder zu königlichen Ehren. Wie im vorgenannten Fall stellt Livius aber auch hier die faktischen Machtverhältnisse klar. Erneut wird Antiochos dabei durch eine *potior*-Konstruktion als Beherrscher Ägyptens bezeichnet, diesmal aber als tatsächlich amtierender Herrscher bestimmt. Die Wendung *ceteraque Aegypto* zeigt zudem an, daß er als Herr der ganzen Chora galt.

Daß er diese Vormachtstellung letztlich nicht selbstlos zum Schutz Ptolemaios' VI. übernahm, sondern durchaus weiterführende egoistische Pläne verfolgte, lassen die Formulierungen unmißverständlich erkennen. Antiochos ‚simuliere' lediglich die Unterstützung des Philometor und würde den Sieger des Bruderzwistes als lachender Dritter leicht bezwingen können.[62] Der von diesen

---

60   Aufgrund des Bedeutungsspektrums unklar bleibt die Formulierung des Livius in 42,29,5 *Antiochus inminebat quidem Aegypti regno*, die recht unterschiedlich interpretiert werden kann: „Antiochos bedrohte (begehrte?) aber das Königreich (Königtum ?) Ägyptens". Nissen 1863, 248 sah hier Polybios als Quelle an.

61   Nissen 1863, 273f., weist den Abschnitt als Überarbeitung einer Polybios-Vorlage aus.

62   Daß Antiochos maximal darauf gehofft hätte, „daß sich die beiden Ptolemäer in einem Bruderzwist selbst in Schach halten würden" und Antiochos einem potentiell

Absichten keineswegs überraschte Ptolemäer suchte daraufhin den Ausgleich mit seinen Geschwistern in Alexandria. Es wird somit deutlich, daß auch er – wenigstens im Urteil des Livius – die Lage so einschätzte, daß Antiochos in der Tat Ägypten keineswegs ihm – in welcher Form auch immer – überlassen wollte. Der Historiker bietet damit eine plausible Erklärung für die rasche Versöhnung der, wie auch die Entwicklung der weiteren Jahrzehnte zeigen sollte, untereinander so sehr verfeindeten Ptolemäerbrüder. Das restituierte Bündnis in Alexandria war mehr der Notwendigkeit geschuldet als einer wirklichen Aussöhnung zu verdanken.

Auf die anvisierte Taktik des Seleukiden geht Livius in Buch 45,11,4f. dann auch nochmals verdeutlichend ein:[63]

4 *suspectum Antiochum effecerat quod cetera Aegypto sibi tradita Pelusi validum relictum erat praesidium.* 5 *apparebat claustra Aegypti teneri, ut cum vellet rursus exercitum induceret; bello intestino cum fratre eum exitum fore ut victor fessus certamine nequaquam par Antiocho futurus esset.*

„4 Den Antiochos hatte verdächtig gemacht, daß ihm (d.h. Ptolemaios VI.) das übrige Ägypten übergeben, in Pelusion (aber) eine starke Garnison zurückgelassen worden war. 5 Es war offenkundig, daß der Schlüssel Ägyptens festgehalten wurde, damit er, wenn er wolle, das Heer wieder hineinführen konnte; durch einen internen Krieg mit dem Bruder werde dies Resultat eintreten, daß der erschöpfte Sieger auf keinen Fall dem Antiochos im Kampf gewachsen würde."

Der Plan des Bruderkrieges und des anschließenden Kampfes gegen den im Land verbleibenden Ptolemäer verweist nun in der Charakterisierung seiner erhofften Ausführung darauf, daß Antiochos wohl nicht nur eine dauerhafte Hegemonie über das Land am Nil und dessen Ptolemäerkönig anstrebte. Ein Angriff gegen den *victor fessus* mußte bald nach dessen Sieg erfolgen, denn hätte der erst einmal seinen Bruder aus dem Weg geräumt, hätte das Ptolemäerreich längerfristig zu einer gewissen Stärke zurückfinden können. Angesichts der offensiven Zielsetzung des Seleukiden bedurfte es laut dieser Planung offenbar auch keines vom Gegner provozierten Kriegsgrundes, um gegen dessen Staat vorzugehen – irgendein Anlass hätte sich zudem wohl schnell gefunden. Es kam

---

in Bedrängnis geratenden Philometor dann „Zugeständnisse" abringen könne, wie dies Mittag 2006, 177, der Darstellung entnimmt, entspricht so zumindest nicht in letzter Konsequenz der im Text zum Ausdruck gebrachten Einschätzung der Lage.
63 Für Polybios als Quelle dieser Notiz Nissen 1863, 273f.

alles auf den rechten Zeitpunkt an. Diesen Plan durchkreuzte allerdings die Versöhnung der ptolemäischen Herrschertrias. Als entsprechend wütend wird dann auch der Seleukidenkönig in seiner Reaktion auf die Nachricht geschildert (45,11,8):

> **8** *his cum laetari Antiochum conveniens esset, si reducendi eius causa exercitum Aegyptum induxisset, quo specioso titulo ad omnes Asiae et Graeciae civitates legationibus recipiendis litterisque dimittendis usus erat, adeo est offensus ut multo acrius infestiusque adversus duos quam ante adversus unum pararet bellum.*

> „**8** Es wäre angemessen gewesen, daß sich Antiochos darüber gefreut hätte, wenn er wegen dessen (d.h. Ptol. VI.) Rückführung das Heer nach Ägypten hineingeführt hätte, welch wohlklingenden Vorwand er für alle Staaten Asiens und Griechenlands beim Empfangen der Gesandtschaften und beim Entsenden der Briefe benutzt hatte. Er war (stattdessen) so sehr erzürnt, daß er viel energischer und feindseliger gegen beide als zuvor gegen den einen den Krieg vorbereitete."

Erneut werden hier die von Polybios (28,23,4) und Diodor (31,1) in indirekter Rede präsentierten offiziellen Verlautbarungen des Seleukidenkönigs angesprochen. Daß diese lediglich als Vorwand dienten, wird nun überdeutlich. Die daraus folgende Strategie bestand jedoch nicht, wie man im Falle einer reinen Vormachtstellung vermuten sollte, im fortwährenden Besitz strategisch wichtiger Orte in Ägypten, wie Pelusion, sondern im Angriff auf die ptolemäische Triarchie. Als Ziel tritt die Annexion Ägyptens hervor, die das Eingreifen des C. Popillius Laenas, wie in Buch 44 angedeutet, im letzten Moment verhindert habe. Im deutlichen Gefolge des Polybios-Fazits in Buch 29,27,11 faßt auch Livius das Verdienst Roms dementsprechend zusammen (45,12,8)[64]:

> **8** *clara ea per gentes legatio fuit, quod haud dubie adempta Antiocho Aegyptus habenti iam, redditumque patrium regnum stirpi Ptolemaei fuerat.*

> „**8** Berühmt war diese Gesandtschaft bei den Völkern, weil ohne Zweifel dem Antiochos Ägypten, das er bereits besaß, entrissen und das Königreich der Väter an das Geschlecht des Ptolemaios zurückgegeben worden war."

Wieder wird die Übernahme des Landes durch Antiochos in den Vordergrund gerückt, ein Vorgang der dabei ausdrücklich als bereits vollzogen bezeichnet

---

[64]   Auf Polybios als Quelle verweist denn auch Nissen 1863, 273f.

wird. Ähnlich konstatierend hatte auch Polybios (29,2,1–3) den Besitz des Landes durch den Seleukiden bestätigt.

4. Zusammenfassung

Die ausführliche Behandlung der drei führenden literarischen Autoritäten Polybios, Diodor und Livius zur Darstellung der Motive und Ziele des Seleukidenkönigs im 6. Syrischen Krieg vermag – wie auch die Diskussion zu Tradierung und Fragmentsituation – nicht, die von Porphyrios/Hieronymus genannte Krönung des Antiochos in Memphis unumstößlich zu beweisen, doch bleiben mehrere Punkte als Ergebnisse festzuhalten: So sollte die angesichts des Überlieferungsbestandes der drei genannten Historiker zu konstatierende Lückenhaftigkeit gerade der hier relevanten Textpassagen und Bücher zur Vorsicht gemahnen. Das Postulat eines zwangsläufigen Ausschlusses der Herrschaftsübernahme des Seleukiden – sei es als Basileus oder als Basileus und Pharao – kann nicht aufgrund des Schweigens jener erhaltenen Quellenabschnitte über eine solche Tat aufrechterhalten werden.

Die in den Texten konkret vorliegenden Darstellungen lassen sich ebenfalls nicht gegen die Krönungsnotiz verwenden. Der Bericht des Polybios wie auch die ihm im betreffenden Themenkomplex vielerorts nachfolgenden Autoren Diodor und Livius verwenden stattdessen Formulierungen und entwerfen Szenarien, die Antiochos als den tatsächlichen Herrn der Chora Ägyptens ausweisen. Auch dessen Absicht, ganz Ägypten für sich zu erobern, tritt in den Bemerkungen der drei Historiker gelegentlich deutlich hervor und dies nicht erst bezüglich der angesichts einer Versöhnung der drei Ptolemäergeschwister veränderten Situation des Jahres 168 v.u.Z. Antiochos wird auch während des ersten Feldzuges in herrscherlicher Machtfülle präsentiert, die vielleicht mehr als die Hilfsgesuche der Ptolemäergesandten Rom zum Handeln nötigte. Die Formulierungen des Polybios, denen Diodor und Livius mit eigenen Varianten folgen, erwecken dabei gelegentlich den Eindruck, als wolle er bewußt auf eine Bezeichnung des Antiochos als ‚König' von Ägypten verzichten. Wollte Polybios vielleicht eine etwaige Koregenz des Antiochos mit Philometor aus Rücksicht auf den vom Historiker geschätzten Ptolemäer verschleiern?

Die Einsetzung des Philometor in Memphis zum Gegenkönig des in Alexandria residierenden Bruders mag neben logistischen Erwägungen durchaus als politische Botschaft verstanden worden sein. Aber auch das Auftreten des Seleukiden als Euergetes und Philanthropos in der altehrwürdigen Griechenstadt Naukratis knüpfte an große herrscherliche Vorgaben an. Daß sich Antiochos dann in letzter Konsequenz aus landesspezifischem Traditionsbewusstsein sogar nach ägyptischem Ritus zum Pharao krönen ließ, ist somit angesichts des grundsätzlich aufgezeigten königlichen Gebarens des Antiochos nicht auszuschließen.[65] Daß er sich bereits während der ersten ‚Protektorenphase' des Krieges zum Herrscher Ägyptens erklärte, stellt zudem keinen Widerspruch zur postulierten Rolle dar, folgte doch das Auftreten des Seleukiden in Ägypten unmittelbar auf das erzwungene Ende einer solchen Dyarchie zwischen Onkel und Neffe im Seleukidenreich und den Zusammenbruch einer Triarchie in Ägypten.[66] Auch als ‚Seniorkönig' konnte sich Antiochos für die Interessen seines Neffen stark machen, und dies zumal – und darin sind sich ja auch Polybios, Diodor und Livius einig – die mittel- und langfristigen Pläne des Seleukiden wie im Falle seines Zweckbündnisses mit Antiochos, dem Sohn Seleukos' IV., auf eine Zeit ohne Koregenten hin ausgerichtet waren.[67]

---

[65]   In der Eusebios-Tradition der Chronik des Porphyrios wird explizit von einer Übernahme des διάδημα berichtet, und vermutlich handelt es sich hier letztlich um das selbe Ereignis (Euseb., Chron. I., col. 162,26–40, ed. Schoene; vgl. die Übersetzung der armenischen Version in: FGrHist. II B 260, Frg. 2, § 7).

[66]   Arnold 1999, 183, hatte an ein entsprechendes Szenario gedacht: „Antiochus IV even conquered Memphis and was crowned coregent of Ptolemy VI". Huß 2001, 549, vermutete eine zweifache Krönung des Antiochos als Basileus und Pharao, wobei die Übernahme des Diadems vielleicht schon in Pelusion erfolgt sein sollte. Für ein solches Szenario fehlen jedoch deutliche Belege; vgl. die vorige Anmerkung.

[67]   Daß die Urkunden der Zeit vermeintlicher Samtherrschaft des Seleukiden mit seinem ptolemäischen Neffen allein Philometor und nicht wie im Falle der Dyarchie im Seleukidenreich und der Triarchie in Ägypten die Herrscher zusammen in der Datierungsformel erwähnen, hatte Walbank 1979b, 358 zu 28,22,1–3, gegen eine solche Lösung der Koregenz ins Feld geführt. Erklärungen versuchten hier Fraser 1972, 211f. n. 213, und Huß 2001, 549, anzubieten. Beide werteten die diesbezügliche Zurückhaltung des Seleukiden als Ausdruck seiner Protektorenrolle. Mittag 2006, 175, sah demgegenüber die Motivation der Urkundenschreiber in einer gleichsam inneren Opposition zum neuen Machthaber begründet. Daß einzelne Schreiber oder auch Regionen mitunter im Rahmen einer zwar offiziellen, für das klassische Pharaonensystem aber gänzlich untypischen Herrschaftskooperation ihre Datierungsformeln nach dem einen, bereits zuvor vorhandenen König ausrichteten, lässt sich schon für die kurz zuvor – und auch danach – aktive Dreiherrschaft der Ptolemäergeschwister aufzeigen. Auch hier liegen Urkunden vor, die allein nach Ptolemaios VI. und seiner alten Regierungsjahrzählung datieren. Eine solche Unregelmäßigkeit konnte auch die Dyarchie des Antiochos und Ptolemaios' VI. begleiten. Angesichts der insgesamt recht überschaubaren Urkundenzahl der fraglichen Zeit ist es zudem problematisch, die ehemalige Existenz von nach beiden Königen datierten Dokumenten gänzlich auszuschließen. Auch ist wohl anzunehmen, daß derartige Urkunden den Abzug des Seleukiden nicht allzu lange ‚überlebt' haben dürften.
         Daß hier nun durchaus noch einige Überraschungen zu erwarten sind, belegt auf großartige Weise der bald von S. Lippert publizierte, vorab dankenswerterweise in seiner Besonderheit mitgeteilte demotische P.Tebt.Suppl. 10,0640, dessen Da-

Selbst unter dem in der Forschung häufig zu beobachtenden Primat der durch Polybios angeführten literarisch-historischen Tradition entfällt somit jegliche Notwendigkeit, die in außerhalb der genannten Linie stehenden literarischen Befunden wie vor allem auch die in den außerliterarischen Quellen deutlich anklingende Herrschaftsposition des Seleukiden in Ägypten abzulehnen. Ob Antiochos dabei ,lediglich' als Basileus oder als Basileus und Pharao auftrat und wann er sich zu dem einen oder anderen Schritt entschlossen haben könnte, ist eine am hier untersuchten Material der drei (sicheren) Hauptvertreter polybianischer Überlieferung nicht zu klärende Frage. An diesem Punkt erhalten die anderen Quellen das Wort, denen nunmehr in der Herrschafts- und Krönungsdiskussion die entscheidende Bedeutung zuzumessen ist.

---

tierungszeile für den Sommer 168 v.u.Z. einen Pharao Antiochos benennt, dabei statt eines Samtherrschaftsjahres gleichsam ein 144. ,Regierungsjahr' des Königs auflistet, sich also der Seleukidenära bedient. Über die Bedeutung des Befundes im Rahmen der Herrschafts- und Krönungsfrage zu handeln, würde an dieser Stelle sowohl – wie eingangs bereits angedeutet – den Rahmen des abgesteckten Themas sprengen als auch der Papyruspublikation S. Lipperts zu weit vorgreifen und bleibt somit der in Vorbereitung befindlichen Untersuchung des Verfassers vorbehalten.

Literaturverzeichnis

Arnold, D. 1999, *Temples of the Last Pharaohs*, New York.

Beck, H.-G. 1982, *Das byzantinische Jahrtausend*, München.

Bevan, E.R. 1927, *A History of Egypt Under the Ptolemaic Dynasty*, London (revidierter Nachdruck als: *The House of Ptolemy. A History of Egypt Under the Ptolemaic Dynasty*, Chicago 1968).

Blasius, A. 2006, „Antiochus IV Epiphanes and the Ptolemaic Triad. The Three Uprooted Horns in Dan 7:8, 20 and 24 Reconsidered", *Journal for the Study of Judaism* 37,4, 521-547..

Botteri, P. 1992, *Les fragments de l'histoire des Gracques dans la Bibliothèque de Diodore de Sicile* (Centre de Recherche d'Histoire et de Philologie de la IVᵉ Section de l'Ecole pratique des Hautes Études III: Hautes Études du Monde Gréco-Romaine 18), Genève.

Braunert, H. 1964, „Hegemoniale Bestrebungen der hellenistischen Großmächte in Politik und Wirtschaft", *Historia* 13, 80–104 (wiederabgedruckt, in: ders., *Politik, Recht und Gesellschaft in der griechisch-römischen Antike* (Kieler Historische Studien 26)), ed. Telschow, K./Zahrnt, M., Stuttgart, 103–128.

Briscoe, J. 1964, „Q. Marcius Philippus and nova sapientia", *JRS* 54, 66–77.

Briscoe, J. 1986, *Titi Livi ab urbe condita libri XLI–XLV* (Bibliotheca Teubneriana), Stuttgart.

Briscoe, J. 1993, „Livy and Polybius", *Livius. Aspekte seines Werkes*, ed. Schuller, W., *Xenia* 31, Konstanz, 39–52.

Buettner-Wobst, Th. 1904, *Polybii historiae*, Bd. 4: *libri XX–XXXIX, fragmenta* (Bibliotheca Teubneriana), Leipzig (Nachdr. Stuttgart 1995).

Bunge, J.G. 1976, „Die Feiern Antiochos' IV. Epiphanes in Daphne im Herbst 166 v. Chr. Zu einem umstrittenen Kapitel syrischer und judäischer Geschichte", *Chiron* 6, 53–71.

Burck, E. 1987, „Einführung", *Wege zu Livius*, 3. Aufl., ed. Burck, E. (Wege der Forschung 132), Darmstadt, 1–13 (Einführung entnommen der 1. Aufl. von 1967).

De Sanctis, G. 1917, *Storia dei Romani*, Bd. III,2, Turin.

Fraser, P.M. 1972, *Ptolemaic Alexandria*, 3 Bde., Oxford.

Gera, D. 1998, *Judaea and Mediterranean Politics, 219 to 161 B.C.E.* (Brill's Series in Jewish Studies 8), Leiden u.a.

Hecht, W. 1973 „Die Makedonische Renaissance", *Byzanz*, ed. Maier, F.G. (Fischer Weltgeschichte 13), Frankfurt a.M., 183-233.

Huß, W., 2001 *Ägypten in hellenistischer Zeit. 332–30 v.Chr.*, München.

Leidig, T., 1994, *Valerius Antias und ein annalistischer Bearbeiter des Polybios als Quellen des Livius, vornehmlich für Buch 30 und 31* (Studien zur Klassischen Philologie 82), Frankfurt a.M. u.a.

McDougall, J.I. 1983, *Lexicon in Diodorum Siculum*, 2 Teile, Hildesheim u.a.

Mittag, P.F. 2006, *Antiochos IV. Epiphanes. Eine politische Biographie* (Klio Beihefte N.F. 11), Berlin.

Mooren, L. 1979: „Antiochos IV. Epiphanes und das ptolemäische Königtum", *Actes du XVe Congrès International de Papyrologie (Bruxelles-Louvain 29 août–3 septembre 1977)*, ed. Bingen, J./Nachtergael, G., IV. Partie, (Pap. Brux. 19), Bruxelles, 78–86.

Mørkholm, O. 1961, „Eulaios and Lenaios", *Classica et Mediaevalia* 22, 32–43.

Mørkholm, O. 1966, *Antiochus IV of Syria* (C&M Dissertationes 8), København.

Nissen, H. 1863, *Kritische Untersuchungen über die Quellen der vierten und fünften Dekade des Livius*, Berlin.

Otto, W. 1934, *Zur Geschichte der Zeit des 6. Ptolemäers. Ein Beitrag zur Politik und zum Staatsrecht des Hellenismus* (Abhandlungen der Bayerischen Akademie der Wissenschaften, phil.-hist. Abteilung, N.F. Heft 11, 1934), München.

Roberto, U. 2005, *Ioannis Antiocheni Fragmenta ex Historia chronica. Introduzzione, edizione creitica e traduzione* (TU 154), Berlin/New York.

Stern, M. 1980, *Greek and Latin Authors on Jews and Judaism,* Bd. II: *From Tacitus to Simplicius*, Jerusalem.

Swain, J.W. 1944, „Antiochus Epiphanes and Egypt", *CPh* 39, 73–94.

Tarn, W.W. 1951, *The Greeks in Bactria & India*, 2. Aufl., Cambridge.

Tränkle, H. 1977, *Livius und Polybios*, Basel u.a.

Unger, G.F. 1878, *Die römischen Quellen des Livius in der vierten und fünften Dekade* (Philologus Supplementband 3, 2. Abtheilung), Göttingen.

Volkmann, H. 1959, „Ptolemaios VI. Philometor", *RE* XXIII,2, 1702–1719, Nr. 24.

Walbank, F.W. 1979a, „Egypt in Polybius", *Orbis Aegyptiorum Speculum. Glimpses of Ancient Egypt. Studies in Honour of H.W. Fairman*, ed. Ruffle, J./Gaballa, G.A./Kitchen, K.A., Warminster, 180–189.

Walbank, F.W. 1979b, *A Historical Commentary on Polybius*, Bd. 3: *Commentary on Books XIX–XL*, Oxford.

Walbank, F.W. 1996, „Two Hellenistic Processions: a Matter of Self-Definition", *SCI* 15, 119–130 (= ders., 2002, *Polybius, Rome and the Hellenistic World. Essays and Reflections*, Cambridge, 79–90).

Walsh, P.G. 1987, „Sachliche Vorzüge und Mängel des livianischen Werkes", *Wege zu Livius*, 3. Aufl., ed. Burck, E. (Wege der Forschung 132), Darmstadt, 249–257 (englisches Original in: Walsh, P.G., *Latin Historians*, ed. Dorey, T.A., London 1964).

Walton, F.R. 1957, *Diodorus of Sicily in Twelve Volumes*, Bd. 11: *Fragments of Books XXI–XXXII* (Loeb Classical Library), Cambridge Mass./London (zweiter Reprint: 1980).

Will, É. 1982, *Histoire politique du monde hellénistique (323–30 av. J.-C.)*, Bd. 2, 2. Aufl., Nancy.

„Für das Leben des Königs".
Kultische Loyalitätsformeln im hellenistischen Vergleich

Domagoj Gladić

Eddy Lanciers hat vor über zehn Jahren in seinem Artikel zu den „Opfern im hellenistischen Herrscherkult"[1] nicht nur einen begrüßenswerten Beitrag zu einer die Einzeldisziplinen transzendierenden und generelle Akkulturationsmechanismen ins Visier nehmenden Erforschung des Hellenismus geleistet, sondern zugleich eine grundlegende Unterscheidung getroffen, um Erscheinungen des Herrscher*kults* von anderen Formen der *Verehrung* des Herrschers inhaltlich und quellenterminologisch abzugrenzen. Von ihm behandelt werden „nur die Opfer, die klar und deutlich dem König, nicht diejenigen, die andern Göttern im Namen oder zum Wohlergehen der Herrscher dargebracht wurden".[2] Anders gesagt geht es um den den Göttern gleichgestellten Herrscher, nicht jedoch um den Herrscher, ‚zu dessen Wohle' ein Opfer für die Götter ausgeführt wird.[3] Diese primär anhand griechischsprachigen Quellenmaterials vorgenommene Unterscheidung läßt sich inhaltlich ausweiten: Neben Opfern können weitere Kulthandlungen, insbesondere die aus hellenistischer Zeit in Fülle überlieferten Weihungen, zugleich „für" die Götter und „zum Wohle" eines Menschen[4] durchgeführt werden.[5] Kennzeichnend für die Stellung der Könige bzw. Herrscherpaare der hellenistischen Zeit ist in diesem Zusammenhang, daß sie im Gegensatz zu Privatpersonen, da sie im Zuge der Etablierung eines Herrscher- und Dynastiekults schon zu Lebzeiten göttliche Verehrung erfuhren, in den Texten auch als ‚Empfänger' von Kulthandlungen auftreten können. Quellen dieser Art genießen ob ihrer Indikatorfunktion für den Herrscherkult üblicherweise die be-

---

1   Lanciers 1993.
2   Lanciers 1993, 204.
3   Die Unterscheidung findet sich bereits bei Taeger 1957, 299, und auch in Price' Untersuchung zum kleinasiatischen Kaiserkult (Price 1984, 222–227), sie wird bei Lanciers mit Vorbehalt übernommen: „Beide Gruppen sind allerdings nicht immer scharf zu trennen; so konnte man auf dem Altar der olympischen Götter dem König, auf dem Altar des Herrschers traditionellen Göttern opfern" (Lanciers 1993, 204 n. 2).
4   Neben dem Herrscher kommen dafür Privatpersonen in Frage, nicht selten gar der Stifter und seine Familie.
5   Zur Vermeidung stilistisch unbequemer Relativfügungen soll im Folgenden unter dem ‚Begünstigten' derjenige oder diejenigen verstanden sein, „zum Wohle/zugunsten" dessen oder derer eine Kulthandlung erfolgt, unter dem ‚Empfänger' die Gottheit(en), denen die Handlung zugeeignet ist, zu deren kultischer Verehrung sie erfolgt.

sondere Aufmerksamkeit der Hellenismusforschung, während die übrigen Fälle mittels der getroffenen Unterscheidung scheinbar klar aus diesem Themenfeld definiert werden können, und als zwar häufige, aber doch relativ unspektakuläre Form der bloßen *Verehrung* der Herrscher keiner ausführlicheren Betrachtung wert erscheinen.[6] Diese Abgrenzung, vermeintlich so simpel wie elegant, erscheint bei näherer Betrachtung problematisch. Zunächst ist theoretisch der ‚begünstigte' Herrscher im damaligen ‚theologischen' Verständnis tatsächlich als Mensch wie jeder andere von der göttlichen Sphäre klar geschieden. Dennoch kann nicht davon ausgegangen werden, daß jenseits von theologisch/philosophisch geschulten Kreisen dieser Unterschied immer so klar gesehen worden ist: Für die Masse der Bevölkerung mag das Nebeneinander von Opfern und anderen Kultakten „für" den und „zum Wohle" des Königs diesen im ganzen der göttlichen Sphäre angenähert haben. Günther Hölbls Verständnis nach „bilden" denn auch diese Dedikationen an Götter „die mit der Formel ‚zugunsten' ... gestiftet wurden" zumindest für den Bereich Ägyptens „den Übergang zur Verehrung des Herrschers im Range einer Gottheit".[7] Schwerer wiegt, daß in einigen Fällen die Einordnung des Herrschers als menschlicher ‚Begünstigter' oder göttlicher ‚Empfänger' bei Einbeziehung des weiteren infra- und intertextuellen Zusammenhanges nicht so klar wie wünschenswert möglich ist. Weiter ergibt sich aus der großen Zahl der erhaltenen Texte, daß mit der Erwähnung der Herrscher als ‚Begünstigtem' ursprünglich kultische Kontexte in ihrer inschriftlichen Fixierung zunehmend den Charakter einer Loyalitätskundgebung annehmen und so zu einem bemerkenswerten Medium der Herrscherverehrung im Hellenismus geraten, wodurch aber in manchen Fällen die ursprüngliche Textfunktion demgegenüber zurücktritt. Damit stellt sich in den außerhalb des griechisch-makedonischen Mutterlandes als ‚multikulturell' charakterisierbaren hellenistischen Reichen die Frage nach möglichen Übernahmen einer derart wichtigen Form der Herrscherverehrung in fremde kulturelle und sprachliche Kontexte.

Im Folgenden sollen die angeführten Fragestellungen unter Beschränkung auf die griechisch-hellenistischen Inschriften (insbesondere Dedikationen) des ptolemäischen Ägypten, sowie solche aus dem einheimisch-ägyptischen Kultur- und Sprachkontext behandelt werden, wobei ein abschließender Ausblick auf das seleukidische Babylon erhellende Parallelen zutage fördert.

---

[6]   Zum einen ist die Zahl der Dedikationen verschiedenen Inhalts, Proskynemata etc. mit den Herrschern als ‚Begünstigten' Legion. Zum anderen stellt diese Form der Verehrung für unser Verständnis der Antike als Wiege der abendländischen Rationalität kein übermäßiges Problem dar, ganz anders als die scheinbar so ‚irrationale' kultische Verehrung des lebenden Herrschers.

[7]   Hölbl 1994, 90.

1. Der Charakter der ὑπέρ-Formel

Für die Inschriften der klassischen griechischen Zeit und des Hellenismus ist es die Präposition ὑπέρ (plus Genitiv), die den ‚Begünstigten' eines Opfers, einer Dedikation etc. einleitet und damit zugleich morphosyntaktisch von dem oder den im Dativ angeführten (göttlichen) ‚Empfänger(n)' der Kulthandlung unterscheidet.

Überreichlich findet sich diese Differenzierung in Weihinschriften, wie der nachstehenden Dedikation zweier Zeuspriester aus Alexandria.[8] Aus diesem Beispiel wird zudem deutlich, wie den Mitgliedern der andernorts insgesamt als göttlich verehrten Herrscherdynastie sehr genau unterschiedliche Status zugesprochen werden konnten:

1 Ὑπὲρ βασιλέως Πτολεμαίου 2 τοῦ Πτολεμαίου καὶ Ἀρσινόης 3 θεῶν Ἀδελφῶν καὶ βασιλίσσης 4 Βερενίκης τῆς γυναικὸς 5 καὶ ἀδελφῆς τοῦ βασιλέως 6 θεῶν Εὐεργετῶν {καὶ} θεοῖς 7 Ἀδελφοῖς (καὶ) Διὶ Ὀλυμπίωι καὶ Διὶ 8 Συνωμοσίωι τοὺς βωμοὺς 9 καὶ τὰ τεμένη καὶ τὴν συν10ακύρουσαν αὐτοῖς γῆν Κλέων 11 καὶ Ἀντίπατρος οἱ ἱερεῖς 12 τοῦ Διός.	„Zum Wohle des Königs Ptolemaios, | des Sohns des Ptolemaios und der Arsinoe, | (d.h.) der Geschwistergötter, und der Königin | Berenike, der Gattin | und Schwester des Königs, | (d.h.) der Wohltätergötter <sowohl> den Geschwister|göttern (als auch) dem olympischen Zeus und dem Zeus | Synomosios (weihen) die Altäre | und die Kultbezirke und das diesen zu|gehörige Land Kleon | und Antipatros, die Priester | des Zeus."

Textbeispiel 1: Bernand, É. 2001, Nr. 14.

Sowohl das regierende Königspaar als auch seine Vorgänger werden genannt, und zwar beide mit ihrem Kulttiteln – also als θεοί. Doch sind die vergöttlichten Adelphoi mit den übrigen Gottheiten eindeutig als ‚Empfänger' der Weihung von dem regierenden Nachfolgerpaar der Euergeten als ‚Begünstigten' abgesetzt. Andernorts (s. Textbeispiel 2)[9] dagegen treten ebendieselben Euergeten als regierendes Herrscherpaar zusammen mit anderen Gottheiten als ‚Empfänger' einer Weihung auf:

1 Σαράπιδι καὶ Ἴσιδι καὶ Νείλωι 2 καὶ βασιλεῖ Πτολεμαίωι 3 καὶ βασιλίσσηι Βερενίκηι 4 θεοῖς	„Dem Sarapis und der Isis und dem Nil | und dem König Ptolemaios | und der Königin Berenike, | (d.h.) den Wohltätergöttern, | (weiht)

---

8   Bernand, É. 2001, 44–47 (Nr.14).
9   Bernand, A. 1970, 235.

Εὐεργέταις **5** Ἀρτεμίδωρος Ἀπολλω-   Artemidoros, Sohn des Apollonios, | aus
νίου **6** Βαργυλιώτης   Bargylia."

Textbeispiel 2: Bernand, A. 1970, 235.

Daß hier nicht etwa die *verstorbenen* Euergeten in einem Atemzug mit den übrigen göttlichen Empfängern genannt sind, machen die Amtsbezeichnungen „König"/„Königin" klar – hier sind tatsächlich die *lebenden* Herrscher, mit dem wie üblich nachfolgenden gemeinsamen Kultnamen als θεοὶ Εὐεργέται, in eine Reihe mit wichtigen Göttern des gräkoägyptischen Pantheons gestellt. In Textbeispiel 1 dagegen werden sie als Begünstigte eingeführt, während ihre vergöttlichten Eltern als θεοὶ Ἀδελφοί, also nur mit ihrem Kultnamen genannt, die Reihe der göttlichen Empfänger eröffnen.[10]

Im Folgenden soll die Adverbialphrase aus ὑπέρ plus Genitiv als ‚Begünstigungsformel' definiert werden. Sie kann als Mikroelement verschiedener griechischer Textsorten[11] auftreten. Besonders typisch ist die Verwendung in der Textsorte der Weihungen, wo sich damit jede Art von Begünstigten einführen läßt, der oder die Stifter eingeschlossen.[12] Allerdings besteht im ptolemäischen Kontext in der Regel ein klarer formaler Unterschied zwischen der Nennung des/der Herrscher als Begünstigtem/n und der einer oder mehrerer Privatperson/en: Letztere erscheinen normalerweise jeweils *nach* den göttlichen Empfängern;[13] König oder Herrscherpaar dagegen rücken, wo genannt, üblicherweise an die erste Stelle des Formulars.[14] Deklarationstexte[15], zu denen die Weihung zu

---

[10] Für ähnliche Beispiele siehe beispielsweise Bernand, A. 1970, 234 und 236.

[11] Als Textsorten sollen dabei mit Brinker [6]2005, 144 „konventionell geltende Muster für komplexe sprachliche Handlungen ... als jeweils typische Verbindung von kontextuellen (situativen), kommunikativ-funktionalen und strukturellen (grammatischen und thematischen) Merkmalen" gelten. Es handelt sich dabei nicht primär um analytische Kategorien, vielmehr, „haben" sie „sich in der Sprachgemeinschaft historisch entwickelt und gehören zum Alltagswissen der Sprachteilhaber". Als solche wirken sie „normierend" wie komplexitätsreduzierend, „indem sie den Kommunizierenden mehr oder weniger feste Orientierungen für die Produktion und Rezeption von Texten geben".

[12] Siehe beispielsweise Bernand, E. 2001, 140f. (Nr. 49): Ἴσι καὶ ταῖς ἄ[λλαις θε]|αῖς ταῖς σω[ιζούσαις] | Πύρρανδρος ... καὶ | Δημητρία [ἡ γυνὴ ὑπὲρ αὐ]τῶ[ν κ]αὶ τ[ῶν τέκνων] („Der Isis und den anderen | rettenden Göttinen | Pyrrandros, [Sohn des ...] und | Demetria, [seine Frau für s]ich | selb[st u]nd ihre Kinder").

[13] Vgl. Bernand, A. 1970, 245f. Ebd. 233 zeigt eine Variante des Formulars, mit der zu Lebzeiten zur Göttin erhobenen Arsinoe Philadelphos als Empfängerin textinitial und dem Dedikanten, seiner Frau und seinen Kindern als Begünstigten am Textende.

[14] Vgl. Bernand, A. 1970, 231 und 2001, 57 (Nr. 19); 58f. (Nr. 20); 66f. (Nr. 24).

zählen ist, verfügen häufig über ein gut erkennbares Formular mit festen Grund-elementen. Damit erhält die initiale Textposition ein besonderes Gewicht, im Falle der ‚Begünstigungsformel' wird damit die Reverenz an den Herrscher wichtiger als die Nennung der göttlichen Empfänger,[16] welche verschiedentlich gar unterbleiben kann.[17]

Wird die Begünstigungsformel im Zusammenhang mit dem Opfervollzug verwendet, geschieht dies häufig in Passagen mit informativer Textfunktion, etwa im Rahmen von längeren Texten wie Psephismata oder königlichen Er-lassen.[18] Als Beispiel sei der folgende Passus aus einem ptolemäischen Asylie-dekret des Jahres 70 v. Chr. angeführt:[19]

29 πρὸς τὸ ἀπαραποδίστως τὰ νομι**30**ζόμενα   „um ungehindert die Opfer | zeremonien

τοῖς θεοῖς ἐπιτελεῖσθαι ὑπέρ τε **31** ὑμῶν καὶ   für die Götter auszuführen zu | Eurem

τῶν τέκνων   und (Eurer) Kinder Wohle."

Textbeispiel 3: Bernand, É. 1981a, Nr. 114.

Wiederum ist von Opfern (νομιζόμενα) *„für* die Götter" (τοῖς θεοῖς), aber *„zum Wohle"* der Herrscherfamilie (ὑπέρ τε ὑμῶν καὶ τῶν τέκνων) die Rede. Die Mikro-elemente von Begünstigungsformel und Angabe des ‚Empfängers' einer Kult-handlung werden in beschreibenden Passagen (hier bei Opfervollzügen) also ebenso verwendet, doch stilistisch freier gehandhabt als im deklarativen Zusam-menhang, wo der Text quasi selbst den Kultakt konstituiert und daher einer re-

---

15 „Textsorten mit deklarativer Grundfunktion", wie beispielsweise Testamente, Urteile, etc. kennzeichnet, „daß der Text eine neue Realität schafft"; sie sind „durchweg ... an bestimmte gesellschaftliche Institutionen gebunden". Da ihnen im Rahmen der Sprachgemeinschaft realitätssetzende Funktion zukommt, tritt der Aspekt der sprachlichen Kreativität zurück: Ein Opfer, eine Weihung etc. muß eindeutig er-kennbar sein, anders ausgedrückt, „die Deklarationsfunktion wird fast immer direkt (durch feste, ritualisierte und explizite Formeln) ausgedrückt" (Brinker [6]2005, 129).

16 Zum Ausgleich erscheinen die göttlichen Empfänger zuweilen am (textlinguistisch ebenfalls betonten) Textschluß, siehe beispielsweise Bernand, A. 1970, 231 und 2001, 62f. (Nr. 22). In Ebd., 142f. (Nr. 51) ist Isis ebenfalls in Endstellung genannt, die begünstigten Privatpersonen dagegen erst nach dem Subjekt an zweiter Stelle; damit ist das Textende wiederum einer Gottheit vorbehalten, während die Begünstigten syntaktisch nicht besonders ausgezeichnet sind.

17 Siehe die Beispiele OGIS I, 472 (Nr. 302–304) aus dem attalidischen Bereich.

18 Dazu Brinker [6]2005, 113–117. Die Grundfunktion des Gesamttextes kann dabei durchaus deklarative Züge tragen (so ist zu diskutieren, ob Psephismata den Ehren-beschluss einer Polisbürgerschaft lediglich dokumentieren oder z.T. konstituieren), doch die Details sind als informative Ausführungen zu verstehen.

19 Bernand, É. 1981a, 40–43 (Nr. 114).

lativ festen Formular folgen muß. Kulthandlungen können schließlich nicht nur „zum Wohle" einer Person durchgeführt werden, sondern auch „zugunsten" (oder „wegen") eines spezifischen Umstandes,[20] der ebenfalls mit ὑπέρ eingeführt wird und sich sowohl auf Zukünftiges, also ‚Erwünschtes',[21] als auch Vergangenes[22] beziehen kann.

Bis hierhin erscheinen Gebrauch und Bedeutung der ‚Begünstigungsformel' in der Zusammenschau der Anwendungsbeispiele unproblematisch und fügen sich in die bei Price und Lanciers vorgenommene Differenzierung ein. Ihre mikrofunktionale Semantik könnte zusammenfassend dahingehend beschrieben werden, daß mit ihr die erbetene günstige Wirkung (oder der zurückliegende ‚Dankanlaß') einer Kulthandlung – sei es Dedikation, Opfer o.ä. – eingeführt oder in der (in)schriftlichen Fixierung beschrieben wird, wobei letztendlich immer ein Begünstigter gemeint ist. Wo dieser (wie in der Mehrzahl der Fälle) direkt der Präposition folgt, ist der Gehalt der Formulierung im Sinne eines „für das Wohl(ergehen) des N.N." zu fassen. Bei Nennung des Königs dient sie der genauen Definition seiner Stellung bezüglich der vorgenommenen Kulthandlung und erhebt im Rahmen der Deklarationstextsorte Dedikation die Herrscher*verehrung* zum Neben-/Hauptzweck des Textes.[23]

Nicht die eine oder andere Abweichung vom gängigen Formular ist es, die dieses Bild verunklart, sondern der weitere Kontext, in den die Formel in einigen Fällen gestellt ist, und der die scheinbar so klare Definition ihres semantischen Wertes in Frage stellt. So bezieht sich die Passage aus dem Asyliedekret in Textbeispiel 3 auf den durch die dekretierte Asylie zu gewährleistenden ungestörten Opfervollzug für die Götter zum Wohle der Herrscherfamilie. Weiter

---

[20] Vgl. Price 1984, 223. Die vorgenommene terminologische Differenzierung von „zum Wohle" und „zugunsten" entspricht zum einen deutscher Idiomatik und Stilistik, ist zum anderen aber auch in glücklicher Weise dazu geeignet, die semantische Differenzierung zwischen dem (menschlichen) ‚Begünstigten' und einem erwünschtem *Umstand* auszudrücken.

[21] So bestimmt ein Ehrendekret aus der Zeit des Seleukidenherrschers Demetrios Poliorketes, daß ein Opfer dargebracht werden soll ὑπὲρ τῆς σωτηρίας τῶν στρατευομένων φυλετῶν („zugunsten der Errettung der kämpfenden Phylenangehörigen"), siehe Ferguson 1948.

[22] Vgl. Plutarch, Aristeides 19,7.: καὶ νῦν ἔτι … θύουσι τῷ ἐλευθερίῳ Διὶ Πλαταιεῖς ὑπὲρ τῆς νίκης („noch heute … opfern dem Zeus Eleutherios die Platäer wegen des Sieges"). Price 1984, 223 n. 74 spricht von Opfern, die „retrospective rather than petitionary" zu verstehen seien. Treffender wäre wohl die Unterscheidung von ‚Bitt-' und ‚Dankopfern'.

[23] Bereits Taeger 1957, 299, hatte angemerkt, „daß die Formel ὑπέρ ihren prägnanten Sinn zu verlieren begann und sich … aus einem Kultakt, der den göttlichen Schutz gewinnen oder dankbar bezeugen sollte, in die unverbindliche Form einer bloßen Ehrung verwandelte."

unten im Text wird darauf jedoch mit anderen Worten Bezug genommen (der besseren Vergleichbarkeit halber sind nachfolgend beide Passagen zitiert):

A

29 ..., πρὸς τὸ ἀπαραποδιστῶς τὰ   „..., um ungehindert die Opfer|zeremonien für
νομι30ζόμενα τοῖς θεοῖς ἐπιτελεῖσθαι   die Götter auszuführen zu | Eurem und (Eurer)
ὑπέρ τε 31 ὑμῶν καὶ τῶν τέκνων ...   Kinder Wohle ... |

B

44 ... τὰ νομιζόμενα τοῖς θεοῖς 45 καὶ   ... die Opferzeremonien für die Götter | und
τὰς ὑμῶν καὶ τῶν τέκνων θυσίας 46   Eure und (Eurer) Kinder Brandopfer | und
καὶ σπονδάς ...   Trankspenden ...“

Textbeispiel 4: Bernand, É. 1981a, Nr. 114

Die in Passage *A* vorgenommene Differenzierung wird in *B* durch eine andere ersetzt: Es werden zwar wiederum „Opfer" (νομιζόμενα) „für die Götter" ausgeführt, nicht mehr aber „zum Wohle der Herrscher". Diesen kommen vielmehr daneben Opfervollzüge zu, die als θυσίαι καὶ σπονδαί – „Brandopfer und Trankspenden" – terminologisch-lexikalisch von den νομιζόμενα für die Götter abgesetzt sind.[24] Zudem wird weder die übliche (und in *A* vorhandene) Begünstigungsformel, noch ein Dativ benutzt: Herrscherpaar und Kinder sind vielmehr genitivisch angeschlossen, es handelt sich um „Eure und (Eurer) Kinder Brandopfer und Trankspenden". Eine interessante Parallele dazu findet sich in einer Inschrift aus Alexandria, wo Hestia und die vergöttlichten Eltern der Philopatores ebenfalls im Genitiv dem geweihten Kultbezirk folgen;[25] semantisch handelt es sich dabei mit Sicherheit um dessen ‚Besitzer' und damit um die ‚Empfänger' der Weihung. Dies legt nahe, im Falle unseres Asyliedekrets (Textbeispiel 6B) das Königspaar und seine Kinder ebenfalls als Empfänger der „Brandopfer und Trankspenden" zu verstehen.[26] Sind nun in solchen Texten, in

---

24 Dabei bleibt hier unklar, wie diese im Opferbetrieb und in ihrer ‚theologischen' Stellung nach zu verorten sind.

25 Bernand, É. 2001, 68–70 (Nr.25): 3 [τὸ τέμε]νος καὶ τὸν βωμὸν 4 [Ἑστίας] Πανθέου καὶ Εὐσεβῶν 5 [θεῶν βα]σιλέως Πτο[λε]μαίου 6 [καὶ βα]σιλίσσης [Βερε]νίκης 7 [θεῶν Ε]ὐεργετῶν („[den Kultbe]zirk und den Altar | [der Hestia] Panthea und der frommen | [Götter, (nämlich) des Kö]nigs Ptolemaios | [und der Kö]nigin [Bere]nike, | der Wohltätergötter.").

26 Einen ähnlichen Schluß legt der Vergleich mit den Formulierungen der demotischen Kultvereinssatzungen nahe, siehe im Folgenden S. 134f.

denen die Herrscher einmal als Begünstigte, einmal als Empfänger erscheinen[27], jeweils unterschiedliche Kultakte gemeint, oder liegt hier ein Hinweis darauf vor, daß die ὑπέρ-Formel zum Mindesten im Falle des Königs keineswegs mehr eindeutig nur den Begünstigten bezeichnet und die beobachteten Unterschiede im Wortlaut somit lediglich als stilistische *variatio* zu werten sind? Eine *variatio*, die dadurch erleichtert wird, daß in informativen Textzusammenhängen die im deklarativen Kontext unabdingbare Eindeutigkeit der Aussage und Formelhaftigkeit der Idiomatik gegenüber stilistischen Bedürfnissen zurücktreten kann? Dann wäre in den diskutierten Fällen der Herrscher jeweils als Kultempfänger gemeint, und damit nach der Lanciers'schen Scheidung der göttlichen Sphäre angenähert.

Rein von ihren Kollokationen her gesehen führt die ὑπέρ-Formel nach den Textbefunden niemals Gottheiten als Begünstigte einer Kulthandlung ein – weder solche des traditionellen Pantheons, noch verstorbene, durch Anschluß an die hellenistischen Herrscher- und Dynastiekulte vergöttlichte Vorfahren der lebenden Herrscher. Der typische ‚Empfängerkreis' der Weihungen ist damit von dieser morphosyntaktischen Markierung ausgeschlossen, die Herrscher selbst erscheinen stets als βασιλεῖς/βασιλίσσαι (mit jeweils nachgestellten Kultprädikaten) und damit klar als Menschen. In der griechischen Satzung eines ägyptischen Kultvereins des Zeus Hypsistos aus den letzten Jahrzehnten der ptolemäischen Herrschaft jedoch verpflichten sich die Mitglieder zu monatlichen Opfervollzügen ὑπέρ τε τ[ο]ῦ θεο(ῦ) καὶ κυρίο(υ) βασιλέως, was dem Kontext nach mit „zum Wohle des Gottes und Herren, des Königs" übersetzt werden muß.[28] Auf ὑπέρ kann also durchaus der *Begriff* θεός folgen. Doch ist er hier quasi als Teil des Epithetons „Gott und Herr" dem Königstitel vorgeschaltet und kennzeichnet keineswegs den (zu Lebzeiten) vergöttlichten Herrscher – in diesem Falle würde man den griechischen Kulttitel erwarten, also θεός N.N. Diese scheinbar so einfache Erklärung ist im Rahmen der betrachteten Text-

---

[27] Siehe auch SEG IX, 5 (vgl. dazu Taeger 1957, 299 n. 92): In dem Ehrendekret aus Kyrene werden zunächst Opfer „zugunsten der Gesundheit und Rettung" (ὑπὲρ τᾶς ὑγιείας καὶ 11 [σωτηρίας]) des Königs und der Königin, aber „[*für* ihren Sohn] Ptolemaios" ([τῷ υἱῷ αὐτῶ]ν Πτολεμαίῳ) genannt. Weiter unten treten dann König und Königin, samt Sohn, Nachkommen und Vorfahren sowie „alle anderen [Götte]rn" (τοῖς ἄλλοις |[θεο]ῖς παῖσιν) als Kultempfänger im Dativ auf. Allerdings scheint der Text im Ganzen nachlässig redigiert, bspw. wird der König an der ersten Textstelle im Nominativ eingeführt, seine Gemahlin im Genitiv (bei Taeger, ebda. in Genitiv verbessert), so daß die unterschiedliche Behandlung von Herrscherpaar und Sohn möglicherweise auf mangelnde sprachliche Akkuratesse von Inschrift oder Vorlage zurückzuführen ist. Die Unterschiede zwischen den Textpassagen lassen sich dadurch allerdings nicht erklären.

[28] Roberts/Nock/Skeat 1936, 42.

gattung wiederum keineswegs unproblematisch: Wenn sich auch nur wenige griechische Satzungen von Kultvereinen aus dem ptolemäischen Ägypten erhalten haben, so besitzen wir doch genug Zeugnisse dieser Gattung auf Demotisch, der zeitgenössischen Sprache der ägyptischen Mehrheitsbevölkerung. Auch dort findet sich regelmäßig die Selbstverpflichtung zum Königsopfer. Die vorzunehmenden Kultakte werden in den erhaltenen Exemplaren ausnahmslos als (*n3*) *gll.w* (*n3*) *wtn.w* bezeichnet, was dem griechischen θυσίαι καὶ σπονδαί entspricht.[29] In den meisten Fällen werden zudem Gottheiten des gräkoägyptischen Pantheons genannt, denen dieselben „Brandopfer und Trankspenden" zu leisten sind, und zwar stets *nach* den Herrschern. Die morphosyntaktische Einführung von Herrschern und Gottheiten erfolgt durchgängig im indirekten Genitiv mit *n*[30], es handelt sich also wörtlich um Opfer „der Könige" oder „der Götter":[31]

iw[=*n jr n3*]*? gll.w n3 wtn.w n* <*n3*>	„[Wir vollziehen die] Brandopfer und Trank-
pr-ꜥ3.w **6** *Ptlwmjs jrm*	spenden der Könige | Ptolemaios und
Klwptr n3 ntr.w mnḫ.w	Kleopatra – die Wohltätergötter –
ḥnꜥ n3 gll.w n3 wtn.w n Śbk (*?*) *Wsjr*[-*Ḥp*	und die Brandopfer und Trankspenden
n3 ntr.w] *n Kmj dr=w jrm n3j=f ntrj.wt*	des/für Sobek (?), Sara[pis und der Götter]
	Ägyptens insgesamt und ihre Göttinnen"

Textbeispiel 5: de Cenival 1972, 84.

Das vorstehende Beispiel macht klar, daß es sich in beiden Fällen um die *Empfänger* der als „Brandopfer und Trankspenden" benannten Opferhandlungen handelt, zu deren Durchführung sich der Kultverein verpflichtet. Falls auch für das griechische Pendant gilt, daß das Opfer *für* den Herrscher einen wichtigen Teil der Vereinspflichten darstellt, ist für die Satzung des Zeus-Kultvereins anzunehmen, daß die Formulierung mit ὑπέρ tatsächlich ebenfalls den *Empfänger* bezeichnet.[32] Damit stellt sich die Frage nach dem Sinn des Titels θεός neu.

---

[29]　Vgl. den Sprachgebrauch der Bilinguen, z.B. der Rosettana (siehe Spiegelberg 1922, 198).

[30]　Siehe Spiegelberg 1925, 37–42 (§§ 58–66) und 121–123 (§§ 264–268). Graphematisch kann das Element unbezeichnet bleiben.

[31]　Siehe Brunsch 1982, 139; vgl. demgegenüber de Cenival 1972, 84.

[32]　Dazu paßt – freilich ohne Beweiskraft – der Befund, daß nicht wie üblich göttliche Empfänger genannt sind, was (anders als bei Weihungen) im Opferkontext wenig Sinn macht.

Handelt es sich tatsächlich nur um eine Ehrenbezeugung?[33] Auch wenn es sich bisher wohl um den einzigen Befund seiner Art handelt, somit textliche Idiosynkrasie als Grund für eine abweichende Sprachverwendung nicht ganz auszuschließen ist, bleibt die Stelle im Lichte der demotischen Parallelen bemerkenswert.

Die diskutierten ‚Unstimmigkeiten' lassen zwei Schlußfolgerungen zu: Entweder ist die Idiomatik bezüglich der exakten Scheidung von ‚Empfänger' und ‚Begünstigten' einer Kulthandlung in der griechischen Stilistik der hellenistischen Zeit semantisch nicht so strikt, wie sich dies der heutige Forscher für die Behandlung des Gegenstandes wünschen mag. Die Schwierigkeiten lägen damit auf seiten der sprachlichen Wiedergabe der mit den vollzogenen/zu vollziehenden Kulthandlungen verbundenen Vorstellungen. Oder aber es schlagen sich darin – möglicherweise im Laufe der hellenistischen Ära zunehmend – bewußt oder unbewußt in Kauf genommene Ambiguitäten im Grenzbereich von Herrscherverehrung, Loyalitätsbekundung und Einbeziehung des Herrschers in kultische Kontexte nieder, so daß schließlich nicht mehr eindeutig zu bestimmen war, ob dem Herrscher als einem *Menschen* der Nutzen einer Handlung zukommen sollte – oder aber ob ihm als einem ‚*Gott*' (sei es allein oder im Verein mit anderen Gottheiten) tatsächlich eine Kulthandlung (eine Dedikation, ein Opfer etc.) zugeeignet war, so daß die – ursprünglich möglicherweise klar zugeordneten – Sprachregelungen an Eindeutigkeit verloren.

2. Der ägyptische Kontext

Das Eindringen des ursprünglich griechischen Kultes für die lebenden und verstorbenen Mitglieder der ptolemäischen Dynastie in das einheimische kulturelle Milieu ist ein wohlbekanntes Akkulturationsphänomen Ägyptens in der griechisch-römischen Zeit.[34] Demgegenüber finden sich aus ptolemäischer Zeit zwar unzählige griechischsprachige Beispiele für den ‚lediglich' loyalitätsbezeugenden Gebrauch der ‚Begünstigungsformel', aber (zunächst) keine funktions-

---

[33] Vgl. Roberts/Nock/Skeat 1936, 50: „God and Lord was at no time an official Ptolemaic title ...; it belongs to the style of formal compliment and is to be compared with the wide range of honorific epithets and terms used in petitions."

[34] Die oben erwähnten demotischen Satzungen ägyptischer Kultvereine lassen (dies neben anderen Belegen) keinen Zweifel daran, daß die Herrscher Opferempfänger und damit Gegenstand kultischer Verehrung waren, siehe Textbeispiel 7. Zur Übernahme des Herrscherkultes Pfeiffer 2008.

analoge, d.h. den Herrscher einbeziehende Wendung in entsprechenden Textgattungen des ägyptischsprachigen Kontexts.[35]

Zwar existiert eine seit dem Alten Reich belegte und noch in griechisch-rö-
mischer Zeit gebräuchliche Formel, die kultische Handlungen als *ḥr-tp ꜥnḫ wḏꜣ
snb n pr-ꜥꜣ/n* N.N. (Königsnamen) kennzeichnet.[36] In der ägyptologischen Forschung wird dies im Allgemeinen mit „zum Wohle von Leben, Heil und
Gesundheit des Königs/des N.N." o.ä. übersetzt.[37] Am häufigsten werden
Opferhandlungen (*htp.w-nṯr, wdn.w* u.a.) als dem König „zum Wohle" markiert,
dies auch, wenn der Herrscher selbst die entsprechende Handlung in Auftrag
gab oder durchführte. Man könnte hier von einer ägyptischen Version der ‚Begünstigungsformel' sprechen, die zudem frappante Ähnlichkeiten mit dem
weiter unten behandelten babylonischen Usus aufweist, Handlungen „für das
Leben des Königs" auszuführen. Allerdings – und dies ist zentral für den vorge-
tragenen Gedankengang – findet die weiterhin belegte[38] Formel auffälligerweise
keinen Eingang in die Weihungen der griechisch-römischen Zeit.

Dank ihrer öffentlichen Anbringung im Lande omnipräsent war die Begünstigungsformel in den griechischsprachigen Dedikationen. Hier war sie als
hellenistisches Medium der Loyalitätsbekundung in einer Textsorte greifbar, die
nicht nur besonders ‚öffentlichkeitswirksam' war, sondern theoretisch jedem
offenstand, der sich eine Weihung finanziell erlauben konnte. Es liegt also nahe,
in dieser auch im ägyptischen Kontext wohlbekannten Textgattung nach Übernahmen oder Entsprechungen zu suchen. Solche sind jedoch in ptolemäischer
Zeit nicht zu finden. Kürzere demotische Weihinschriften (insbesondere auf
Votivgaben) zeigen ein Formular, das den göttlichen Empfänger mit der zusammengesetzten Präposition *m-bꜣḥ*, („vor"), den Stifter mit *m/n-ḏr.t* („durch")[39]

---

[35] Die sprachliche Situation Ägyptens zur griechisch-römischen Zeit stellt sich als ein
      Nebeneinander von Griechisch als Sprache der herrschenden Elite und Prestige-
      sprachform der diesen Status anstrebenden zweisprachigen einheimischen Kreise,
      und dem Ägyptischen als Sprache der Bevölkerungsmehrheit dar. Zeitgenössisch ge-
      sprochen wurde die Sprachstufe des Demotischen, das vorptolemäisch schriftliche
      Register (insbesondere in Verwaltungs- und Rechtstexten, später auch in der Li-
      teratur) ausgebildet hatte. Für bestimmte religiöse Sprachregister (insbesondere Tem-
      pelinschriften) wurde die seit Jahrhunderten schriftlich praktizierte und in Hiero-
      glyphen aufgezeichnete klassische Sprache verwendet, die nur einem winzigen Bruch-
      teil der Bevölkerung verständlich war (zur Mehrsprachigkeit siehe u.a. Chauveau
      1999).
[36] Kopp 2003.
[37] Beispielsweise Wb I, 197,3 und V, 272, 5; Gardiner 1994, § 178.
[38] So in einer Götterlitanei, in der Opfer (*wdn.w*) an die Götter zum Wohle des Königs
      erwähnt sind, siehe beispielsweise Sauneron 1968, Nr. 209, 27; 216, 1.
[39] Wörtlich „durch die Hand (von)".

einführt.[40] Ein zweites Textschema[41], das auf Stelen und Statuetten zu längeren Votivinschriften ausgebaut werden kann,[42] beginnt mit dem göttlichen Empfänger, gefolgt von der Wendung *tj ꜥnḫ n* N.N.; zu übersetzen ist dies etwa mit „Gott N.N. ist der, der Leben gibt dem/der N.N."[43] Die Formel *tj ꜥnḫ* führt den Stifter als ‚Nutznießer' der Dedikation ein; dies wäre in etwa funktionsanalog mit der Formel ὑπὲρ ἑαυτοῦ, die in griechischen Weihungen den Stifter als ‚Begünstigten' kennzeichnen. Die ägyptische Wendung ist aber im Gegensatz zur griechischen Präposition nicht geeignet, ‚Nutznießer' von einem davon verschiedenen ‚Stifter' einzuführen.[44]

Entscheidend ist, daß eine Einbeziehung des regierenden Herrschers in den ägyptischsprachigen Votivformularen nicht üblich ist. Dies ändert sich auch nicht, als mit dem Beginn der ptolemäischen Ära die griechische Praxis der Loyalitätskundgebung qua Weihung im Land wahrnehmbar wird. Die besondere Funktion[45] deklarativer Textsorten liegt nämlich auch dem ihnen eigenen Beharrungsvermögen zugrunde: Eine Erweiterung des Formulars um ein inhaltlich bedeutsames Element verändert den Sinn des Textes als ‚kulturellem Sprechakt'. Es war also zunächst nicht möglich, mittels ägyptischer Textsorten die kommunikative Funktion der griechischen Dedikationen zu erreichen. Wohl existierten jedoch Mischformen, bei denen Textformular und Textträgergestaltung jeweils

---

40   Siehe beispielsweise Farid 1994b, 124f. (Nr. 5): *m-bꜣḥ Ḥ.t-ḥr n-ḏr.t u.rghꜣ tꜣ ꜣwprjs* („Vor Hathor, aus der Hand der *u.*., Tochter des *ꜣ.*"); siehe auch Vleeming 2001, 37 (Nr. 42), wo die Namen (auf einen Vorschlag W. Clarysses hin) mit Doriche und Euphris wiedergegeben werden. Weitere Beispiele bei Shore 1979.

41   So auf einem Goldgefäß aus Tuch El-Qaramus bei Farid 1994b, 123 (Nr. 3): *Jmn tj ꜥnḫ n u.ꜣ-ꜥsy* („Amun! Gib Leben der *u.*.); siehe auch Vleeming 2001, 15 (Nr. 32), der den Namen *tꜣ-pꜣ-sy* liest.

42   Farid 1994a, 47f. und 54f. = Vleeming 2001, 53f. (Nr. 70). Vgl. auch die saitenzeitliche Inschrift bei Förster 2004, 51f. Beide Formulare sind in Gefäßaufschriften bei Farid 1994b zu finden; siehe auch die Votivinschriften auf Gefäßen bei Vleeming 2001, 11–50 (Nr. 15–61).

43   Siehe Vleeming 2001, 250–253.

44   Wie im griechischen Beispiel können Frau und Kinder in den Wunsch nach Leben und Dauer einbezogen sein. Eine ähnliche Funktion wie die *tj ꜥnḫ*-Formel erfüllt die Wendung *n kꜣ n*, wörtlich „für den Ka des", später wohl einfach „für" (Wb V, 88,5), mit der der lebende oder tote ‚Nutznießer' in der Opferformel markiert ist (zur Opferformel Barta 1968). Als Reverenz an den ptolemäischen Herrscher findet diese ebenfalls keine Verwendung. Es sei noch angemerkt, daß der Terminus ‚Nutznießer' hier bewußt von der oben eingeführten Bezeichnung ‚Begünstigter' abgesetzt ist – während diesem im Laufe der Zeit (und der Entwicklung der Textsorte) eine gewisse kultische Aufladung widerfährt, bezeichnet jener lediglich die Person, der im Rahmen eines ‚magischen' bzw. ‚aktiv religiösen' Verständnisses von Ursache und Wirkung ein Nutzen an der vollzogenen Kulthandlung zukommen soll.

45   Siehe Anm. 15.

verschiedenen kulturellen Traditionen folgen, so bei der hier abgebildeten Dedikation an Isis und Sarapis aus der Zeit des achten Ptolemäers.[46] Wie bei den dreisprachigen Priesterdekreten ist der starke ägyptische Einfluß bei der Gestaltung der Stelenform im Giebelfeld (trotz der handwerklich ungenauen Arbeit) unbestreitbar, während der griechische Text sich in nichts von jenen auf nach griechischen Traditionen gestalteten Textträgern unterscheidet. Hier ist also eine typische Kulttextform aus dem griechisch-hellenistischen Bereich mit einer typisch ägyptischen Darstellungsform kombiniert. Die angesprochenen Gottheiten[47] entstammen dem gräkoägyptischen Bereich, die Namensform des Dedikanten, Νεφερῶς[48], verrät seine ägyptische Herkunft. Die hybrid anmutende Form ermöglichte es also einem ägyptischen Stifter, die traditionelle bildliche Verehrung der Götter mit einem Bekenntnis zum Herrscherhaus zu verbinden, das durch das textliche Ausdrucksrepertoir seines eigenen kulturell-sprachlichen Umfeldes nicht hätte realisiert werden können. Dementsprechend ist die Kombination ägyptisch oder ägyptisierend gestalteter Textträger mit griechischsprachigen und dem griechischen Kontext entstammenden Textgattungen[49] keineswegs eine Ausnahme: Sie ist dort zu beobachten, wo eine kommunikative Doppelbotschaft zu transportieren war, hin zum ägyptischen *und* zum griechischen Umfeld.[50]

Wie ägyptische Stifter Loyalitätsadressen in griechischer Sprache an das griechischsprachige Umfeld sandten, konnte das griechische Formular in einer jüdi-

---

46 Bernand E. 2001, 96–99 und Tf. 19 (Nr. 34): Ὑπὲρ βασιλέως Πτολεμαίου 2 θεοῦ νέου Διονύσου καὶ τῶν 3 τέκνων αὐτοῦ θεῶν Φιλ4αδέλφων Εἴσιδι θεᾷ μεγίστῃ 5 καὶ Σέραπι θεῷ μεγίστῳ 6 Νεφερῶς Βαβαῦτος ἐκοσμήσα7το τὸν ἱερὸν τόπον τοῖς κυρίοις θ8εοῖς μεγίστοις („Zum Wohle des Königs Ptolemaios, | des Gottes Neos Dionysos, und seiner | Kinder, der Geschwister|götter, für die größte Göttin Isis | und den größten Gott Sarapis | verschönerte Nepheros, Sohn des Babaus, | den heiligen Ort für die herrschenden | größten Götter“). Die ägyptische Stelenform ist allerdings in Alexandria selten (Ebda. n. 442).

47 Zum Sarapiskult siehe Bommas 2005, 20–25.

48 Das häufig belegte Νεφερῶς ist als gräzisierte Form des ägyptischen Namens Nfr-ḥr „der schön an Gesicht ist“ zu erkennen, siehe Ranke 1935, 198; vgl. auch Bernand, É. 2001, 98.

49 Eine Kuriosität hier die ägyptische Opfertafel mit griechischer Weihinschrift bei Bernand, A. 1984, 270f., Tf. 63 (Nr. 105). Der Autor zitiert Letronne, der das Objekt als das einzige seiner Art mit griechischer Inschrift bezeichnet, wobei dessen Urteil, die üblicherweise darauf zu findende hieroglyphische Aufschrift sei sinngemäß „tout à fait analogue“, allerdings am Wesen der ägyptischen Opferformel vorbeigeht (s. Barta 1968, 277–281).

50 So beispielsweise die für die ptolemäische Kultgeschichte bedeutenden Asylrechtsverleihungen an Tempel, wie den des Pnepheros in Theadelphia (Bernand, É. 1981a, 50–62, Tff. 20–22 (Nr. 116–118)), deren drei erhaltene Exemplare jeweils ein ägyptisches Giebelfeld aufweisen. Siehe auch die sog. ,Priesterdekrete' (Anm. 50).

schen Bauinschrift genutzt werden, um – mit Taegers Worten – „Dankbarkeit und Loyalität dem Königspaar, das ihnen (scil. den Juden) seine Zuwendung ja reichlich bewies, auszudrücken", allerdings „naturgemäß unter peinlicher Vermeidung der eigentlichen Kultprädikate".[51] Hier wie dort wird eine vorliegende deklarative Textsorte im Ganzen übernommen, weil auf diese Weise die beabsichtigte Botschaft dem Rezipientenkreis adäquat übermittelt werden konnte.

Für die Textsorte der Weihung ist nun erfreulicherweise genauer nachzuvollziehen, wie das griechische Formular im ägyptischen Kontext verstanden wurde und wie ein funktionsanaloges ägyptisches Formular auszusehen hatte.[52] Bis in die frühe römische Zeit legen die Befunde hier nahe, daß man vermutlich (d.h. nach Ausweis der erhaltenen Texte) keinen Versuch gemacht hat, die ‚Begünstigungsformel' ins ägyptische Formular zu übertragen. Ein Glücksfall der Überlieferung, die dreisprachige Dedikation des Strategen Ptolemaios, Sohn des Panas, aus dem achtzehnten Jahr des Augustus, erlaubt es, die entsprechende ‚kulturelle Metaübersetzung' zu verfolgen.[53] Die Reihenfolge der Textversionen – hieroglyphenschriftlich, demotisch, griechisch – entspricht jener in den dreisprachigen Dekreten von Kanopos und Memphis;[54] der Textträger ist allerdings an der Oberkante zu zerstört, als daß man entscheiden könnte, ob ebenfalls ein Giebelfeld in ägyptischer Art vorhanden war. Der griechische Text erscheint dieser gegenüber signifikant verknappt und folgt ganz dem bekannten griechischen Dedikationsformular, mit abschließender Datierung. Die demotische Version[55] dagegen wird in ägyptischer Art mit der Datierung begonnen und zeigt wie üblich die Einführung des göttlichen Empfängers mit *m-bꜣḥ*:

---

51 Taeger 1957, 299. Vgl. Bernand A. 1970, 414: 1 Ὑπὲρ βασιλέως 2 Πτολεμαίου καὶ 3 βασιλίσσης 4 Βερενίκης ἀδελ5φῆς καὶ γυναικὸς καὶ 6 τῶν τέκνων 7 τὴν προσευχὴν 8 οἱ Ἰουδαῖοι („Zum Wohle des Königs | Ptolemaios und | der Königin | Berenike, seiner Schwes|ter und Gattin und | (ihrer) Kinder | (haben errichtet) diesen Gebetsort | die Juden."). Tatsächlich beginnt die Mehrzahl der Synagogenweihungen mit der Begünstigungsformel (Bernand, É. 2001, 163). Am vorstehenden Beispiel ist das Fehlen des Gottesnamens bemerkenswert – der Text gerät damit vollends zur Ergebenheitsadresse. Die Weihung einer Synagoge aus dem 9. Jahr der großen Kleopatra und Caesarions erfolgt dagegen θεῶ[ι με]4γάλωι ἐ[πηκό]ωι („dem großen Gotte, der erhört"), vgl. ebda., 99–101 (Nr. 35).

52 Zu den nicht-literarischen griechisch-demotischen Bilinguen siehe Peremans 1985.

53 Aimé-Giron 1926, siehe auch Vleeming 2001, 151–154 (Nr.163). Ich danke Herrn Prof. E. Winter für den mündlichen Hinweis auf diesen Text.

54 Zum Kanopos-Dekret siehe Pfeiffer 2004; zur Rosettana Gladić, Das Dekret von Memphis (in Vorbereitung). Anders als bei den mehrsprachigen Dekreten liegt hier allerdings keine gegenüber der demotischen sprachlich eigenständige Fassung vor („The hieroglyphic text … follows the demotic version exactly", siehe Vleeming 2001, 151).

55 Dieser folgt die hieroglyphische nach den erhaltenen Resten wörtlich, siehe Anm. 53.

Demotischer Text

1 ... *m-bзḥ Js(.t) n u.з-rmwt(.t)* ...   „vor Isis als Thermuthis ...
2 ... *(n)-ḏr.t*[56] 3 *[P]lwmjs sз Pn-nз pз* | ... durch | Ptolemaios, Sohn des Panas, den
srtjḳws ... *nз wrḥw*[57] ...   Strategen ... die unbebauten Grundstücke.“

Griechischer Text

1 Ὑπὲρ Αὐτοκράτορος Καίσαρος ...   „Zum Wohle des Imperator Cäsar ... ,
2 ... Ἴσιδι θεᾷ μεγίστῃ ... | ... der Isis, der größten Göttin, …
4   ...   Πτολεμαῖος   Πανᾶτος   ὁ | ... (weiht) Ptolemaios, Sohn des Panas, der Stra-
στρατηγός ... 6 ψιλοὺς τόπους   tege … | die unbebauten Grundstücke“

Textbeispiel 6: Aimé-Giron 1926 = Vleeming, 2001 Nr. 163

Eine der (wie für den königlichen ‚Begünstigten‘ üblich textinitialen) griechischen ‚Begünstigungsformel‘ äquivalente Wendung fehlt also in der demotischen Fassung.[58] Vergleicht man die Textstruktur beider Sprachversionen, ergibt
sich folgendes Bild:[59]

Demotisch:
1. Datierung, 2. Angabe des Empfängers mit *m-bзḥ* („vor“), 3. Angabe des Stifters mit *m/n-ḏr.t* („durch“)[60], 4. Angabe des Weihinhalts.

Griechisch:
1. ‚Begünstigungsformel‘ mit ὑπέρ, 2. Angabe des Empfängers im Dativ, 3. Angabe des Stifters im Nominativ, 4. Angabe des Weihinhalts als Akkusativobjekt,
5. Datierung.

Die Angaben von göttlichem Empfänger, Stifter und Weihinhalt erfolgen in den
Versionen mittels unterschiedlicher morphosyntaktischer Markierungen, aber in

---

56 Vgl. Aimé-Giron 1926, 150f., Vleeming 2001, 152 liest allerdings hier *ḥnk* „donate“,
    mit dem Stifter als Subjekt.
57 *wr ḥw* als übliche Entsprechung des griechischen ψιλὸς τόπος, vgl. Erichsen 1954, 94.
58 Der Beginn der hieroglyphischen Fassung ist zerstört, doch scheint es angesichts der
    generellen Abhängigkeit von der demotischen Fassung unwahrscheinlich, daß eine
    solche Formel vorhanden war.
59 Vgl. die Zusammenstellung bei Aimé-Giron 1926, 152; der Übersicht halber hier
    nochmals mit Angabe der Texteinheiten und morphosyntaktischen Markierungen.
60 Siehe Anm. 39.

der gleichen Reihenfolge; insofern sind die Formulare problemlos übertragbar, Stellung und Ausgestaltung der Datierung sind je nach Texttradition dagegen unterschiedlich. Festzuhalten ist das völlige Fehlen eines demotischen Äquivalents für die griechische Begünstigungsformel.[61] Der Stifter des Textes war Stratege und ist damit vermutlich jeden Verdachtes enthoben, in den ägyptischen Versionen aus Animositäten gegen das neue römische Herrscherhaus heraus auf loyalitätsbekundende Wendungen verzichtet zu haben. Glücklicherweise haben sich weitere, einsprachig demotische, Weihungen[62] des Ptolemaios, Sohn des Panas, erhalten, die das Formular der entsprechenden Textversion der Bilingue bestätigen,[63] wie es folgendes Beispiel aus dem einundzwanzigsten Jahr des Augustus zeigt:[64]

1 ... *m-b3ḥ Ḥ.t-Ḥr nb-Jwn Js.t t3 nṯr.t ᶜ3.t n*
pr-dt n Jwn-t3-nṯr.t (n)dr(.t) Ptwmjs s3 Pn-
n3 p3 srtjkws ... 5 ... n rn[65] *n3 wp.t.w 6*
j.jr=f m-b3ḥ Ḥ.t-Ḥr ... Js.(t)

„vor Hathor, Herrin von Anit (und) Isis, der großen Göttin des Hauses der Ewigkeit von Dendera, [durch Ptolem]aios, Sohn des Panas, den Strategen ... | ... im Namen der Arbeiten, | die er ausführen ließ vor Hathor, ... und Isis"

Textbeispiel 7: Giron 1922 = Vleeming 2001, Nr. 164

Eine wie auch immer geartete Reverenz an den kaiserlichen Herrscher per Übertragung der (im griechischen Formular fast obligaten) ‚Begünstigungsformel' auf Kosten der etablierten Textsortenkonventionen ist im Umkreis der Kanzlei dieses frührömischen Gaustrategen also offensichtlich nicht für notwendig erachtet worden.

Die vorstehenden Dedikationen des Strategen Ptolemaios stammen aus dem achtzehnten und dem einundzwanzigsten Jahr des Augustus (März 12, bzw. August 10 v.Chr.).[66] Aus dem zweiunddreißigsten und dem vierunddreißigsten Jahr desselben Herrschers finden sich nun drei demotische Weihinschriften, in denen

---

[61] Allenfalls könnte angemerkt werden, daß der Herrscher im Rahmen der Datierung *à l'Égyptienne* im Demotischen zumindest in gewisser Weise textinitial *präsent* war.

[62] Giron 1922 = Vleeming 2001, 155f. (Nr. 164); ebd., 147f. und 149–151 (Nr. 161f.) (zwei Exemplare einer Weihung aus dem Jahr 18 n.Chr.).

[63] Die morphosyntaktischen Markierungen für das Weiheobjekt unterlagen offensichtlich gewissen Variationen (*ḥr* „für" in Vleeming 2001, 147f. und 149 – 151 (Nr. 161 und 162), als direktes Objekt des Verbs *ḥnk* in der behandelten Trilingue, wenn die Lesung bei Vleeming (siehe Anm. 56) korrekt ist.

[64] Giron 1922 = Vleeming 2001, 155f. (Nr. 164).

[65] Siehe Vleeming 2001, 156; Giron 1922, 150 las hier ᶜrk „die Vollendung".

[66] Siehe Vleeming 2001, 151 und 147.

anscheinend tatsächlich der Versuch nachweisbar ist, eine Art ‚Begünstigungs-formel' zu schaffen. Die Gründung einer Kultgenossenschaft des Harsomptus[67] erfolgt *m-bȝḥ Sȝmwtrgs*, „vor Samothrax",[68] „durch Pachom, ..., den Lesonis und die Genossenschaftsmitglieder", (*n*)-*dr*(.*t*) *Pȝ-ꜥḥm* ... *jrm nȝ rmṯw* (*n*) *s-n.t*. Zwischen diese beiden, ganz üblich formulierten Angaben ist nun die Wendung *j.jr-ḥr trpnj pȝ srtyḵws*, eingeschoben. „Tryphon, der Stratege" wird dabei von der Präposition *j.jr-ḥr* eingeleitet, die von Vleeming[69] (ebenso wie *m-bȝḥ*) mit „before", von Farid[70] mit „für" übersetzt wird. In der klaren Unterscheidung zur vorausgehenden Angabe der göttlichen Adressaten mit *m-bȝḥ* kann hier nur eine Einbeziehung des Beamten als ‚Geehrten' oder ‚Begünstigten' gemeint sein.[71] Zwei weitere Inschriften[72] zeigen denselben Strategen an gleicher Stelle in einem identischen Formularaufbau zwischen dem Angaben des ‚Adressaten' und der Stifter, eingeführt von der Präposition *j.jr-ḥr*. In diesen Texten liegt eine Erweiterung der überkommenen demotischen Weiheformulare vor, die – nicht zuletzt aufgrund der Beteiligung eines griechischen Beamten und damit klaren Verortung in einer kulturellen Kontaktsituation – stark an die griechische ‚Begünstigungsformel' erinnert. Freilich ist angesichts des nicht gut mit griechischen Beispielen in Deckung zu bringenden Textschemas[73] und dem Fehlen von griechischen Paralleltexten oder Bilinguen nicht zu entscheiden, ob eine Formularerweiterung oder -übertragung vorliegt.

Ein anderes Bild dagegen zeigen die Inschriften des Parthenios, Prostates der Isis von Koptos, von dem sich eine Reihe von Inschriften von der Herr-schaftszeit des Tiberius bis in die des Nero erhalten hat.[74] Meistenteils handelt

---

67   Farid 1999 und Vleeming 2001, 162 f. (Nr. 170).
68   Farid 1999, 10f. zufolge handelt es sich vermutlich um eine Bezeichnung für die Kabeiroi, die auf der Insel Samothrake verehrt wurden.
69   Vleeming 2001, 163.
70   Farid 1999, 9.
71   Farid 1999, 11 deutet die Wendung dahingehend, „daß die genannte Kultgenossen-schaft die Stele im Auftrag des Strategen Tryphon errichtet hat" und nimmt dies auch für die weiter unten behandelten Stelen des Parthenios an. Die textsortenspezi-fischen Gründe, die gegen eine solche Deutung bei den Parthenios-Inschriften spre-chen, lassen die Vermutung auch hier schwach begründet erscheinen.
72   Vleeming 2001, 163f. (Nr. 171) und 165f. (Nr. 173) mit weiterer Literatur.
73   Die Kombination aus textinitialem ‚Weihobjekt' und der ungewöhnlichen Stellung der Begünstigungsformel ist griechisch m.W. nicht belegt.
74   Überliefert sind neben einer fragmentarischen griechischen Inschrift sieben hiero-glyphisch-demotische und vier hieroglyphisch-griechische Bilinguen (jeweils auf Ste-len), sowie 13 rein demotische inschriftliche Texte. Der damalige Stand findet sich bereits bei Reinach/Weil 1912 zusammengestellt, ergänzt durch Spiegelberg 1913. Eine ausführliche kommentierte Übersicht der Denkmäler gibt Farid 1988 (mit der Literatur 64f.), der aktuelle Stand findet sich bei Vleeming 2001, 170–197 (179–202).

es sich um Dedikationen, so daß sich höchst interessante Vergleichsmöglichkeiten der in den Einzelsprachen gewählten und kombinierten Formulare ergeben. Die griechischen Beispiele[75] verwenden – mit kleineren Variationen – stets das hinlänglich bekannte Weiheformular mit Nennung des jeweiligen Kaisers in der textinitialen Begünstigungsformel, dem göttlichen Adressaten im Dativ[76] und der abschließenden Nennung des Stifters im Nominativ.[77] Die hieroglyphischen Texte[78] der Bilinguen zeigen ein seit dem Alten Reich durchgehend belegtes, eigenständiges Weiheformular, in der ägyptologischen Literatur als ‚Weih(e)-formel' geführt:[79] Auf die volle kaiserliche Titulatur des Herrschers (optional eingeleitet mit *ꜥnḫ* ... „es lebe ...") folgt der Zusatz *jr.n=f <m> mnw.w=f n jt=f/ mw.t=f* „er hat seine Denkmäler[80] gemacht für seinen Vater/seine Mutter N.N. (Gottesnamen, evtl. mit Epitheta)", sowie die Angabe des Stiftungsobjekts; abschließend kann der Zusatz *jr=f dj ꜥnḫ* etwa „er handelt, indem er mit Leben

---

[75] Es handelt sich um die Stelen Kairo CG 9268 (Farid 1988, 48f. und Tf. 9b (Nr. 21)), CG 9286 (ebd., 50f. und Tf. 13 (Nr. 22)) und Kairo CG 22199 (ebd., 51f. und Tf. 14 (Nr. 23)), Lyon 285–69-C (ebd., 53f. und Tf. 8b (Nr. 24)), sowie die fragmentarische Inschrift Koptos V (ebd., 54 (Nr. 25)).

[76] Ohne diese in Farid 1988, 52 (Nr. 22), damit ein reine Loyalitätsadresse an den Herrscher.

[77] Optional die Datierung nach dem Regierungsjahr: Nach der Nennung des Kaisers in Farid 1988, 48 und 52 (Nr. 21 und 23), textabschließend in Ebd. 50 (Nr. 22; enthält eine spätere Nachschrift).

[78] Hieroglyphisch-demotische Stelen: a) Kairo CG 31101 (Farid 1988, 19f. und Tf. 2 (Nr. 2)), b) Kairo CG 31146 (Ebd., 22f. (Nr. 4)), c) Kairo JE 52970 (Ebd., 23f. und Tf. 6 (Nr. 6)), d) Leiden F 1969/2.3 (Ebd., 28–34 und Tf. 7 (Nr. 11)), e) die sog. ‚Patheniosstele' Lyon Nr. 1969–1975 (Ebd., 35–37 und Tf. 8a (Nr. 12)), f) Oxford Ashmolean Nr. 1894/106 (Ebd., 39f. und Tf. 12 (Nr. 14)), g) Stele Spiegelberg ZÄS 51 (1913) S. 79–81 (Ebd. 42 und Tf. 11b (Nr. 17), trotz beschädigter hieroglyphischer Inschrift ist das Formular klar erkennbar), h) Stockholm MME 1975:17 (Farid 1998, 378–383 (Nr.1)); siehe auch Vleeming 2001 a) 178f. (Nr. 189), b) 179f. (Nr. 190), c) 184 (Nr. 195), 181–183 (Nr. 193), d) 185f. (Nr. 196), e) 175f. (Nr. 187), f) 194f. (Nr. 201), g) 177f. (Nr. 188), 172f. (Nr. 183), h) 186f. (Nr. 197). Hieroglyphisch-griechische Stelen: a) Kairo CG 9268 (Ebd., 48f. und Tf. 9b (Nr. 21)), b) CG 9286 (Ebd., 50f. und Tf. 13 (Nr. 22)), c) CG 22199 (Ebd., 52f. und Tf. 14 (Nr. 23)), Lyon 285–69-C (Ebd., 53f. und Tf. 8b (Nr. 24), hier verlief der fragmentarisch erhaltene Text nach der Kaisertitulatur offensichtlich etwas anders, so ist von „allen guten Dingen (= Opfergaben)", *jḥ.(w)t nb(.wt) nfr(.wt)*, die Rede); siehe auch Vleeming 2001: a) 174f. (Nr. 186), b) 173 (Nr. 184), c) 173f. (Nr.), d) 187f. (Nr. 198).

[79] Zur inhaltlichen Bedeutung des Formular siehe beispielsweise Taufik 1971 und Grallert 2001, 34–60.

[80] Taufik 1971, 228 weist daraufhin, daß inhaltlich keineswegs immer (Bau)Denkmäler genannt werden, sondern beispielsweise auch Opfergaben in Naturalien, und möchte den Begriff *mnw* als (dauerhafte, d.h. nicht einmalige) „Weihung" oder „Stiftung" verschiedenster Natur verstanden wissen.

beschenkt ist" angefügt sein[81]. Hieroglyphisch ist damit der regierende Herrscher als Bauherr bezeichnet, auch da, wo die jeweils andere Textversion den Parthenios als Stifter anführt;[82] tatsächlich gilt (vereinfacht gesprochen) in der überlieferten pharaonischen Königsideologie der amtierende Herrscher stets als oberster Bauherr. Als Beispiel für die Kombination von hieroglyphischem und griechischem ‚Standardformular' seien hier die Texte der Stele Kairo CG 9268 aus dem achtzehnten Jahr des Tiberius gegenübergestellt:[83]

Hieroglyphischer Text

1 *ꜥnḫ Ḥr tmꜣ-ꜥ nsw.t-bjtj nb tꜣ.wj Tybrys* <*sꜣ*> *Rꜥ nb ḫꜥ.w Kysr ntj-ḫw*

„| Es lebe Horus mit kraftvollem Arm, der König von Ober- und Unterägypten, Herr der beiden Länder Tiberius, <der Sohn des> Re, Herr der Kronen Cäsar Augustus

2 *jr.n=f mnw(.w)*[84]*=f (n) jt=f Gb rpꜥ-nṯr.w nṯr ꜥꜣ ... sbꜣ ꜥꜣ m bw jr.n=f dj ꜥnḫ*

| er hat seine Denkmäler gemacht für seinen Vater Geb, den Fürsten der Götter, den großen Gott, ... , ein großes Tor im Haus(?); daß er handelte ist, indem er mit Leben beschenkt ist[85]."

---

[81] Die Weiheformel ist unzählige Male und in verschiedenen Varianten belegt; ihre grammatische Interpretation und damit auch ihre exakte Übersetzung ist bis heute nicht abschließend geklärt. Ich folge hier der „Arbeitsübersetzung" in Satzinger 1997, 156: „Seine Denkmäler machte er, für seinen Vater/seine Mutter N.N.; (nämlich das Errichten von ... (oder entsprechend); daß er (dabei wie beschrieben) handelte, ist indem er lebt/ihm Leben gegeben ist". Folgt man Beylage 2001, 23–26, ist es – unabhängig von einer exakten morphosyntaktischen Analyse – möglich, den semantischen Gehalt der abschließenden Wendung *bw jr.n=f dj ꜥnḫ* als „erwartete Reaktion des Gottes" auf die Weihung, also quasi als ‚Zweckangabe' zu interpretieren. Versuche zur grammatischen Analyse der einleitenden Phrase *jr.n=f <m> mnw.w=f* finden sich bei Vittmann 1977, Leahy 1987, Jansen-Winkeln 1990, 146–150 und 1994, 83–88, Castle 1993 und 1994, Kruchten 1996; zusammenfassend diskutiert und ergänzt jüngst bei Depuydt 2001; siehe auch Satzinger 1997, 146f. und 154–156.

[82] „Es scheint, daß in dieser Art der offiziellen Weihstelen der hieroglyphische Text den Gottheiten und Pharaonen vorbehalten waren, während die Beamten sich lediglich der demotischen und griechischen Schrift bedienen durften" (Farid 1988, 15).

[83] Farid 1988, 48f. (Nr. 21); siehe auch Vleeming 2001, 174f. (Nr. 186).

[84] Unklar ist der Numerus von *mnw*, siehe Depuydt 2001, 108f., der ebd., 106f. eine partitive Interpretation von *m mnw* („some of his monuments") in Erwägung zieht.

[85] Farid 1988, 48: „ein großes Tor im Haus, damit er mit Leben beschenkt sei"; Vleeming 2001, 175: „in place (?), which he has made, being endowed with life".

Griechischer Text

1 Ὑπὲρ Τιβερίου Καίσαρος Σεβαστοῦ	„| Zum Wohle des Tiberius Cäsar Augustus,
2 ... Κρόνωι θεῶι μεγίστωι	| ... dem Kronos, dem größten Gott,
3 Παρθένιος Παμίνεως	| (weiht) Parthenios, Sohn des Paminis,
προστάτης Ἴσιδος	Prostates der Isis."

Textbeispiel 8: Farid 1988, Nr. 21 = Vleeming 2001, Nr. 186.

Während in der hieroglyphischen Version die Nennung des *Stifters* unterbleibt, fehlt demgegenüber in der griechischen jede Erwähnung des Stiftungs*objekts* sowie die ‚Zweckangabe'[86], daß der Kaiser „mit Leben beschenkt" sei. Vergleicht man das Formular des ganz ähnlichen hieroglyphischen Textes der hieroglyphisch-demotischen Bilingue Oxford Ashmolean Nr. 1894/106[87] mit dem der zugehörigen demotischen Inschrift, fällt ins Auge, daß es im Demotischen der Stifter Parthenios ist, dem der Gott „Leben gibt", während der Kaiser lediglich in der abschließenden Datierung auftaucht. Hier zeigt sich aufs Schönste einmal mehr das angesprochene Beharrungsvermögen von deklarativen Textsorten: Beide Texte entstammen demselben kulturellen Kontext und zeigen dennoch erstaunliche Detailunterschiede im Formular und den dadurch transportierten Botschaften, Unterschiede, die sicherlich nicht auf bewußte Umgewichtungen zurückzuführen sind, sondern eben auf verschiedene Texttraditionen.

Besondere Aufmerksamkeit für unsere Fragestellung verdient nun eine Reihe von demotischen Inschriften des Prostates Parthenios.[88] Ihr Textaufbau unterscheidet sich ein wenig von dem in den Inschriften des Strategen Ptolemaios; sie kombinieren Elemente der erwähnten ägyptischen Votivformulare: Wie üblich folgt der Präposition *m-bꜣḥ* („vor") der göttliche Empfänger. Auf diesen jedoch bezieht sich eine Relativphrase mit der Bedeutung „der/die Leben gebe dem (Parthenios)" – (*ntj*) *dj ꜥnḫ n* (*Prthnjs*). Der Stifter der Inschriften erscheint also als ‚Nutznießer' wie im zweiten der eingangs beschriebenen Formulare.

[86] Siehe oben Anm. 81 und Beylage 2001, bes. 23.
[87] Farid 1988, 39f. (Nr. 14); siehe auch Vleeming 2001, 194f. (Nr. 201).
[88] Es handelt sich um a) eine Tempeltorinschrift aus Koptos (Farid 1988, 27 (Nr. 7)) und die Stelen b) Berlin 31298 (früher 3/67) (Ebd., 16–19 und Tf. 1 (Nr. 1)), c) Kairo CG 31146 (ebd., 22f. und Tf. 4 (Nr. 4)), d) Leiden F 1969/2–3 (ebd., 28–34 und Tf. 7 (Nr. 11)), e) Straßburger Universitätssmlg. Nr. 1932 + 19 (ebd., 44–46 und Tf. 10 (Nr. 18 und 19); Photographie bei Spiegelberg 1913, 77), f) Stockholm MME 1975:17 (Farid 1998, 378–383 (Nr.1)); siehe auch Vleeming 2001: a) 188f. (Nr. 199), b) 183 (Nr. 194) , c) 181–183 (Nr. 193), d) 185f. (Nr. 196), e) 189–194 (Nr. 200), f) 186f. (Nr. 197).

Eigentlich bemerkenswert ist jedoch wiederum die einleitende Wendung (*n*-)*j*-*jr*-
ḥr, gefolgt vom Namen des regierenden Herrschers. Bereits Spiegelberg hat
hierin eine Übertragung des griechischen ὑπέρ gesehen.[89] Die Stele Leiden F
1969/2.3 aus dem neunten Jahr des Claudius zeigt das veränderte demotische
Formular:[90]

1 *j.jr-ḥr Tjbrjs* ͨ·ʷ·ˢ· *Glwtjs* ͨ·ʷ·ˢ· *Gjsrs* ͨ·ʷ·ˢ·	„| Zum Wohle des Tiberius LHG [= Leben, Heil,
Sbstw ͨ·ʷ·ˢ· 2 *Grmnjkw* ͨ·ʷ·ˢ· *3wtwgr3twr* ͨ·ʷ·ˢ·	Gesundheit] Claudius LHG Cäsar LHG Augustus
	LHG | Germanikus LHG Autokrator LHG,
n-m-b3ḥ Gb rpᶜj n n3 nṯr.w	vor Geb, dem Fürstern der Götter,
3 *p3 nṯr ᶜ3*	| dem großen Gott,
ntj dj.t ᶜnḫ n Prthnjs	der Leben gibt dem Parthenios."

Textbeispiel 9: Farid 1988, Nr. 11; Vleeming 2001, Nr. 196.

Farid schlägt (unter Verweis auf Spiegelberg) für die einleitende Adverbialphrase
– wie für das einleitende ὑπέρ der griechischen Inschriften – die Übersetzung
„im Namen oder im Auftrag des Kaisers" vor, da Parthenios „nicht als eigentlicher Stifter" erwähnt sei, „sondern in seiner Funktion als Vertreter des Kaisers".
Dies trifft so nicht ganz zu: Die Angabe des Stifters erfolgt als ‚Nutznießer' (mit
dj ᶜnḫ n N.N., „gibt Leben dem/der"), gemäß dem zweiten der oben erwähnten
Weiheformulare. Weiter findet zwar die Übersetzung „im Namen von" auch für
das griechische ὑπέρ Verwendung,[91] und dies erscheint in Fällen wie dem vorliegenden, in dem Beamte in Wahrnehmung herrscherlicher Funktionen als Stifter
auftreten durchaus statthaft (nicht jedoch bei gewöhnlichen Untertanen als Dedikanten). Hier ist jedoch entscheidend zu betonen, daß nach initialer Stellung
im Textaufbau mit der Adverbialphrase aus *j-jr-ḥr* plus Herrschernamen ganz
klar eine Übertragung der griechischen ‚Begünstigungsformel' in das demotische
Dedikationsformular vorliegt. Zudem ist der Kaiser nicht mit einer ägyptischen
oder ägyptisierenden Namensreihe genannt, sondern mit exakt derselben offiziellen Titulatur wie in der Begünstigungsformel der griechischsprachigen Stele
des Parthenios Lyon 169-176 (ὑπὲρ Τιβερίου Κλαυδίου Καίσαρος Σεβαστ[οῦ] 2

---

89   Spiegelberg 1913, 83f.; Erichsen 1954, 318. Tatsächlich kann im Demotischen auch
    die Wendung *r-r3* (Ebd., 239) im Sinne von „zum Wohle/Nutzen" verwendet wer-
    den, insbesondere bei der Versorgung des Toten durch das Totenopfer, siehe dazu
    Malinine 1953, 96f. n. 4.
90   Farid 1988, 28–34 (Nr. 11); zum demotischen Text Ebda., 32–34; siehe auch Vlee-
    ming 2001, 185f. (Nr. 196).
91   Siehe beispielsweise Aimé-Giron 1926, 152.

Γερμανικοῦ Αὐτοκράτορος).[92] Es handelt sich also um eine bewußte Angleichung
der demotischen Textsorte an das griechische Pendant, und damit in erster Linie
wohl um eine zusätzliche Loyalitätsbekundung gegenüber dem römischen Herrscher.[93] Zusätzlich ergibt sich damit für die Bilinguen eine Parallele zu den
hieroglyphischen Inschriften, in denen der Kaiser von vornherein qua Formular
textinitial erscheint. Im Falle des Parthenios erlaubt der Formularvergleich, eindeutig von einer Übernahme/Nachbildung der Begünstigungsformel zu sprechen,[94] wobei die Frage, ob die gewählte Formel bereits bei den Tryphon-
Inschriften exakt dieselbe semantische Funktion erfüllte, damit noch nicht end-
gültig entschieden ist.[95]

Zur Nachbildung der griechischen „Begünstigungsformel" geeignet war
(nach den vorliegenden Textbefunden) augenscheinlich nicht die erwähnte (eta-

---

[92] Farid 1988, 54; siehe auch Vleeming 2001, 187f. (Nr. 198). Zur Gegenüberstellung
der Namensreihen siehe Farid 1988, 61.

[93] Diese textlinguistisch motivierte Interpretation scheint mir haltbarer als die Annahme
Farids (ders. 1988, 11), der Einsatz der Präposition qualifiziere den Kaiser „eindeutig
als Bauherrn der errichteten Gebäude". Die Formularübernahme ist dem Autor
offensichtlich nicht als in diesem Maße bemerkenswert erschienen.

[94] Aus dem 17. Jahr des Tiberius (31 n.Chr.) hat sich eine zweisprachige Weihung des
Komogrammateus Apollonios aus Abydos erhalten, deren griechischer Text dem
üblichen Dedikationsschema folgt, während die demotische Fassung elaborierter
über seine Leistungen bei Renovierungsarbeiten am Tempel berichtet. Dieser Text
beginnt ungewöhnlicherweise mit der Wendung n pꜣ ḥʿj (?), vermutlich „in der Zeit
(von)" zu übersetzen, gefolgt von der Titulatur des Tiberius (siehe Vleeming 2001,
166–168 (Nr. 175)). Da beide Versionen mit der Datierung enden, ist nicht auszuschließen, daß mit der einleitenden demotischen Formulierung ebenfalls ein Versuch vorliegt, die griechische Begünstigungsformel nachzuahmen; Vleeming a.a.O.
167 lehnt eine dahingehende Übersetzung bei Brugsch 1872, 27 („Für das Heil (?)")
allerdings als „derived from the Greek opening formula" ab. Denkbar ist auch, dass
hier eine Art Zwischenstufe vorliegt, indem man versuchte, die textinitiale, somit
‚ehrende' Position des Kaisers im griechischen Text mit der an der Stelle sonst üblichen Datierungsfunktion zu verbinden. Klärung könnte hier eine eindeutige Lesung
von ḥʿj, von Vleeming a.a.O., 167 mit ḥꜣ „Zeit" in Verbindung gebracht, bringen.

[95] Tatsächlich läßt die im Kontext des griechischen Formulars ungewöhnliche Stellung
der Phrase j-jr-ḥr + Strategennamen einigen Zweifel an einer solchen Deutung zu.
Ich danke Herrn J.F. Quack für den Hinweis auf den „archaischen" Charakter der
zusammengesetzten Präposition m-bꜣḥ, die nach den bisherigen Textbefunden im
Demotischen nur vor Göttern und Königen gebraucht werden konnte; möglicherweise ist j-jr-ḥr hier ersatzweise vor dem Strategennamen gebraucht, bei gleicher
Semantik, wie die zweifache Übertragung beider Präpositionen durch „before"
beispielsweise bei Vleeming 2001, 185 andeutet. Damit wäre dem Strategen allerdings
ein ähnlicher Status als ‚Empfänger' zugesprochen — was doch zweifelhaft erscheint.
Die Funktion von in textinitialer Stellung in den Parthenios-Beispielen bleibt allerdings von solchen Erwägungen unberührt.

blierte und weiterhin belegte) Formel *ḥr-tp ꜥnḫ wḏꜣ snb n pr-ꜥꜣ/N.N.* – „zum Wohle von Leben, Heil, Gesundheit des Königs/N.N.": Wie das kleine, aber instruktive Korpus der Parthenios-Dedikationen lehrt, folgten die Textsorten in klassisch-ägyptischer Sprache weitgehend eigenen Gesetzmäßigkeiten. Innerhalb der klassisch-ägyptischen ‚Weihformel' transportiert vermutlich die abschließende Wendung „daß er handelt(e) ist, indem er mit Leben beschenkt ist" *(jr(.n)=f dj ꜣnḫ)*, eine der *ḥr-tp*-Formel ähnliche Semantik – die Begünstigung des Stifters, schon formularbedingt identisch mit dem regierenden Herrscher. Die Textsorte der demotischen Weihung (innerhalb derer die klassische königliche Weihformel zunächst kein Pendant als Textsortenvariante besitzt) zeigte sich im Laufe der Zeit flexibler; möglicherweise hätte hier die Formel *ḥr-tp ꜥnḫ wḏꜣ snb n pr-ꜥꜣ* archaisch gewirkt. Eher noch möchte man annehmen, daß der kommunikative Gehalt dieser Wendung – zumal sie bereits in der klassischen Weihformel nicht verwendet wurde – als semantisch verschieden von der griechischen Wendung mit ὑπέρ verstanden wurde, insbesondere der entscheidende ‚loyalitätsbekundende' Charakter also nur mit der textsortenspezifischen Innovation *j.jr-ḥr* m transportiert werden konnte.

3. Babylon

Zur Adaption des hellenistischen Herrscherkults in Babylonien ist die Beleglage alles andere als eindeutig.[96] Unübersehbar ist jedoch das Vorhandensein einer klaren sprachlichen Unterscheidung von ‚Empfänger' und ‚Begünstigten' in Textsorten aus dem mesopotamischen Kontext, die stark an das griechische Formular erinnert. Sie erscheint bereits im dritten vorchristlichen Jahrtausend in sumerischen Texten, wird ins keilschriftliche Akkadisch übernommen und ist dort bis in die hellenistische Zeit nachweisbar. Der ‚Begünstigte' wird dabei durch die Wendung „für das Leben (des N.N.)" – sumerisch nam-ti, akkadisch ana bulṭu – eingeführt.[97] Wiederum kommen sowohl Privatpersonen (u.a. der Stifter und seine Familie) als auch der Herrscher[98] als Begünstigte in Frage.

---

[96] Vgl. Lanciers 1993, 218f.

[97] Für die sumerischen Privatinschriften siehe beispielsweise Braun-Holzinger 1991, 128 (Nr. G 74); vgl. damit die Stiftung einer Statue durch Lu-Nanna für den Gott Martu „für das Leben" des babylonischen Königs Hammurabi bei Sollberger 1969, 92. Für das Akkadische siehe beispielsweise Jakob-Rost/Freydank 1981, vgl. TUAT II, 497.

[98] Eine dem hellenistischen Herrscherkult entsprechende kultische Verehrung des Herrschers ist in Vorderasien nur in Ausnahmefällen gegeben, die angesprochene Einbeziehung in die göttliche Sphäre dagegen sehr üblich (vgl. Lanciers 1993, 204).

Hier von zentralem Interesse ist eine Bauinschrift am Heiligtum des Anu und der Antum aus dem hellenistischen Uruk (244 v.Chr., also der Zeit des Seleukos II. Kallinikos 246–225):[99]

1 ... Id AN-TIN^il ... **2** lúGAR^nu šá UNUG^ki šá Ian-ti-'-i-ku-su LUGAL KUR.KUR^meš **3** Ini-ki-qa-ar-qu-su MU-šú šá-nu-ú iš-kun-nu ...

„| ... Anu-Uballit ... | der Gouverneur von Uruk, dem Antiochos, der König der Länder, ... ,Nikarchos' zum Beinamen verliehen hat, hat ...

15 a-na bul-ṭu šá Ian-ti-'-i-ku-su u Isi-lu-ku LUGAL^meš

| für das Leben der Könige Antiochos und Seleukos

DÙ^uš-ma ú-šak-lil

hat er es gebaut und fertiggestellt."

Textbeispiel 10: Falkenstein 1941, 4f. und Clay 1915, Nr.52 (82–84 und Tf. 49).

Eine ähnliche Bauinschrift hat sich aus dem Jahr 201 v.Chr. (also der Zeit Antiochos III. [223–187 v. Chr.]) erhalten. Wieder wird eine Wiederherstellungsarbeit „für das Leben" diesmal „Antiochos', des Königs" durchgeführt (Ian-ti-'-i-ku-su LUGAL), wieder von einem Stadtoberen namens Anu-uballit mit einem griechischen Zweitnamen, diesmal Kephalon (Iki-ip-lu-u-nu).[100]

Bauherr von Tempeln war in vorderasiatischer Tradition der Herrscher – dies war Teil seiner kultisch-religiösen Verpflichtungen. Insbesondere die Erneuerung verfallener Bauwerke findet inschriftliche Erwähnung:[101] so beispielsweise die Restaurierung der Außenmauern und Tore Babylons durch Assurbanipal (Tempelbau und -restaurierung sind auch im ägyptischen Bereich gut dokumentierte Aufgaben des Königs, gerade nach seiner Herrschaftsübernahme).[102] Dies geschieht häufig – in langer Texttradition – „für das eigene Leben": Asarhaddon (König von Assyrien und Babylon 680–669) vergrößert einen Brunnen im Hof des Enlil „für sein Leben" (a-na TI-šú);[103] Ninurta-kudurrī-uṣur (Mitte des 8. Jh. Gouverneur von Suḫu am mittleren Euphrat) erfüllt in An-

---

[99] Falkenstein 1941, 4f. Für das Akkadische folge ich den Übersetzungen der zitierten Publikationen und danke Herrn G. Kryszat und Frau Ulrike Lorenz (Mainz) für die philologische Beratung.

[100] Zur Inschrift siehe Falkenstein 1941, 6f., sowie Sherwin-White/Kuhrt 1993, 153.

[101] Vgl. den Bericht des assyrischen Herrschers Assurnasirpal II. (883–859) über den Wiederaufbau des verfallenen Sîn-Schamasch-Tempels in Assur in RIMA II, Nr. 67 349f.

[102] Siehe RIMB II, 196–198.

[103] RIMB II, 181.

nahme königlicher Position die Pflichten des Bauherrn am Tempel des Adad und Mīšarum „für mein Leben".[104]

Die Durchführung von Bautätigkeiten durch Beamte „für das Leben" des Königs ist bereits in assyrischer Zeit zu belegen: So führt Šamaš-šuma-ukīn, von Asarhaddon zum König von Babylon (667–648) eingesetzt, seine Erneuerungsarbeiten „für das Leben" (a-na TI ZI.MEŠ) seines Bruders Assurbanipal und sich selbst durch.[105]

Besonders interessant ist nun das Auftreten der Formel im Zusammenhang mit dem Opfervollzug, wie er sich in den sog. *Astronomischen Tagebüchern* findet, einer paläographisch-philologisch problematischen Quellengattung aus dem seleukidischen Babylon. Der Opfervollzug eines seleukidischen Generals im babylonischen Heiligtum Esagila[106] wird mit folgenden Worten geschildert:

6 ... 3 SISKUR.SISKUR	„ | ...er führte 3 Opfer aus
ana ᵈEN ᵈGAŠAN-iá ᵈINNIN TIN-TI[Rᵏⁱ]	für Bel, Beltija, Ischtar von Babylon, |
7 ˹DINGIR˺ᵐᵉˢ GALᵐᵉˢ	die großen Götter,
u ana bul-ṭu šá LUGALᵐᵉˢ DÙ-uš	und für das Leben der Könige ..."

Textbeispiel 11: Sachs/Hunger 1989, Nr. 171.

Im Gegensatz zu Texten aus dem Opferkontext des Esagila, die Opfer „für den Dienst (= Ritual)" (a-na dul-lu) des Königs und seiner Kinder erwähnen,[107] und in der Literatur kontrovers daraufhin diskutiert werden, ob sich hier die Implementierung des seleukidischen Herrscherkults im babylonischen Milieu greifen läßt,[108] wird die vorstehende Formulierung in dieser Hinsicht als unproblematisch empfunden, zeigt sie doch eine klare Unterscheidung der göttlichen ‚Empfänger' (mit ana eingeführt) und dem Herrscher, „für dessen Leben" sie vollzogen werden. Linssen zufolge zeigen die Quellen im Ganzen eine Kontinuität altbabylonischer Riten in hellenistischer Zeit: Alte Rituale und Kultlieder werden

---

[104] RIMB II, 319 f.
[105] RIMB II, 254–256.
[106] Sachs/Hunger 1989, 440f. (Nr. 171, BM 40119), siehe auch Sherwin-White/Kuhrt 1993, 202.
[107] ABC, 283f. (13b, Z.7), vgl. dazu die Diskussion bei Lanciers 1993, 219; Berktold 2005.
[108] Vgl. Linssen 2004, 168 : „the ... astronomical diaries ... contain some references to what may be a local ruler cult for the king and his family ...". Siehe dagegen Sherwin-White/Kuhrt 1993, 203 : „in these non-Greek contexts there is no shred of evidence to support the notion of a royal cult of the Seleucid monarchs".

als Teil einer intakten Kultpraxis kopiert, die Tempel mit einem weiterhin intakten Präbendensystem behalten ihre Rolle als religiöse, aber auch ökonomische Zentren. Die Erwähnung von Opfern wie vorstehend durch Vertreter der Machthaber oder sogar diese selbst, deutet Linssen im Sinne einer „Anpassung" der Seleukiden an lokale Verhältnisse.[109]

Was die oben angeführte Bauinschrift und ihre Parallele angeht, ist nun ein weiterer Aspekt in Rechnung zu stellen: Beide Bauherrn tragen einen griechischen Zweitnamen. Im Falle des älteren Anu-uballiṭ wird dabei auf die Feststellung wert gelegt, daß dieser dem Träger durch den (verstorbenen) König Antiochos II. „verliehen" worden war – bis dahin der einzige nachweisbare Fall dieser Art.[110] Sein akkadischer Namensvetter dagegen heiratet nachweislich eine Dame mit griechischem Namen (und Patronym), seine Söhne und die nachfolgende Generation tragen ebenfalls griechische Namen. Zudem sind in der Zeit Antiochos' III. (also der Wende vom dritten zum zweiten vorchristlichen Jahrhundert) in Uruk vermehrt Träger von Doppelnamen nachweisbar, die ein griechisches Element beinhalten. Die genaue Interpretation dieses Umstands ist noch umstritten, auch wenn seine Interpretation als Zeichen einer beschränkten, doch gezielten und aktiven Elitenakkulturation (Sherwin-White/Kuhrt) gut zu den Erkenntnissen einer gewandelten Hellenismusforschung paßt.[111]

4. Fazit

Mit dem voranstehenden Hinweis auf die Affinität der beiden genannten Gouverneure von Uruk zur griechischen Kultur soll keineswegs gesagt sein, daß die Deklarierung ihrer Bautätigkeiten als „für das Leben" ihres jeweiligen Herrschers ausgeführt auf griechischen Einfluß zurückzuführen wäre. Im mesopotamischen Kontext bestand eine jahrtausendealte eigene Tradition der ‚Begünstigungsformel', gerade auch innerhalb der Textsorte der Bauinschriften.

---

[109] „Even the Macedonian rulership took part in the Babylonian cults; they did not attempt to change the cults but themselves adapted to Babylonian customs" (Linssen 2004, 168). Eine ähnliche Auffassung findet sich bei Sherwin-White/Kuhrt 1993, 131 und 203.

[110] Sherwin-White/Kuhrt 1993, 151.

[111] „It is significant that only a limited number of people took Greek names …, people who were sufficiently assimilated to be prepared to adopt a Greek name, or to see the advantages in doing so – in other words, members of local propertied élites who in the hellenistic period practised a degree of self-hellenisation to preserve or acquire political rank" (Sherwin-White/Kuhrt 1993, 153; mit Diskussion des Phänomens und seiner Interpretation in der Forschung ebda., 149 – 154); vgl. zu den Doppelnamen Boiy 2005.

Zudem sind diese (sichtbar angebrachten) Inschriften nicht an ein griechisch-
sprachiges Publikum gerichtet. Für den Gebrauch der Formel im Opferkontext
sind bisher keine älteren Parallelen bekannt geworden – hier könnte sich
zumindest ein Eingehen auf die Vorstellung einer zusätzlichen ‚loyalitätsbekun-
denden' Aufladung der Opfer artikulieren, die wiederum organisch in vorderasiatische Texttraditionen eingepaßt ist, wenn in einer Passage der astronomischen
Tagebücher Antiochos III. Opfer für Ischtar von Babylon und „das Leben des
Königs Antiochos" (bul-ṭu šá ᴵAn LUGAL) darbringt[112] – ganz so, wie beispielsweise ältere königliche Bauinschriften den Vollzug „für das eigene Leben"
verkünden.[113] Doch auch hier mag es eher Quellenfund und -erschließung sein,
die uns bisher den Nachweis älterer Vorbilder versagten. In diesem Falle würde
für die babylonische Sprachregelung gelten, was auch bei anderen Erscheinungen im Hellenismus zu beobachten ist: Wie im ptolemäischen Ägypten vielfach
beobachtet, scheint hier eine im einheimischen Kontext gut fundierte Tradition
von zumindest in bestimmten Aspekten hellenisierten Mitgliedern der lokalen
Elite dazu benutzt worden zu sein, ihre besondere Beziehung zum (makedonischen) Herrscher in einer Art und Weise zu artikulieren, die innerhalb der Kon-
ventionen der mesopotamischen Textsorte völlig akzeptabel war. Im Rahmen
der in Uruk beobachteten Elitenakkulturation konnte man damit dank interkul-
turell parallel ausgebildeter Ausdrucksformen leicht eine doppelte Botschaft ver-
mitteln: Die Einbeziehung des Herrschers als ‚Begünstigtem' entsprach der
eigenen Tradition, aber auch der der griechischen Kultur, der sich die Mitglieder
der Elite partiell annäherten. Für das ptolemäische Ägypten war dies im Falle
der ‚Begünstigungsformel' schwieriger, war sie doch in den verfügbaren Text-
sortenformularen ohne Pendant. Da nun ohnehin das Demotische den meisten
Griechen unbekannt blieb, war die Motivation, bestehende Textkonventionen
zu ändern, relativ gering: Der im Zuge einer Annäherung an die griechische
‚Leitkultur' der Machtelite notwendige Loyalitätsnachweis wurde demgemäß in
der Sprache des Hofes und mittels einer griechischen Textsorte geleistet, deren
sich auch jüdische Gemeinschaften zum Nachweis der eigenen Ergebenheit
bedienen konnten. Will man die im ersten Abschnitt erläuterten ‚Einwände'[114]
mit der offensichtlichen Unbedenklichkeit der ‚Begünstigungsformel' im jüdi-

---

[112] Sachs/Hunger 1989, 202f. (Nr. 204).

[113] Dies erscheint in Kenntnis der griechischen Dedikations- und Opferpraxis näher lie-
gend, als mit Linssen 2004, 128 anzunehmen, die alte Formel „für das Leben" könnte
als *interpretatio babyloniaca* des griechischen Herrscherkults verwendet worden sein: Die
terminologische Scheidung von Empfänger und Begünstigten, die die keilschriftli-
chen Texte zeigen, wird für den griechischen Kontext gerade als Merkmal der *nicht-
kultischen Verehrung* des Herrschers angesehen.

[114] Siehe S. 126f.

schen Kontext zusammenbringen, scheint der Verweis auf die Persistenz deklarativer Textsorten angebracht: Offensichtlich behielt die Formel im genau defi-
nierten Dedikationskontext ihre differenzierende Wirkung, geriet eher noch, um
mit Taeger zu reden, zur „bloßen Ehrenbezeugung", während sie in freierer
Verwendung (d.h. bei informativer Textfunktion) die Kraft zur Unterscheidung
von (göttlichem) ‚Empfänger' und (menschlichem) ‚Begünstigten' zunehmend
verlor.

Wenn schließlich der noch in frühaugusteischer Zeit angemessene Verzicht
auf eine Begünstigungsformel im demotischen Formular spätestens in den Inschriften des Parthenios in nachweisbarer Analogie zum griechischen Formular
aufgegeben wird, so ist dies möglicherweise ein Indiz für die zunehmende
Akkulturationsdynamik im jetzt kaiserzeitlichen Ägypten: Alle erhaltenen Stelen
des Parthenios sind nach ägyptischer Manier gestaltet, auch jene, die griechische
Texte tragen. Die hieroglyphisch-demotischen Bilinguen kombinieren somit
ägyptische Textträger, ein traditionelles klassisch-ägyptisches und ein adaptiertes
demotisches Weiheformular. Letzteres führt, ganz entgegen bisherigem ägyptischen Usus, den römischen Kaiser als ‚Begünstigten' ein, und zwar in Nach-
ahmung eines griechischen Formulars und mit seiner offiziellen römischen
Titelreihe, die wiederum via Griechisch ins Demotische übertragen worden ist.
Die jeweiligen kulturellen Bezugsrahmen erwiesen sich gerade im griechisch-
römischen Ägypten als im Einzelfall unterschiedlich flexibel – doch stets pro-
duktiv genug, um den Anforderungen eines sehr dynamisch gewordenen Umfeldes gerecht zu werden.

Abkürzungsverzeichnis

ABC	Grayson, Albert K. 1975, *Assyrian and Babylonian Chronicles*, Locust Valley.
RIMA I	Grayson, Albert K. 1991, *The Royal Inscriptions of Mesopotamia. Assyrian Periods*. Bd. 2: *Assyrian Rulers of the Early First Millennium BC I (1114–859 BC)*, Toronto u.a.
RIMB II	Frame, Grant 1995, *The Royal Inscriptions of Mesopotamia. Babylonian Periods*. Bd. 2: Rulers of Babylonia. From the Second Dynasty of Isin to the End of the Assyrian Domination (1157–612 B.C.). Toronto u.a.
TUAT II	Butterweck, Christel u.a. 1988, *Grab-, Sarg-, Votiv- und Bauinschriften*. Gütersloh (Texte aus der Umwelt des Alten Testaments II,4).

Literaturverzeichnis

Aimé-Giron, N. 1926, „Une stèle trilingue du stratège Ptolémée fils de Panas", *ASAE* 26, 148–156.

Barta, W. 1968, *Aufbau und Bedeutung der altägyptischen Opferformel*, Glückstadt (ÄF 24).

Berktold, M.M. 2005, „Die astronomischen Tagebücher – eine Quelle zur Frage von Kontinuität oder Wandel in Kult und Wirtschaft des achaimenidischen Babylon", *Von Sumer bis Homer. Festschrift Manfred Schretter zu seinem 60. Geburtstag am 25. Februar 2004* (AOAT 325), ed. Rollinger, R., Münster, 105-152.

Bernand, A. 1970, *Le delta égyptien d'apres les textes grecs*, Bd. 1.1–3: *Les confins libyques*, Kairo (MIFAO 91).

Bernand, A. 1984, *Les portes du désert. Recueil des inscriptions grecques d'Antinooupolis, Tentyris, Koptos, Apollonis Parva et Apollonis Magna*, Paris.

Bernand, É. 1981, *Recueil des inscriptions grecques du Fayoum*, a Bd. II: *La „méris" de Thémistos*, Kairo (BdE 79); b Bd. III: *La „méris" de Polemon*, Kairo (BdE 80).

Bernand, E. 2001, *Inscriptions grecques d'Alexandrie Ptolémaïque*, Kairo (BdE 133).

Beylage, P. 2001, „Die Formel *jr(j)=f d(j) ꜥnḫ* in den Texten der 18. Dynastie", *GM* 181, 19–26.

Boiy, T. 2005, „Akkadian-Greek Double Names in Hellenistic Babylonia", *Ethnicity in Ancient Mesopotamia, Papers Read at the 48th Rencontre Assyriologique Internationale Leiden, 1-4 July 2002*, ed. van Soldt, W.H., Leuven, 47-60.

Bommas, M. 2005, *Heiligtum und Mysterium. Griechenland und seine ägyptischen Gottheiten*, Mainz.

Braun-Holzinger, E.A. 1991, *Mesopotamische Weihgaben der frühdynastischen bis altbabylonischen Zeit*, Heidelberg (Heidelberger Studien zum Alten Orient 3).

Brinker, K. ⁶2005, *Linguistische Textanalyse. Eine Einführung in Grundbegriffe und Methoden*, Berlin.

Brugsch, H. 1872, „Ueber eine bilingue Inschrift in Museum zu Bulaq", *ZÄS* 10, 27–29.

Brunsch, W. 1982, „Rezension P.W. Pestman/J. Quaegebeur/R.L. Vos, *Recueil des textes démotiques et bilingues*", *Enchoria* 11, 137–141.

Castle, E.W. 1993, „The Dedication Formula *ir.n.f m mnw.f*", *JEA* 79, 99–120.

Castle, E.W. 1994, „Further Observations on the Dedication Formula *ir.n.f m mnw.f*", *JEA* 80, 187–191.

Chauveau, M. 1999, „Bilinguisme et traductions", *Le décret de Memphis. Colloque de la Fondation Singer-Polignac à l'occasion de la célébration du bicentenaire de la découverte de la Pierre de Rosette*, ed. Valbelle, D./Leclant, J., Paris, 25–39.

Clay, A.T. 1915 (ND 1983), *Miscellaneous Inscriptions in the Yale Babylonian Collection*, Yale.

de Cenival, F. 1972, *Les associations religieuses en Égypte d'après les documents démotiques*, Kairo (BdE 46).

Depuydt, L. 2001, „„Of their Monuments they Made One for an Esteemed Colleague …'. On the Meaning of a Formulaic Expression in Egyptian", *LingAeg* 9, 83–122.

Erichsen, W. 1954, *Demotisches Glossar*, Kopenhagen.

Falkenstein, A. 1941, *Topographie von Uruk*, Bd. 1: *Uruk zur Seleukidenzeit*, Leipzig (Ausgrabungen der Deutschen Forschungsgemeinschaft in Uruk-Warka 3).

Farid, A. 1988, „Die Denkmäler des Parthenios, des Verwalters der Isis von Koptos", *MDAIK* 44, 13–65.

Farid, A. 1994a, „Demotische Inschriften aus Berlin, Kairo und Saqqara", *MDAIK* 50, 43–55.

Farid, A. 1994b, „Sieben Metallgefäße mit demotischen Inschriften aus Kairo und Paris", *RdE* 45, 117–132.

Farid, A. 1998, „Demotic Inscriptions from the Collection of the Medehavstmuseet in Stockholm", *Proceedings of the Seventh International Congress of Egyptologists Cambridge, 3–9 September 1995,* ed. Eyre, Chr.J., Leuven 1998 (OLA 82), 377–389.

Farid, A. 1999, „Eine demotische Stele im Übersee-Museum Bremen", *MDAIK* 55, 7–12.

Ferguson, W.S. 1948, „Demetrius Poliorcetes and the Hellenic League", *Hesperia* 17, 112–136.

Förster, F. 2004, „Eine saitische Votivstele aus dem Tempelbezirk von Buto/Tell el-Faraʿin", *MDAIK* 60, 47–56.

Gardiner, A.H. ³1994, *Egyptian Grammar*, Oxford.

Giron, N. 1922, „Nouvelle dédicace démotique de Ptolémée, le stratège", *ASAE* 22, 108–112.

Grallert, S. 2001, *Bauen – Stiften – Weihen. Ägyptische Bau- und Restaurieungsinschriften von den Anfängen bis zur 30. Dynastie*, Bd. 1, Wiesbaden (ADAIK 18,1).

Hölbl, G. 1994, *Geschichte des Ptolemäerreiches. Politik, Ideologie und religiöse Kultur von Alexander dem Großen bis zur römischen Eroberung*, Darmstadt.

Jakob-Rost, L./Freydank, H. 1981, „Eine altassyrische Votivinschrift", *AoF* 8, 325–327.

Jansen-Winkeln, K. 1990, „Vermerke: Zum Verständnis kurzer und formelhafter Inschriften auf ägyptischen Denkmälern", *MDAIK* 46, 127–156.

Jansen-Winkeln, K. 1994, *Text und Sprache in der 3. Zwischenzeit. Vorarbeiten zu einer spätmittelägyptischen Grammatik*, Wiesbaden (ÄUAT 26).

Kopp, E. 2003, „Der König erhält die Gunst. Der Gebrauch von ḥr-tp ʿnḫ wḏꜣ snb", *GM* 197, 49–53.

Kruchten, J.-M. 1996, „Deux cas particuliers de phrase coupée sans opérateur énonciatif", *JEA* 82, 51–63.

Lanciers, E. 1993, „Die Opfer im hellenistischen Herrscherkult", *Ritual and Sacrifice in the Ancient Near East. Proceedings of the International Conference organized by the Katholieke Universiteit Leuven from the 17th to the 20th of April 1991*, ed. Quaegebeur, J., Leuven (OLA 55), 203–223.

Leahy, A. 1987, „Multiple Adverbial Predicates in Ancient Egyptian (The Formula *jr.n.f m mnw.f*)", *Lingua sapientissima. A Seminar in Honour of H. J. Polotsky*, ed. Ray, J.D., Cambridge, 57–64.

Linssen, M.J. 2004, *The Cults of Uruk and Babylon. The temple ritual texts as evidence for Hellenistic cult practises*, Leiden u.a. (Cuneiform monographs 25).

Malinine, M. 1953, *Choix des textes juridiques en hiératique „anormal" et en démotique (XXVe–XXVIIe dynasties)*, Bd. 1: *Traduction et commentaire philologique*, Paris (Bibliothèque de l'École des Hautes Études 300).

Peremans, W. 1985, „Notes sur les traductions de textes non littéraires sous les Lagides", *CdE* 60, 248–262.

Pfeiffer, S. 2004, *Das Dekret von Kanopos (238 v. Chr.). Kommentar und historische Auswertung eines dreisprachigen Synodaldekretes der ägyptischen Priester zu Ehren Ptolemaios' III. und seiner Familie*, München u.a. (APF-Beiheft 18).

Pfeiffer, S. 2008, *Herrscher- und Dynastiekulte im Ptolemäerreich. Systematik und Einordnung der Kultformen*, München 2008.

Price, S.R.F. 1984, *Rituals and Power. The Roman Imperial Cult in Asia Minor,* Cambridge.

Ranke, H. 1935, *Die ägyptischen Personennamen*, Bd. I, Glückstadt.

Reinach, M.M.A./Weil, R. 1912, „Parthénios fils de Paminis, ‚Prostatès' d'Isis à Koptos", *ASAE* 12, 1–24.

Roberts, C./Nock, A.D./Skeat, T. 1936, „The Gild of Zeus Hypsistos", *HThR* 29, 39–88.

Sachs, A.J./Hunger, H. 1989, *Astronomical Diaries and Related Texts from Babylonia,* Bd. 2: *Diaries from 261 B.C. to 165 B.C.*, Wien (Denkschriften der Österreichischen Akademie der Wissenschaften, Phil.-hist. Kl. 210).

Satzinger, H. 1997, „Gott gibt dem König Leben", *ZÄS* 124, 142–156.

Sauneron, S. 1968, *Le temple d'Esna,* Bd. III: *Textes nos 194–398*, Kairo.

Sherwin-White, S./Kuhrt, A. 1993, *From Samarkhand to Sardis. A new Approach to the Seleucid Empire*, London.

Shore, A.F.P. 1979, „Votive Objects from Dendera of the Greaco-Roman Period", *Orbis Aegyptiorum Speculum. Glimpses of Ancient Egypt. Studies in Honour of H.W. Fairman*, ed. Ruffle, J./Gaballa, G.A./Kitchen, K.A., Warminster, 138–160.

Sollberger, E. 1969, „Old Babylonian Worshipper Figurines", *Iraq* 31, 90–93.

Spiegelberg, W. 1913, „Neue Denkmäler des Parthenios, des Verwalters der Isis von Koptos", *ZÄS* 51, 75–88.

Spiegelberg, W. 1922, *Der demotische Text der Priesterdekrete von Kanopus und Memphis (Rosettana)*, Heidelberg.

Spiegelberg, W. 1925, *Demotische Grammatik*, Heidelberg.

Taeger, F. 1957, *Charisma. Studien zur Geschichte des antiken Herrscherkultes*, Bd. 1: *Hellas*, Stuttgart.

Taufik, S. 1971, „*ir.n.f m mnw.f* als Weiheformel. Gebrauch und Bedeutung", *MDAIK* 27, 227–234.

Thissen, H.J. 1966, *Studien zum Raphia-Dekret*, Meisenheim am Glan (Beiträge zur klassischen Philologie 23).

Vittmann, G. 1977, „Zum Verständnis der Weihformel *irnf m mnwf*", *WZKM* 69, 21–32.

Vleeming, S.P. 2001, *Some Coins of Artaxerxes and other Short Texts in the Demotic Script. Found on Various Objects and Gathered from Many Publications*. Leuven u.a. (Studia Demotica 5).

Anspruch und Wirklichkeit.
Ptolemäische Beschreibungen der Stadt Theben

Daniel von Recklinghausen

Theben und die thebanische Region gelten gemeinhin als einer der großen Unruheherde im ptolemäischen Ägypten.[1] Für dieses Gebiet lassen sich in dieser Zeit mehr Aufstände nachweisen als für alle anderen Regionen Ägyptens.[2] Besonders erwähnenswert ist der Aufstand, aus dem zwei ägyptische Gegenkönige – Haronnophris und Chaonnophris – hervorgingen, die Theben, wohl mit Unterstützung der thebanischen Elite, die sich hauptsächlich aus der Priesterschaft rekrutiert haben dürfte, zu ihrem Zentrum machten und für knapp 20 Jahre den ptolemäischen Machthabern standhalten konnten.[3] Als Grund für die immer wiederkehrenden Unruhen wird neben sozialen und wirtschaftlichen Aspekten[4] auch der geistige Widerstand der thebanischen Priester ins Feld geführt,[5] durch deren Konservativismus Theben „bis zuletzt Zentrum des nationalen und auf Selbständigkeit bedachten Ägyptertums"[6] und „die kräftigste Stimme des einheimischen Widerstands"[7] gewesen sei.[8]

Folgende Ausführungen wollen sich der Frage des geistigen Widerstands der thebanischen Priester von der Seite der ptolemäischen Texte her nähern. Für diese Fragestellung bieten sich als Ausgangspunkt die Beschreibungen der Stadt Theben an, die in der griechisch-römischen Zeit in den thebanischen Tempeln angebracht wurden. Die Texte sind ein Querschnitt der (religiösen) Vorstellungen, die die Thebaner von ihrer eigenen Stadt hatten und, daraus resultierend, des Stellenwertes, den sie ihr zubilligten. Nach einer überblicksartigen Vorstellung des dort enthaltenen Gedankengutes soll daher abschließend diskutiert werden, ob diese Texte auch in einen außerreligiösen Kontext zu

---

1 Für historische Überblicke zu Theben in der griechisch-römischen Zeit siehe etwa Kees 1934, 1553–1582, Bataille 1951, 325–353, Vandorpe 1995, 203–239.

2 Zu den Aufständen während der Ptolemäerzeit allgemein z.B. Peremans 1978, 39–50, McGing 1997, 273–314, Blasius 2002, 41–62 und Veïsse 2004.

3 Für die Quellen zu den Gegenkönigen Pestman 1995, 101–137, Clarysse 2003, 448–458 und Veïsse 2004, 229–237.

4 Vgl. zu diesen Gründen etwa McGing 1997, 288–289.

5 So etwa Bataille 1951, 340–341; 352, Hölbl 1994, 137, Huß 2001, 448, zu dieser Thematik auch Quaegebeur 1989, 108–109, Vandorpe 1995, 232–233, Blasius 2002, 46–47; 52 und Veïsse 2004, 228–244. Zu den Gründen für die Aufstände insgesamt auch McGing 1997, 288–289; 298–299.

6 Hölbl 2000, 52.

7 Huß 2001, 667.

8 In diesem Sinne auch Bataille 1951, 342.

stellen sind. Ziel ist es dabei lediglich, eine eventuelle Verbindung zwischen sich widersprechenden religiösen Vorstellungen und realpolitischen Gegebenheiten aufzuzeigen. Daß diese beiden Komplexe während der ptolemäischen Herrschaft inhaltlich von so gegensätzlicher Natur waren, könnte vielleicht einer der zahlreichen Faktoren dafür gewesen sein, daß die Bereitschaft zu Erhebungen gegen die fremden Könige in Theben größer war als in anderen Teilen Ägyptens.

Die Beschreibungen der Stadt Theben sind zunächst dem Genre der sogenannten Monographien zuzurechnen. Unter Monographien versteht man in diesem Zusammenhang Texte, deren Funktion es ist, die Ursprünge sowie Charakteristika eines bestimmten Tempelbezirkes oder Ortes detailliert zu beschreiben und in die diversen ägyptischen Kultmythen zu integrieren. Neben der Beschreibung der spezifisch lokalen Eigenheiten wird allgemein ein spezielles Augenmerk auf das hohe Alter, und somit die besondere Heiligkeit des Ortes gelegt. Die jeweilige Stätte wird als Urhügel, auf dem die Schöpfung ihren Anfang nahm, aufgefaßt. Häufig wird mittels Ätiologien versucht, den Namen des Ortes auf einen mythischen Ursprung zurückzuführen.[9] Eine große Anzahl solcher Texte findet sich in Kom Ombo und Esna. Des weiteren lassen sich den Monographien der Tempel die inhaltlich verwandten kulttopographischen Papyri, wie etwa der Papyrus Jumilhac oder das Buch vom Fayum, gegenüberstellen.[10]

Die thebanischen Monographien stammen zum ganz überwiegenden Teil aus Karnak.[11] Wie für diese Textgruppe typisch, finden sie sich allesamt an den neuerrichteten oder renovierten Torbauten aus der Ptolemäerzeit, meist in den Bandeaux du soubassement, seltener in den Soubassements. In chronologischer Reihenfolge sind dies das Doppeltor des Mutbezirks (unter Ptolemaios II. Philadelphos begonnen)[12], das Month-[13] und das Euergetestor[14] (beide unter Ptole-

---

9   Vgl. dazu Spiegel 1975, 80–83.

10 Zu solchen Texten zusammenfassend Gutbub 1973, 502–521, siehe auch Sternberg 1985, Sternberg-El Hotabi 1993, 127 und Leitz 2004, 63–67 (mit weiterer Literatur).

11 Daneben sind auch am 1. Pylon des kleinen Tempels von Medinet Habu, dessen Ausgestaltung unter Ptolemaios IX. Soter II. begonnen wurde, Monographien erhalten, vgl. Porter/Moss ²1972, 462 (10). Da diese Inschriften aber unveröffentlicht sind, werden sie für die folgenden Überlegungen nicht herangezogen.

12 Sauneron 1983, Tf. 8–9, Text 5 und Tf. 11, Text 10. Da die Texte in den Bandeaux du soubassement des Vortores angebracht sind und unklar ist, wie die zeitliche Aufeinanderfolge der beiden Torbauten zu sehen ist, ist eine genaue Datierung nicht möglich, vgl. Sauneron 1983, 2–5. Die Regierungszeit Ptolemaios' II. ist aber auf jeden Fall als terminus post quem für die Anbringung der Texte zu sehen.

13 Urk. VIII 41 (= Aufrère 2000, Nr. 5b, 116); 42 (= Aufrère 2000, Nr. 5a, 112); 45 (=

maios III. Euergetes I. angefangen), sowie der 2. Pylon in Karnak (die Soubassements datieren aus der Zeit von Ptolemaios VIII. Euergetes II.).[15] Die Inschriften in den Bandeaux du soubassement verteilen sich durchgehend auf zwei Zeilen,[16] die in den Soubassements bestehen dagegen aus mehreren Zeilen und sind deshalb erheblich ausführlicher. Die Texte sind stets paarweise angeordnet, manche stehen sich antithetisch gegenüber. Am Euergetes- und Monthtor sind mehrere Paare zu größeren Einheiten gruppiert, wobei einzelne Teilstücke oft nach thematischen Gesichtspunkten zusammengestellt sind. Nebenbei sei auf die zahlreichen stilistischen und inhaltlichen Ähnlichkeiten der Texte vom Euergetes- und Monthtor aufmerksam gemacht. Dieser Sachverhalt läßt sich gut durch die relativ zeitgleiche Anbringung erklären und könnte eventuell auf eine identische Textvorlage für diese beiden Textkorpora hindeuten, auf die der jeweilige Verfasser bei der Konzeption seiner Version zurückgriff.

Die Beschreibungen von Theben weisen ein vielfältiges Themenspektrum auf, das die Stadt aus theologischer Sichtweise vollständig charakterisiert. Die in den ptolemäischen Texten formulierten Ideen sind allerdings keineswegs neu, sondern lassen sich im Gegenteil auf eine sehr lange Tradition zurückführen. Erste Beschreibungen der Stadt, die sich anfangs nur auf Karnak beziehen, stammen aus der 18. Dynastie. So heißt es von Karnak auf einem der von Hatschepsut dort errichteten Obelisken: „Der Horizont ist Karnak auf Erden, der erhabene Urhügel des ersten Mals, das Glanzauge des Allherrn" (*ȝḥt pw Ỉpt-swt tp tȝ ḳȝȝ šps n sp tpy ȝḥt nt nb r-ḏr*).[17] Dies sind drei Aspekte, die auch in den ptolemäischen Texten eine zentrale Rolle spielen werden. Für die Herausbildung des für Theben traditionellen Gedankengutes spielen solche kurzen Texte aber nicht die herausragende Rolle. Vielmehr liegt der Grund hierfür in der vergöttlichten Personifikation der Stadt Theben, deren Name „Siegreiches Theben" (*Wȝst nḥtt*)[18] lautet und die sich seit der Zweiten Zwischenzeit belegen läßt.[19] Die

---

Aufrère 2000, Nr. 4a–b, 108).

14   Urk. VIII 105 (= Clère 1961, Tf. 2); 107 (= Clère 1961, Tf. 2); 111 (= Clère 1961, Tf. 57–58); 112 (= Clère 1961, Tf. 55–56); 113 (= Clère 1961, Tf. 38–39) und 114 (= Clère 1961, Tf. 36–37). Oftmals bieten die Tafeln bei Clère 1961 eine bessere Lesung der Texte.

15   Urk. VIII 142–143, siehe auch Drioton 1944, 111–162 und Zivie-Coche 1988–1989, 165–166 und 1994, 418.

16   Im Bandeau des Muttores enthält nur die obere Zeile eine Beschreibung Thebens, während in der zweiten eine Aufzählung von Bezeichnungen des Muttempels steht.

17   Urk. IV 364, 2–4.

18   In den ptolemäischen Tempelinschriften wird die Göttin manchmal auch als „die Stadt" (*Niwt*) bezeichnet, was vielleicht eine Reminiszenz des aktuellen Sprachgebrauches darstellt, da zur Zeit der Anbringung im gesprochenen Demotisch Theben

Göttin ist durchweg rein anthropomorph mit dem Stadtzeichen auf dem Kopf dargestellt.[20] Ihre Attribute sind vor allem Pfeil, Bogen und Keule; sie weisen, wie auch schon der Name, auf den eindeutig kriegerischen Aspekt der Göttin hin. Wenn er auch schon früher belegt ist, so wird dieser Wesenszug der Göttin nicht zuletzt auf die großen militärischen Erfolge der Könige der 18. und 19. Dynastie zurückgehen.[21] Da diese Siege zu einem Großteil dem Gott Amun zugeschrieben und deshalb große Teile der Kriegsbeute in seinem Tempel verwahrt wurden, kam auch seiner Stadt eine besondere Bedeutung zu.[22]

Eine starke Bindung zwischen Amun und der Stadtgöttin ist schon zu diesem Zeitpunkt zu beobachten;[23] viele Aspekte der Göttin lassen sich nur aufgrund dieser engen Beziehung verstehen. Besonders augenfällig wird diese Symbiose im Papyrus Leiden I 350 aus der 19. Dynastie.[24] Eigentlich ein Traktat über den Gott Amun, enthält er auch in vier Kapiteln einen Lobpreis der Stadt/der Göttin Theben (Kapitel 7, 10, 700 und 800). Die Kapitel lassen eine inhaltliche Unterteilung erkennen; sie beschäftigen sich mit dem siegreichen Charakter, der Vorherrschaft Thebens, die auf einen göttlichen Beschluß zurückgeführt wird, Thebens Ursprung und den Nekropolen. Eine Einteilung in diese vier inhaltlich unterscheidbaren Themenbereiche läßt sich in den ptolemä-

---

einfach „die Stadt" (*Niwt*) genannt wurde; siehe etwa die Szenen des Monthtores (Urk. VIII 14f. = Aufrère 2000, Nr. 27b, 430 mit Abb. 76) und des Opettempels (Opet I 82).

[19] Zur Göttin Bonnet 1952, 839–840, Helck 1968, 119–120 und Vernus 1984, 937–938; die Belege in LGG II 253c und 255a–c. Das Phänomen, topographische Gebilde, wie etwa Domänen, Tempel, Gaue oder auch den Nil, zu personifizieren, ist von alters her gut belegt, siehe Guglielmi 1982, 978–987; für die Tempel Refai 2002, 299–303.

[20] Darstellungen der Göttin haben sich vor allem auf Tempelreliefs erhalten. In einer Inschrift im Muttempel von Karnak, in der Monthemhet über seine Erneuerungsarbeiten in den Tempeln Oberägyptens berichtet, ist auch die Rede von der Herstellung eines Abbildes (*tit*) der „einzigen Fürstin, die Theben gegründet hat, das Siegreiche Theben, die Herrin der Kraft" (*ḥnwt wʿt grgt Wȝst Wȝst nḫtt nbt ḫpš*), siehe Leclant 1961, 214 und 218, Dok. 44 und 1965, 310.

[21] Vgl. auch Vandorpe 1995, 204.

[22] Dies wird schön in den Darstellungen auf den Pylonen in Theben illustriert, wo das „Siegreiche Theben" ausländische Städte und Landstriche, deren Namen in Mauerringen, auf denen menschliche Oberkörper sitzen, eingraviert sind, an langen Stricken zusammengebunden dem Amun zuführt, siehe z.B. Epigraphic Survey 1954, Tf. 3. Eine ganz ähnliche Aufgabe übt die Göttin in einem Hymnus aus, von dem sich in Karnak drei Fassungen erhalten haben, deren früheste aus der 19. Dynastie datiert. Hier zählt sie zahlreiche Göttinnen aus Ober- und Unterägypten auf, die in Verehrung zu Amun kommen; siehe dazu Helck 1968, 118–127.

[23] Vgl. auch Sethe 1929, 8, § 2.

[24] Der Papyrus wurde ediert von Zandee 1947.

ischen Texten wiedererkennen, vielfach finden sich sogar dieselben oder doch
sehr ähnliche Formulierungen.[25] Dem Papyrus Leiden I 350 läßt sich eine ganze
Gruppe von ähnlichen Texten aus dem Neuen Reich zuordnen, die ebenfalls
eine Stadt (etwa Memphis oder die Ramsesstadt) lobpreisen[26] und damit nicht
zuletzt auf eine starke Heimatgebundenheit hinweisen.[27] Im Gegensatz zu Theben sind diese Städte aber nicht als personifizierte Gottheit nachgewiesen und
ihre Charakterisierung fällt, vielleicht diesem Umstand geschuldet, nicht so
ausführlich aus.

Trotz des machtpolitischen Niedergangs Thebens ab der Dritten Zwischenzeit ändern sich die Vorstellungen vom „Siegreichen Theben" als krieger-
ischer Gottheit und Herrin Ägyptens kaum[28] und halten sich bis in die griechisch-römische Zeit.[29] Die ptolemäischen Monographien lassen sich somit an
das Ende einer langen Traditionskette stellen.[30] Freilich wurden die alten Text-
vorlagen nicht einfach abgeschrieben, sondern passend für den jeweiligen Anbringungsort immer neu kompiliert und weiterentwickelt.[31] Dies bedeutet
gleichzeitig aber auch, daß es sehr schwer ist, die Beschreibungen von Theben
ausschließlich als reine Monographien zu verstehen. Sie sind immer auch eine
Charakterstudie der Personifikation „Siegreiches Theben". Symptomatisch dafür
ist etwa, daß die Epitheta des „Siegreichen Theben" in den ptolemäischen
Tempeltexten häufig identische Formulierungen enthalten, die sich auch in den
monographischen Inschriften wiederfinden.[32] Ebenso bezeichnend ist es, daß
die Monographien des Euergetestores, sofern der Anfang erhalten ist, stets mit
den Worten *W3st nḥtt* „Siegreiches Theben" beginnen.

---

25 Vgl. hierzu auch Zivie-Coche 1994, 166.
26 Zu solchen Texten Lichtheim 1980, 15–23, Assmann 1984, 25–35, Goelet 1999, 74,
    Verhoeven 2004, 65–80 und Fischer-Elfert 2005, 218 mit n. 13.
27 Siehe dazu Osing 1977, 1102–1104; Assmann 2000, 229–234 und für Theben zuletzt
    Bommas 2003, 41–44 sowie Verhoeven 2004, 73–76.
28 Aus der Dritten Zwischenzeit stammt etwa ein Graffito aus Luxor, bei dem es sich
    um eine Anrufung an Amun handelt und in dem es von der Stadt des Amun heißt:
    „Theben, Auge des Re, Fürstin der Länder, das Ebenbild des Himmels ist es" (*W3st
    irt Rꜥ ḥnwt t3w twt pw r ḥrt*). Der Text bei Daressy 1896, 182. Das Graffito wird auch
    erwähnt bei Peden 2001, 274.
29 Kriegerische Aspekte der Göttin werden z.B. in Tôd I 81 stark akzentuiert.
30 Insofern ist der von Sternberg-El Hotabi 1993, 126–128 für die Monographien
    gewählte Begriff „Traditionsgut von Theben" nicht unpassend.
31 Vgl. für die Textstruktur der Inschriften des 2. Pylons in Karnak Drioton 1944, 157–
    162.
32 Eine Übersicht über die meisten Epitheta bietet LGG VIII, 127 und 747–748. Viele
    dieser Epitheta können ihrerseits als Toponym für die Stadt verwendet werden, sehr
    beliebt sind etwa „Auge des Re" (*irt Rꜥ*) und „Fürstin der Städte" (*ḥnwt niwwt*).

Natürlich sind die in den Monographien geäußerten Vorstellungen bei weitem nicht auf diese Textgruppe beschränkt. Vielfach werden zahlreiche darin genannte Aspekte in den Inschriften der Tempel der griechisch-römischen Zeit angesprochen. Besonders markante Beispiele sind etwa die kosmogonische Inschrift im Chonstempel, in der die Idee von Theben als Urhügel dezidiert beschrieben wird,[33] sowie eine kosmogonische Inschrift ganz ähnlichen Inhaltes am 2. Pylon des Muttempels.[34] Erwähnenswert sind auch die ganz außergewöhnlichen Gaugötterprozessionen des Monthtores, in denen die Gaue nicht wie sonst üblich dem Tempelgott, sondern dem „Siegreichen Theben" ihre Gaben bringen und in denen die Ideen von der Ursprünglichkeit und der Vorherrschaft Thebens ausführlich dokumentiert sind.[35] Auch in diesen Texten wird gerne hervorgehoben, daß Theben die „Fürstin der Städte" (ḥnwt niwwt) sei und ihr daher eine Sonderrolle unter allen Orten Ägyptens gebühre.

In diesem Zusammenhang gilt es noch kurz zu klären, inwieweit dieser Anspruch einer Suprematie über die ägyptischen Städte eine rein thebanische oder auch für andere ägyptische Kultzentren bezeugte Vorstellung ist. So werden neben dem „Siegreichen Theben" in der griechisch-römischen Zeit auch Personifikationen anderer Orte als „Fürstin der Städte" tituliert, mithin auch diesen Stätten eine Vorrangstellung in Ägypten eingeräumt. Dies sind namentlich die Personifikationen der Orte „Iat-dit" (Dendera)[36] und „Utjeset-Hor" (Edfu).[37] Sie sind jeweils rein anthropomorph dargestellt und tragen als Kennzeichen ihre Ortsbezeichnung auf dem Kopf. Im Gegensatz zum „Siegreichen Theben" weisen sie keine sonstigen Attribute auf. Daß diese Personifikationen auf keiner langen Überlieferung beruhen, zeigt sich vor allem an den wenigen eigenständigen Wesensmerkmalen, die sich an diesen Gottheiten festmachen lassen. Besonders deutlich wird das bei „Utjeset-Hor", die letztendlich nur eine Sonderform der Isis(-Hededet) darstellt. Ihre Aufgabe ist es denn auch hauptsächlich, den Schutz ihres Sohnes Horus zu gewährleisten. Ähnliches gilt auch für „Iat-dit", deren anscheinend einzige Funktion ebenfalls im Schutz der Tempelgötter besteht. Das erklärt auch, wieso die Darstellungen der beiden Göttinnen meist an den Außenwänden der Tempel angebracht sind. Dieser Schutzcharakter sowie die Namenswahl – es wird jeweils ein kultischer und nicht ein profaner

---

33 Dazu zuletzt Mendel 2003, 78–83.
34 Veröffentlicht von Goyon 1983, 54–57.
35 Urk. VIII 49 und 50 (= Aufrère 2000 Nr. 1a und b, 73–104); vgl. zu diesen Gaugötterprozessionen auch Aufrère 2000, 443–444.
36 Die Belege: LGG I 93c.
37 Die Belege: LGG II 616b–c. Hinzu kommt eine männliche Personifikation in E VI 186, 3. Vgl. für die Göttin auch Kurth 1994, 78–79 und für Übersetzungen der Stellen aus E VII Kurth 2004, 218; 249; 534.

Name des zugehörigen Ortes gewählt – zeigen deutlich, daß in beiden Fällen eine Personifikation des eigentlichen Tempelbezirks vorliegt.[38] Daraus ergibt sich, daß bis auf die sehr ähnliche Ikonographie und das gemeinsam gebrauchte Epitheton „Fürstin der Städte" die Personifikationen von Dendera und Edfu nur sehr wenig mit dem „Siegreichen Theben" gemein haben. Sie verfügen nicht über eine so kohärente Charakterisierung, wie das für Theben der Fall ist. So ist auch im Vergleich mit diesen beiden Göttinnen für das thebanische Konzept einer Stadtpersonifikation eine Sonderrolle zu konstatieren.

Wie schon angedeutet, ist der Inhalt der Beschreibungen Thebens sehr facettenreich. Zunächst erscheint die Stadt als Urhügel,[39] der sich aus dem Urwasser, dem Nun, erhoben hat. Auf diesem Hügel entsteht dann der Allherr, in diesem Fall natürlich Amun, um die weitere Schöpfung zu erschaffen. Hierin liegt eine der wichtigsten Gemeinsamkeiten mit den Monographien anderer Tempel, die ja gerne den Tempel, den sie beschreiben sollen, als Urhügel darstellen.[40] Gleichzeitig ist hier aber auch ein gewichtiger Unterschied zu den vergleichbaren Texten anderer Orte festzustellen. Während dort die Aussagen auf einen bestimmten Tempel oder (Tempel-)Bezirk beschränkt erscheinen, ist in den thebanischen Texten die Idee des Urhügels auf die gesamte Stadt ausgedehnt.[41] Dies macht Theben mithin zur ältesten Stadt ganz Ägyptens, was auch einen Widerhall bei den griechischen Schriftstellern gefunden hat, darunter Herodot (II 4), Aristoteles (Mete. I 14) und Diodor (I 15; 22; 45–46; 50).[42] Aus dieser Vorstellung der uranfänglichen Existenz ergeben sich nach diesen Texten alle weiteren Eigenschaften Thebens zwangsläufig wie von selbst. Als Beispiel hierfür diene ein Text des Euergetestores (Urk. VIII 112 = Clère 1961, Tf. 55–56):

---

[38] So für Edfu auch Kurth 2004, 249 n. 3. Für Personifikationen von Tempeln im Neuen Reich zuletzt Refai 2002, 299–303.

[39] Vgl. dazu Sethe 1929, 117–118, § 251.

[40] Für Texte aus Tempeln anderer Regionen vgl. Leitz 2004, 66–67.

[41] Dieses Phänomen läßt sich auch noch bei anderen Themenbereichen beobachten, siehe z.B. unten S. 171–173 zu Theben als Himmelsstadt.

[42] Während bei letzterem Theben schlicht als die älteste Stadt Ägyptens bezeichnet wird, wird die Entstehung der Stadt sowohl bei Herodot als auch bei Aristoteles mit der Idee des Urhügels in Verbindung gebracht. Vgl. zu dem ganzen Komplex auch Froidefond 1971, 140–144. Für einige weitere Stellen bei den klassischen Autoren siehe Kees 1934, 1565.

Wꜣst nḫtt ws[43] *m wstn*[44]   Siegreiches Theben, die Öffnung im *wstn*-Gewässer,
wbs.n[45] *wḥꜣ im=s ḥꜥt nt wbn*   worin ein Windhauch aufkam, Urhügel des Erschei-
nt pr m ḥꜣt pꜥy [*ir*] *m grḥ kꜣyt*   nens dessen, der am Anbeginn hervorgekommen ist,
dit m Nwn m ḥꜣt n ḫprt pt tꜣ   das Ufer, das in der Nacht gemacht wurde, der Ur-
dwꜣt[46] *bꜣk*[47] *itn=f wbn m*   hügel, der sich am Anfang im Nun gezeigt hat, als der
siꜣw bs=f im=s nn kmꜣ sḫt   Himmel, die Erde und die Unterwelt noch nicht
(?) *hy=f m ... m ḥḥ* (?)[48] *nn*   existierten. Der, dessen Sonnenscheibe hell ist, glänzt
rḫ tp-im=s[49] *Bnnt*[50] *nn ḥr*   als Falke, er ist in ihr erschienen, ohne daß (schon)
ḥw=f m tpḥt=f Nwn ptḥ m ḥꜣt   ein Feld entstanden war (?), er stieg auf als ein unend-
ḥms=f ꜥḥmw=f m ḫnt=s [...]   liches (?) ... (?), ohne daß man es vor ihr kannte, das
Nt[51] *šꜣꜥt mst kmꜣt wnnt wtt*   Benenet-Heiligtum des Einzigartigen in seinem

---

43 Zu diesem Ausdruck vgl. Wilson 1997, 256 mit weiterer Literatur. An dieser Stelle ist
   vielleicht nicht von der Bedeutung „Fenster" auszugehen, sondern eher von „Riß,
   Spalt (der Licht durchläßt)".

44 Nach Wb. I 367, 8 die Bezeichnung eines Gewässers. Nach Goyon 1983, 60 n. 71
   (mit Verweis auf diese Stelle) könnte der Begriff die Wasseroberfläche des Urozeans
   beschreiben und stellt für den Muttempel vielleicht eine Urform des Ischeru-Sees
   dar. Diese Interpretation bietet sich auch hier an, *ws m wstn* wäre also als ein Synonym des Urhügels aufzufassen. Beachtenswert ist auch die Homophonie dieser beiden Worte zu *Wꜣst*; hier liegt demnach ein schönes Beispiel einer Ätiologie vor.

45 Eine Emendierung in *wbs* „emporsprießen" bietet sich aufgrund der fast identischen
   Passage in Urk. VIII 50m, 2 an.

46 Eine gleichlautende Formulierung findet sich in Urk. VIII 42, 1; 49m, 2 (leicht ver-
   kürzt).

47 Alternativ ist vielleicht auch „Ba unter seiner Sonnenscheibe" (*bꜣ ḥr itn=f*) zu verstehen.

48 Die Lesung und das Verständnis der vorhergehenden Zeichen sind sehr unklar. Die
   Zeichenreste in Urk. VIII 112 und bei Clère 1961, Tf. 55 weisen starke Abweichungen auf.

49 Wb. V 272, 18 und Wilson 1997, 1135.

50 Das Benenet-Heiligtum ist eine Bezeichnung für den Chonstempel in Karnak. Daneben scheint hier aber eine Anspielung auf den „Keim" (*bnnt*) vorzuliegen, der eine
   wichtige Rolle in der thebanischen Kosmogonie spielt; siehe dazu Sethe 1929, 118, §
   252–253, Zivie-Coche 1994, 420–427 und Mendel 2003, 78–81.

51 Die Lesung ist nicht sicher. „Neith" liest hier anscheinend auch Wilson 1997, 1234,
   während nach LGG VII 123c evtl. „Schesemtet" zu verstehen ist. Inhaltlich würde
   Neith an dieser Stelle insofern gut passen, als daß die darauffolgenden Epitheta oft
   für diese Göttin gebraucht werden, siehe z.B. Esna 17, 58 und 64, 1 sowie die ganz
   ähnlichen Beiworte der Mut in Urk. VIII 57c (die Göttin heißt dort *Nt mst ḫpr*
   „Neith, die das Entstandene gebiert"). Auch die nachfolgende Nennung der Amaunet könnte für Neith sprechen. Zur Verbindung der beiden Göttinnen siehe Sethe
   1929, 33, § 57 und 86, § 177, El-Sayed 1982, 141, Goyon 2003, 44–53; vgl. dazu z.B.
   auch die markanten Aussagen in Esna 28.

t3wy ḥbst tp[52] *m Nwn št3 k3 m*   Quelloch, Nun, der am Anbeginn geschaffen wurde –
sm3wy nn šsr r šsr ḏt=s igb   er setzt seine Abbilder in sie [...] Neith, die das
ntr=s k3=f ntr pr nn si3   Gebären begonnen, das Seiende erschaffen und die
irw=f[53] *si m dft*[54] *ḥnᶜ=f m*   beiden Länder erzeugt hat, die den Acker im Nun
tm3t ḥryt-ib[55] *irw=s dsr m*   verhüllt hat, (so) war das hohe Feld (= Urhügel) in
Imnt[56] *bk3t ntrw mwt nt ntrwt*   Dunkelheit, denn es gab kein Licht außer dem Licht
ᶜnḫt km3t ḫt nbt wbnt msw=s   ihres Leibes. Der Windhauch ist ihr Gott, sein Name
m ḥrt m stwt=s ḥtpt im=s m   ist „Gott, der hervorkommt, ohne daß seine Gestalt
ki[=s]   bekannt ist". Sie war als Urahnin bei ihm, (nämlich)
als die Mutter, die Kobra, ihre heilige Gestalt ist
Amaunet, die die Götter gebiert, die Mutter der
Göttinnen, die lebende Flamme, die alle Dinge
schafft, deren Kinder am Himmel in ihrem Licht
strahlen, die in ihr (= Theben) in [ihrer] Gestalt weilt.

Ein wichtiges Thema ist die Beziehung Thebens zur Nilflut. So wird hier das Quelloch des Nun (*tpḥt Nwn*) lokalisiert.[57] Deshalb ist es auch möglich, daß die Nilflut auf Befehl des „Siegreichen Theben" bzw. des Amun zur rechten Zeit kommt und wieder zurückgeht. Am Muttor heißt es dazu (Sauneron 1983, Tf. 8, Nr. 5):

hy Ḥᶜpy r ssw=f m pr im=s   Die Überschwemmung steigt zu ihrer Zeit als etwas,
sḫd=f r nw=f m sḫrw=s   das aus ihr (= Theben) hervorkommt, sie fällt zu
ihrer Zeit nach ihrem (= Theben) Plan.

Ein wenig ausführlicher wird das Geschehen im südlichen Soubassement des 2. Pylons beschrieben (Urk. VIII 143, 6):

---

52   Für diesen Ausdruck vgl. die Parallelstelle in der Monographie, die direkt neben dieser angebracht ist (Urk. VIII 111 (= Clère 1961, Tf. 58), diese Stelle allerdings nur bei Clère 1961). Dort heißt es von Mut: „die das Gebären begonnen hat, die den Acker dessen verhüllt hat, der sich zum Himmel entfernt hat" (*š3ᶜt mst ḥbst tp ḥr sw r pt*).

53   Zu dieser Wesensbeschreibung des Amun vgl. Sethe 1929, 87–102, §§ 178–216.

54   Nach Wilson 1997, 1234–1235 eine Bezeichnung für „mother, ancestress" (mit dieser Stelle).

55   Zu diesem Ausdruck, der wohl ein Synonym für *ḥryt-tp* „Kobra" darstellt, und seinem Gebrauch in Zusammenhang mit *tm3t* „Mutter" siehe Goyon 2003, 44–53.

56   So auch in Urk. VIII 143, 10, vgl. auch Sethe 1929, 34, § 59.

57   Dazu Sethe 1929, 70–71, § 140 und 119, § 254.

ḥy mw m wḏt nt nṯr=s sḫd[=f	Hoch wird das Wasser auf den Befehl ihres (= The-
ḥr][58] *st-rȝ=f bw pḥ Nwn in*	ben) Gottes (= Amun), und auf [seinen Be]schluß hin
ḥm=f Ḥr-ȝḫty bs n=f nfnf m	fällt [es] wieder, das ist (nämlich) der Ort, wo seine
sin	Majestät Harachte den Nun erreicht, für ihn kommt
	die Überschwemmung eilends hervor.

Auch die besondere Bedeutung der thebanischen Nekropolen wird hervorgehoben.[59] Wie auch bei den Ortsnamen gebräuchlich, so werden die Namen der verschiedenen Nekropolen oft durch Epitheta des „Siegreichen Theben" gebildet. Neben dem Grab des Osiris werden auch die verschiedenen Nekropolen in Theben-West angesprochen und mit bestimmten Gottheiten in Verbindung gesetzt, so etwa Djeme als Begräbnisstätte des Amun. Sehr aussagekräftig ist hierzu ein Text des Euergetestores (Urk. VIII, 113 = Clère 1961, Tf. 38–39):

Wȝst nḫtt rwd n ir-tȝ[60] *šṯyt*	Siegreiches Theben, Treppe des Irta, großes Grab
wrt nt štȝ ḫprw ʿȝyt ʿkȝ tp=f	dessen mit geheimer Gestalt, Heiligtum dessen,
ḥr dwȝt nt Wȝst m ḏw imntt m	dessen Kopf sich genau unter der Nekropole von
hȝw Bȝt Ṯȝmt[61] *Ḫftt-ḥr-n-*	Theben im Westgebirge in der Nähe des Hügels von
nb=s[62] *nt ḫpr ḏs=f ḫnmt*	Djeme befindet, die, die ihrem Herrn gegenüber ist,
ʿnḫ[63] *nt Ḫmnyw imnt sḫrw nt*	dessen, der von selbst entstanden ist, der Achtheit, die mit verbor-
ir m Wȝst Wsir nṯr spȝwt ḥrt	genem Plan dessen, der in Theben geschaffen wurde,
ʿȝt nt Ḥr-sȝ-ȝst[64] *smȝ.tw m*	(nämlich) Osiris, der Gott der Gaue, großes Grab des
ḫnt=s r ḏt biȝ n bȝw ḥrt-nṯr	Harsiese – man wird in ihr begraben bis zur Ewigkeit,
nt ḥȝwt st sḫn nt ʿḥmw	das Firmament der Bas, die Nekropole der Leich-
	name, der Ort des Niederlassens der Götterbilder.

---

58 Die Ergänzung nach Wb. IV 266, 6. Vgl. auch die ganz ähnlichen Formulierungen bei Sauneron 1983, Tf. 8, Nr. 5, in Urk. VIII 107, in der es wahrscheinlich ebenfalls um die Überschwemmung geht, und in Urk. VIII 142, 9.

59 Auch im Papyrus Leiden I 350 ist Theben als Begräbnisort ja ein eigenes Kapitel gewidmet (Kapitel 800, Kol. VI 9–13).

60 Die Treppe des Irta wird auch in Urk. VIII 143, 6 und vielleicht in Urk. VIII 107 erwähnt. Die Treppe ist hier vielleicht als Anspielung auf den Urhügel zu verstehen. Daneben könnte sie auch auf das Orakelwesen hindeuten, vgl. Sethe 1929, 117, § 251.

61 Eine fast identische Parallele dieses Ausdrucks in Urk. VIII 84h. Dort handelt es sich um ein Epitheton des Amun.

62 Dies ist eine Bezeichnung des Westufers von Theben, das auch als Göttin personifiziert werden kann, siehe zuletzt Cozi 1996, 17–31.

63 Ursprünglich der Name des Totentempels Thutmosis' I., wurde dieser ab der Spät-

Aber nicht die Nilflut oder die Nekropolen stehen im Vordergrund der Charakterisierung der Stadt. Dies sind ganz eindeutig die Aspekte der Suprematie über Ägypten und die Bedeutung Thebens als Himmelsstadt. Die Idee einer Vorherrschaft Thebens geht, wie schon angemerkt, auf altes Gedankengut zurück. Während diese im Papyrus Leiden I 350 noch mit der Siegeskraft von Theben begründet und von einem ursprünglichen Befehl aus der Götterwelt hergeleitet wird (Kapitel 700, Kol. VI, 1–8), wird sie in den ptolemäischen Monographien vor allem auf die Ursprünglichkeit der Stadt zurückgeführt. Theben ist die Mutter, die Matrix aller Städte,[65] was sie auch als deren Oberhaupt qualifiziert.[66] Das hat nicht zuletzt damit zu tun, daß Theben als die Residenz des Amun angesehen wird; und so wie Amun der König der Götter ist, ist seine Stadt die Herrin aller weiteren Städte.[67] Auch wird natürlich gerne damit gespielt, daß Theben seit dem Neuen Reich im Ägyptischen einfach „die Stadt" (*Niwt*) genannt werden konnte, was im Demotischen ihre fast ausschließliche Bezeichnung ist. Theben ist somit die Stadt par excellence. Ohne Theben ist die vom Menschen geschaffene Welt nicht denkbar, nach ihrem Muster werden Städte und Gaue angelegt und sie wird als deren Schöpferin beschrieben, durch sie werden Ordnung und Recht gewährleistet, und nicht zuletzt das Königtum wird mit der Stadt des Königs der Götter in Zusammenhang gebracht. All das billigt der Stadt eine maßgebliche zivilisationstiftende Funktion zu. Ein Text des Muttores sieht das so (Sauneron 1983, Tf. 9, Nr. 5):

---

zeit als Bezeichnung für das gesamte Gebiet von Medinet Habu und Deir el-Medineh gebraucht und insbesondere mit der Achtheit in Verbindung gebracht, siehe Otto 1952, 71, vgl. auch Stadelmann 1978, 172; 178. Eine Nebeneinanderstellung dieses Ortsnamens mit Djeme, die ja auch hier vorzuliegen scheint, findet man ebenfalls in Urk. VIII 95c.

[64] Vgl. auch die in Urk. VIII 87e erwähnte „Nekropole des Horus, Sohn des Osiris" (*ḥrt nt Ḥr-s3-Wsir*).

[65] So wird die Stadt in der Gaugötterprozession des Monthtores im 7. o.äg. Gau auch explizit genannt (Urk. VIII 49i, 2): „Model der Städte, Urform der Gaue" (*bt n niwwt swḥt sp3wt*). Vergleiche zur Lesung *bt* „Model" schon Sauneron 1962, 101 n. jj.

[66] So auch die kurze Charakterisierung der Stadt in Dendera (D II 133, 1–2 und, fast identisch, D X 282, 8–10; siehe hierzu Eldamaty 1995, 146).

[67] Diese Idee wird beispielsweise sehr treffend in dem für Amun belegten Epitheton „dessen Gebiet größer ist als das jeder (anderen) Stadt, genauso wie sein Name größer ist als der der (anderen) Götter" (*wr sp3t=f r niwt nbt mi wr k3=f r nṯrw*) wiedergegeben (Urk. VIII 8b und 70b sowie Esna 11, 12–13).

ꜥḥꜥ[68] nb m nswt tp tꜣ m ḥry
tꜣ[69] n nṯr im=s wr ḥnb=s r
niwwt dmḏ.w nts rdit n spꜣwt
ḳmꜣ.n=s ḥnwt niwwt pw nn
wn mitt=s pt ḥr sꜣ tꜣ[70] n nb
nṯrw ꜥꜣ=s r niwwt wr=s r
spꜣwt ṯn nṯr=s r nṯrw nṯrwt

Ein jeder, der König auf Erden ist, ist in ihr (= Theben) der Nachfolger des Gottes (= Amun), ihr Ackerland ist größer als das aller anderen Städte, sie ist die,
die den Gauen, die sie erschaffen hat, gibt, denn sie
ist die Fürstin der Städte, nicht gibt es ihresgleichen,
der Himmel auf Erden des Herrn der Götter, sie ist
größer als die Städte und größer als die Gaue, ihr
Gott ist erhabener als (alle) Götter und Göttinnen.

Die Vorherrschaft Thebens als Ergebnis ihres hohen Alters zeigt sich zum Beispiel im 2. Pylon (Urk. VIII 143, 3–4):[71]

ḥꜥt wmtt ḳꜣt m hꜣt mst
Ḥmwst[72] dmi.tw sꜣtw=s r
niwt nbt[73] ḫpr niwwt r=sn
ir.tw šdywt m rn=sn ḥr
niwt=sn[74] pw ḳmꜣt sn kꜣ.tw

(Theben ist) der massive und hohe Urhügel am Anbeginn, die die Hemuset gebar, man hat ihre Erde für
jede Stadt benutzt, so daß die Städte ihrerseits entstanden, man schuf die Felder in ihrem Namen, denn
ihre (Mutter-)Stadt ist es, die sie geschaffen hat. „Die

---

68 Wb. I 219, 4–5.

69 Wb. III 136, 3–4, Wilson 1997, 666. Vgl. auch die Einträge in LGG V 386c–387b.

70 Zu diesem Toponym siehe unten S. 174**.

71 Inhaltlich ganz ähnlich sind der zweite Teil von Urk. VIII 113 (= Clère 1961, Tf. 38–
39) und die zahlreichen Erwähnungen in der Gaugötterprozession des Monthtores
(Urk. VIII 49–50).

72 Die Hemuset können u.a. den Urhügel symbolisieren, vgl. Kaplony 1977, 1117. Zu
ihrer Geburt am Beginn der Schöpfung vgl. z.B. Urk. VIII 104b (eine Parallele dazu
in KO 58) und 129b.

73 Ganz ähnlich formuliert in Urk. VIII 14f und 113 „man benutzt ihre Erde, um die
beiden Länder zu gründen, man sagt Stadt zu ihnen wegen ihr" (dmi.tw sꜣtw=s r grg
tꜣwy ḏd.tw niwt r=sn ḥr=s; Sethe 1929, 118, § 251 übersetzt: „an deren Boden man
landete, bis die beiden Länder besiedelt wurden"). Eine passende Übersetzung von
dmi „berühren" fällt hier nicht leicht. Gemeint ist doch wohl, daß sich nur aus thebanischer Erde eine Stadt oder der Staat errichten läßt (ganz ähnlich versteht diesen
Sachverhalt anscheinend auch Drioton 1944, 136 und 138; er übersetzt dort dmi sehr
passend mit „repartir" bzw. „distribuer", in diese Richtung auch Aufrère 2000, 432,
der für dmi „établir" wählt). Dafür könnte auch ein Beiwort des „Siegreichen Theben" in Urk. VIII 49o, 2 sprechen, wo es heißt: ḫpr spꜣwt m sꜣtw=s „aus ihrer Erde
sind die Gaue entstanden". Eventuell wurde dmi „berühren" hier wegen des gleich-
klingenden Wortes dmi(t) „Siedlung, Ankerplatz" gewählt, um so den zivilisations-
stiftenden Charakter der Stadt zu unterstreichen, ähnlich auch Sternberg-El Hotabi
1993, 69 n. 8. Letzteres Wort ist zudem wahrscheinlich von dmi „berühren" abzu-
leiten, siehe dazu Wilson 1997, 1196, Goelet 1999, 78 und Verhoeven 2004, 74 n. 53.

74 Die Lesung des Wortes ist nicht unkompliziert. Die Schreibung läßt sich einfach als
niwt „Stadt" lesen, an dieser Stelle bietet sich aber genau so gut mwt „Mutter(stadt)"

n=s šnt t3 r-dr=f rdit[75]   die Erde umspannt" sagt man zu ihr, die ihre Ecken
hsswy=sy r fdwt shnwt   an die vier Himmelsstützen gibt, so sind sie zusam-
wn=sn is hnꜥ t3w tw3=sn nwt   men mit den Winden, und sie erheben die Himmels-
nt imn mdw im=s n shm   stätte des Verborgenen. In ihr ist der Stab des Mäch-
shmw 3ms sk n Hr-3hty[76]   tigsten der Mächtigen, so wie die Keule des Harachte
hr.tw W3st nhtt nbt hpš m   – man nennt ihren Namen „Siegreiches Theben,
rn=s hr nd.n=s ntrw r-   Herrin der Kraft", weil sie die gesamten Götter ge-
3w=sn wnn hmt=s m gs-hry   schützt hat. Ihre Majestät ist das Oberhaupt der Kö-
nswwt bityw dr dd.in Rꜥ ir=s   nige von Ober- und Unterägypten, weil Re gesagt hat:
mkt pt hr W3st ts-phr s3.n=s   „Sie bereitet den Schutz des Himmels in Theben und
msw=f[77] r mn min m   umgekehrt", sie hat seine Kinder bis heute geschützt
shmw=f hnty ꜥnhw ntrw   mit seinen Abbildern, des Ersten der Lebenden. Die
ntrwt ht tpyt hpr im=s   Götter und Göttinnen der ersten Generation sind in
    ihr entstanden.

Nicht zuletzt wird immer auch der Reichtum Thebens, vor allem an Land, gegenüber den anderen Städten hervorgehoben,[78] auch hierauf findet sich ein Verweis bei Diodor (I 45–46).

Neben dem Anspruch eines irdischen Primats der Stadt finden sich auch immer wieder ganz eindeutige Verweise darauf, in Theben auch ein Spiegelbild des Himmels zu sehen. Theben wird als der Himmel Ägyptens, Amun und Chons werden als Sonne und Mond bezeichnet, während die Bewohner die Gestirne darstellen. Die ausführlichste Fassung findet sich am 2. Pylon in Karnak (Urk. VIII 143, 5–6):

---

an. Siehe zu diesem Komplex auch schon Drioton 1944, 137 n. f.

[75]   So nach Drioton 1944, 139.

[76]   Zu den beiden Stäben vgl. Urk. VIII 68b und Tôd II 187A. Eine Keule des Horus (3ms n Hr) wird auch in den Sargtexten erwähnt (CT 473, 5 b–c, dazu Bidoli 1976, 63f.).

[77]   Vielleicht ist hier ein Dual mswy=fy „seine beiden Kinder" zu verstehen, vgl. auch Zl. 13 derselben Inschrift, dagegen aber Drioton 1944, 143 n. f.

[78]   So wird in der nördlichen Monographie des 2. Pylons (Urk. VIII 142, 7) Amun als derjenige bezeichnet, der „den Besitz Thebens größer gemacht hat als den der (anderen) Städte zusammen, wie es sich gehört" (sꜥ3.n=f ht W3st [r] niwwt dmd.w mi nt-ꜥ=sn).

nts pw pt nt Kmt[79] *ḥḳȝt m*
tȝwy in ḥmt=s pḥwy ḏt[80]
[it]n=s 'Imn wr iwn-ḥꜥꜥ=s m
ḫnty Bnnt wnnw=s sbȝw[81]
nw wꜥbt Wȝstyw nti Mnṯw nḫt
ȝḫt pw nt Rꜥ ḥry nṯrw m-
ḫnt=s nn[82] *ḳd=s m ḫtmn*

Sie (= Theben) ist der Himmel Ägyptens, die Herr-
scherin in den beiden Ländern, ihre Majestät bringt
das Ende der *ḏt*-Zeit, ihre Sonnenscheibe ist der
große Amun, ihr Mond ist der Vorsteher des Be-
nenet-Heiligtums (= Chons), ihre Einwohner sind die
Sterne des Himmels, die Thebaner des siegreichen
Month. Sie ist das Glanzauge des Re, der Oberste der
Götter ist in ihr, (denn) es gibt nicht ihresgleichen auf
der Welt.

Ganz ähnlich sind die Aussagen am Euergetestor (Urk. VIII 114 = Clère 1961,
Tf. 36–37):

ȝḫt nt Rꜥ ḥry nṯrw m-ḫnt=s
nn mitt=s m tȝ pn Rꜥyt nbt
niwwt[83] *nt Rꜥ n nṯrw ḫȝy*
ḥḏwt=s ndb šw=s 'Imn iꜥḥ=s
[Ḥnsw] rmṯ=s sbȝw nw pt[84]

(Theben ist) das Glanzauge des Re, der Oberste der
Götter ist in ihr, (denn) es gibt nicht ihresgleichen in
diesem Land (= Ägypten), Re-Stadt, die Herrin der
Städte des Re der Götter, deren Licht die Erde beleuchtet – ihre Sonne ist Amun, ihr Mond ist Chons,
ihre Menschen sind die Sterne des Himmels.

Die Vorstellung, in den Einwohnern Thebens Sterne zu sehen, scheint in der
ptolemäischen Felskapelle von Deir el-Bahari eindrucksvoll visualisiert zu sein.[85]
Dort sieht man an der Nordwand vor einer Göttergruppe, die von Amenhotep

---

[79]   Dieser Ausdruck für Theben ist vielleicht auch in Opet I 139 gemeint, wo Isis „die
      Herrin in Karnak, die weibliche Sonne des Himmels von Ägypten, Isis in Theben"
      (*ḥnwt m 'Ipt-swt Rꜥt nt pt nt Kmt ȝst m Wȝst*) genannt wird. In Dendera wird Heliopolis
      als der „Himmel Ägyptens" (*pt nt Kmt*) bezeichnet (z.b. D II 134, 6 und D X 288, 9).

[80]   Diese Idee ist fast identisch auch schon im Papyrus Leiden I 350 (Kapitel 7, Kol. I
      17) formuliert, siehe auch Urk. VIII 111.

[81]   Die Lesung ist nicht sicher. Ebenso könnte man hier *ꜥnḥw* „Sterne" lesen, was ein
      schönes Wortspiel mit *ꜥnḥw* „Bürger, Einwohner" ergäbe. Auch eine Lesung *nṯrw*
      „Götter" ist im Hinblick auf die unten besprochenen Stellen in Deir el-Bahari nicht
      vollkommen auszuschließen, würde aber nicht so gut in den Kontext von Sonne und
      Mond passen„ siehe hierzu auch schon Drioton 1944, 146 n. d.

[82]   Zu dieser Ergänzung vgl. den Eintrag in LGG III 504c.

[83]   „Re-Stadt, Herrin der Städte" (*Rꜥyt nbt niwwt*) wird das „Siegreiche Theben" auch im
      Papyrus Leiden I 350 (Kapitel 7, Kol. I 13) und in Urk. VIII 49o,1 genannt.

[84]   Vgl. hierzu auch die Gaugötterprozession des Monthtores, in der das „Siegreiche
      Theben" im 13. u.äg. Gau als Himmel von Sonne, Mond und Sternen bezeichnet
      wird (Urk. VIII 50n, 2).

[85]   Dazu allgemein Otto 1952, 11, Wildung 1977, 222–225, Laskowska-Kusztal 1984,
      83–86 und Mendel 2005, 18–19.

angeführt wird, eine übergroße, weit ausladende Stadthieroglyphe, in der sich 36 Sterne befinden, die als die 36 Dekane zu interpretieren sind.[86] In der Beischrift werden diese als „Bürger der Stadt (= Theben), Mutter der Städte" (*niwtyw Niwt mwt niwwt*)[87] bezeichnet.[88] Interessant ist auch, daß diese Sterne in der horizontalen Inschriftenzeile, die sich unter dieser Szene befindet und eine Anrufung an Amenhotep enthält, anscheinend erneut erwähnt und als Einwohner Thebens bezeichnet werden. Dort heißt es: „Die Bewohner in ihr (= Theben) stimmen für dich Lobpreisungen an ... Amenhotep ... Mögest du den täglichen Bedarf der Bürger von Theben gewähren." (*ʿnḥw (✦✦🐍)*)[89] *im=s ḥr kȝ n=k ḥsw* ... *Jmn-ḥtp ... ir=k ḥrt-hrw nt niwtyw Wȝst*).[90] Diese Schreibung greift die Idee der Monographien, die Einwohner Thebens seien Sterne, sehr prägnant wieder auf. Parallel gegenüber auf der Südwand steht die Hieroglyphe für Theben auf einer Standarte und wird von sechs Sternen eingerahmt.[91] Die Beischrift weist diese als „Thebaner" (*Wȝstyw*) aus.[92] So läßt sich auch aus den beiden Szenen in Deir el-Bahari der Schluß ziehen, daß die Sterne als Einwohner Thebens gedeutet werden können. Vordergründig sind dies die Dekane, aber allgemein könnten damit vielleicht auch alle Götter angesprochen sein.[93] Gleichsam eine Art Zusammenfassung dieses Konzeptes eines himmlischen Ortes stellt der für Theben häufiger verwendete Ausdruck „Himmel auf Erden" (*pt ḥr sȝ tȝ*) dar, der seit der 25. Dynastie belegt ist und zunächst anscheinend nur für ein Tempelgebäude benutzt wurde.[94] Darin spiegelt sich die Anschauung wider, daß ein Tempel als

---

[86]   Hierzu Kákosy 1982, 179–182, von Lieven 2000, 170 n. 491 und Mendel 2005, 19 n. 39.

[87]   Hier scheint der schon aus den Monographien bekannte Gedanke von Theben als Erschafferin aller Städte aufgegriffen zu sein. Zu einem thebanischen Bezug dieses Ausdrucks vgl. auch Sauneron 1965, 79 n. j.

[88]   Laskowska-Kusztal 1984, Tf. 6, Text 31 (= Naville 1906, Tf. 150).

[89]   So hat auch Otto 1952, 11 den Text verstanden. Alternativ läßt sich an dieser Stelle mit Laskowska-Kusztal 1984, 48 vielleicht auch *dwȝw* „die Lobpreisenden" lesen.

[90]   Laskowska-Kusztal 1984, Tf. 6–8, Text 47 (= Naville 1906, Tf. 150).

[91]   Zu diesem Gebilde von Lieven 2000, 43 n. d und Mendel 2005, 18 n. 36.

[92]   Laskowska-Kusztal 1984, Tf. 10 Text 48 (= Naville 1906, Tf. 149).

[93]   Die Schreibung ✦✦✦ ermöglicht es ja in der Tat, an eine Assoziation zwischen „Sternen" (*sbȝw*), „Göttern" (*nṯrw*) und „Einwohnern" (*ʿnḥw*) zu denken. Zu der Idee, daß die Gestirne auch die Götter repräsentieren können, vgl. von Lieven 2000, 189.

[94]   In einem Hymnus, der im „Edifice of Taharqa", mit einer Parallele im Hibistempel, angebracht ist. Siehe dazu Parker/Leclant/Goyon 1979, 70 und Tf. 27, Zl. 3 und Hibis, Tf. 31. Die Idee, daß Karnak etwa ein Ebenbild des Himmels sein kann, läßt sich bis in das Neue Reich zurückverfolgen, vgl. die anfangs (S. 161) genannte Obeliskeninschrift der Hatschepsut.

Götterwohnung und daher als Äquivalent des Himmels fungieren kann.[95] Mit
der Übertragung dieses Ausdrucks auf Theben wird die ganze Stadt gewissermaßen zu einem einzigen großen Tempel,[96] der als der ideale Aufenthaltsort für
alle lokalen aber auch für überregional verehrte Götter gesehen wird.[97] Diese
„Zweiteilung" ist auch in den Texten greifbar. Am Euergetestor werden auf der
einen Seite hauptsächlich überregionale Gottheiten angesprochen (Urk. VIII
111 = Clère, Tf. 57) :

Ipt-swt n Imnt[98] *T3-rr* [*n*] *s3t*	(Theben ist) Karnak für Amaunet, Dendara [für] die
[*Rˁ* ...] *n ḳm3.n Wsir 3st*[99] *3ḫt*	Tochter [des Re (= Hathor), Edfu (?)] für den, den
nt 3st it=s t3wy im=s t3 wr[100]	Osiris und Isis gezeugt haben (= Horus ?), der Hori-
n Nbt-ḥwt[101] *bi3 n b3w nw*	zont der Isis – sie beherrscht die beiden Länder darin
ntrwt r-3w=sn st sḫn nt	–, der Osten der Nephthys, das Firmament der Bas
[*ˁḥmw*]	aller Göttinnen, der Ort des Niederlassens der
	[Götterbilder].

Parallel dem gegenübergestellt, auf der anderen Seite des Tores, finden die lokal
verehrten Götter Erwähnung (Urk. VIII 114 = Clère Tf. 36–37):

---

[95] Siehe Assmann 1967, 254 n. 44, vgl. z.B. auch Gutbub 1973, 127 n. b–c. Die weiteren Stellen, in denen der „Himmel auf Erden" aber sicher auf ganz Theben zu beziehen ist: Urk. VIII 15b; 50m; 59k; 107; Sauneron 1983, Tf. 9, Nr. 5; KO 924 (eine
Parallelstelle zu Urk. VIII 59k) und die Statue des Ahmose (Fairman 1934, Tf. I 2);
vgl. auch pLeiden T 32 III, 5: Herbin 1994, 148 und 439.

[96] Hierauf nimmt sicher auch das für das „Siegreiche Theben" belegte Epitheton „Die
Herrin der Tempel" (*ḥnwt rȝw pr*) Bezug, die Belege in LGG V, 192c–193a.

[97] Darauf verweisen auch Ortsnamen wie etwa *bȝt ntrw* „Busch der Götter" (z.B.
Sauneron 1983, Tf. 11, Nr. 10, Tôd I 31, B2; Tôd II 286, 9 und 302, 3 sowie evtl.
Urk. VIII 41 und Shanhûr, 124, Nr. 70 und Tf. 104/106). Zu diesem Toponym (mit
weiteren Stellen) und seiner Bedeutung siehe jetzt Thiers 2005, 61–66, zum Busch als
Aufenthaltsort, der Schutz gewährt, auch Guglielmi 1994, 113f.

[98] Hierzu Sethe 1929, 33, § 55.

[99] Auf den ersten Blick möchte man hierin eine Bezeichnung für Horus erkennen und
so in der Lücke eine Bezeichnung für Edfu ergänzen. Allerdings werden in diesem
Abschnitt sonst nur weibliche Gottheiten genannt, dazu zum Abschluß die Bas aller
Göttinnen erwähnt, während in der gegenüberliegenden Inschrift, in der die lokalen
Götter aufgezählt sind, nur männliche Gottheiten samt den Bas aller Götter genannt
werden. Ein männlicher Gott würde an dieser Stelle deshalb ein wenig aus dem
Rahmen fallen.

[100] Zur Verbindung von Nephthys mit dem Osten siehe etwa Tôd II 293, 11. Auch
schon in Tb. 161 wird Nephthys mit dem Ostwind gleichgesetzt.

[101] Zur Schreibung vgl. LGG III 95c.

s3 n ꜥnḫ[102] *n Ḫmnyw bḥdw n*   (Theben ist) der Stall des Lebens der Achtheit, der
Rꜥ ḥry nṯrw Bnnt wrt nt Šw s3   Thronsitz des Re des Obersten der Götter, das große
Rꜥ s3ṯw k3 n t3yty s3b pr   Benenet-Heiligtum des Schu, Sohn des Re, der er-
Gb[103] *nst=f mtr*[104] *ḥwt wtt*   höhte Boden des Wesirs, das Haus des Geb dessen,
Wnn-nfr m3ꜥ-ḫrw isbt pw nt   dessen Sitz recht ist, das Haus des Erzeugens des On-
nswt nṯrw srḫ wr n s3 3st[105]   nophris, gerechtfertigt, es ist der Thron des Königs
sš n b3w nti nṯrw nbw ḫ3yt   der Götter, der große Serech das Sohnes der Isis, das
wrt nt ꜥḥmw=sn   Nest der Bas aller Götter, das große Tempelgemach
ihrer Abbilder.

Die besondere Heiligkeit der Stadt ist hiermit ganz offenbar. Dieser und all die anderen Ausschnitte aus den Monographien stellen eine Sache besonders heraus, und das ist, jedenfalls nach thebanischer Sichtweise, die absolute Sonderstellung dieser Stadt in Ägypten, aus der vor allem der Anspruch einer Vorherrschaft über ganz Ägypten abgeleitet wird.

Nach diesem Überblick über die Beschreibungen der Stadt Theben soll nun auf die eingangs formulierte Frage eingegangen werden, ob in den Monographien ein etwaiger inhaltlicher Hintergrund für einen immer wieder vermuteten geistigen Widerstand der thebanischen Priester zu finden ist. Damit könnten diese Texte indirekt auch einen Faktor für die zahlreichen Erhebungen in Theben während der ptolemäischen Herrschaft darstellen. Zunächst ist aber festzuhalten: Die Monographien haben zuallererst einen theologischen Hintergrund, und ganz allein deshalb wurden sie, gleichsam für die Augen der Götter, aus alten Quellen redigiert und danach auf den Tempelmauern innerhalb der Vorgaben der Dekorationssystematik angebracht. Im Gegensatz zu den meisten anderen Tempeltexten können die Monographien aufgrund ihres Anbringungsortes aber auch von den Menschen gesehen und gelesen worden sein. Da sie in die Bandeaux du soubassement oder den Soubassements der großen Torbauten eingraviert waren, befanden sie sich an vielfrequentierten Orten auf einer relativ leserfreundlichen Wandhöhe.[106] Das und die Tatsache, daß die Monographien

---

102 Auch dies ist eine Bezeichnung für Theben. Weitere Stellen sind Urk. VIII 24b; 88b; 103d; 143, 6 und 151b, vielleicht auch Urk. VIII 142, 8, dort ist nach Sethe 1929, 98, § 206 „Tor des Lebens" zu lesen. Auffallend ist die häufige Verbindung mit Osiris, was, wie auch hier in der Verbindung mit der Achtheit, für einen chthonischen Aspekt sprechen könnte. Ein Toponym *s3 n ꜥnḫ* existiert auch in Edfu: E III 159, 5 und VIII 133, 2–3, dort wohl mit der Bedeutung „Palast" (Wilson 1997, 786).

103 Eine Bezeichnung des Opettempels. Zur Schreibung Bedier 1995, 111 n. 2.

104 Oder ist dies auf den Wesir zu beziehen: „Das Haus des Geb ist sein rechter Sitz"?

105 Dieses Epitheton des „Siegreichen Theben" auch in Urk. VIII 50n, 3.

106 Natürlich wird bei diesem Szenario nicht davon ausgegangen, daß ein jeder diese

eine sehr starke Traditionsgebundenheit widerspiegeln, könnte für eine ziemlich weite Verbreitung der dort entwickelten Anschauungen innerhalb der thebanischen Bevölkerung oder zumindest der thebanischen Priesterschaft[107] sprechen. Diese Menschen waren also mit dem Anspruch ihrer Stadt, sie als das Oberhaupt ganz Ägyptens zu sehen, bestens vertraut. Daher könnten die Monographien als Ausdruck eines kollektiven Gedankengutes verstanden werden und somit auch auf eine politische Weise gelesen und interpretiert worden sein. Denn es bleibt zu konstatieren, daß dort ein Bild von einer Stadt entworfen wird, das den tatsächlichen Gegebenheiten so kaum entsprochen haben wird. Von Theben als politischer oder wirtschaftlicher Metropole, wie es die Stadt einst für Ägypten war, konnte während der ptolemäischen Herrschaft keine Rede mehr sein, auch wenn sie noch eine gewisse Prosperität ausstrahlte und weiterhin ein wichtiges religiöses Zentrum war.[108] Die politische Macht in der Thebais ging nun aber grundsätzlich von dem neugegründeten Ptolemais aus.[109] Und auch die thebanische Priesterschaft verfügte über keine bedeutende politische Macht mehr. Sie hatten keine besondere Beziehung zum ptolemäischen Königshaus wie etwa ihre Kollegen aus Memphis.[110]

Überspitzt formuliert könnte man daher fragen, ob eine religiöse Wahrheit auch für die historische Realität als ein maßgebliches Leitbild in einer Zeit fungieren konnte, in der Anspruch und Wirklichkeit dieser Stadt augenscheinlich so weit voneinander entfernt waren. Nach dieser Sichtweise könnten Vorstellungen über die Stadt Theben in der Tat als ein Indiz für eine weitverbreitete theben-

---

Texte selbst lesen konnte, vgl. aber zur Gelehrsamkeit der Priesterschaft Tait 2003, 26 und 29. Vielmehr ist davon auszugehen, daß die Inhalte dieser Texte für breitere Schichten vorgelesen oder mündlich weitertradiert wurden. Auch die zahlreichen Erwähnungen über das hohe Alter Thebens bei den klassischen Autoren, die ihre Auskünfte sehr wahrscheinlich aus dem Priestermilieu erhalten haben, könnten ein Hinweis auf eine weite Verbreitung der Texte sein.

[107] Diese dürfte eine nicht unerhebliche Gruppe der Gesamtbevölkerung gestellt haben. Interessant in diesem Zusammenhang ist beispielsweise, daß nach Felber 1993, 56 n. 31 während der Ptolemäerzeit in Oberägypten mehr als ein Drittel der Menschen beruflich mit dem Tempel zu tun hatte.

[108] Bataille 1951, 327; 337, Vandorpe 1995, 208.

[109] Siehe z.B. Vandorpe 1995, 210 und Blasius 2002, 46.

[110] Zum unterschiedlichen Verhältnis von Memphis und Theben zum ptolemäischen Königshaus und einer daraus herrührenden Rivalität, siehe z.B. Thompson 1988, 108; 144, Huß 2001, 448, vgl. auch Veïsse 2004, 229 (mit weiterer Literatur), siehe für einen Vergleich dieser beiden Städte hauptsächlich für das Neue Reich Traunecker 1988, 97–102. Vgl. auch die Gaugötterprozession in et-Tôd, in der Oberägypten von Theben (*W3st nḫtt*, Tôd I 81) und Unterägypten von Memphis (*Inbw ḥd*, Tôd I 104) angeführt werden.

zentrierte und damit letzten Endes „proägyptische" Haltung unter den thebanischen Priestern gelten. In diesem Zusammenhang ließe sich auch eine Kooperation mit den Gegenkönigen Haronnophris und Chaonnophris während des großen Aufstandes in Oberägypten zwischen 205 und 186 v.Chr. gut erklären. Auch wenn es nicht sicher ist, ob diese beiden Könige in Theben gekrönt wurden oder nicht,[111] so spricht doch ihr angenommener Titel, der das Namenselement „geliebt von Amun, König der Götter" enthält,[112] genauso wie die in Theben nach ihren Regierungsjahren datierten demotischen Urkunden für eine Zusammenarbeit mit den thebanischen Priestern.[113] Die Priester stellten somit für die Gegenkönige einen legitimatorischen Faktor erster Güte dar, was gleichzeitig einen enormen Anstieg ihrer eigenen politischen Machtfülle,[114] und somit gleichzeitig der Stadt Theben, bedeutete. Damit wären sie ihren eigenen theologischen „Vorgaben" weit näher gekommen als in den Zeiten unter ptolemäischer Herrschaft. Gleichzeitig könnte man in dem Verhalten der Priester auch einen gewissen Pragmatismus erkennen, bot sich doch hier ein Weg an, interne, theologische, und externe, tagespolitische, Gegebenheiten auf das Sinnvollste miteinander zu verknüpfen. Auch insgesamt dürften die thebanischen Priester nach Möglichkeit darauf bedacht gewesen sein, mit den jeweiligen Machthabern ein relativ einvernehmliches Verhältnis zu erreichen, kamen sie nun aus Oberägypten oder aus Alexandria. So wird ihre Haltung gegenüber den Herrschern vor allem von realistischen Überlegungen geprägt gewesen sein.[115]

Auch wenn die Priester vielleicht mehrheitlich eher konservativen Vorstellungen anhingen und dem ptolemäischen Herrscherhaus nicht sonderlich positiv gegenübergestanden haben mögen,[116] so werden sie doch auch mit den Ptolemäern zusammengearbeitet haben, wenn das für sie von Vorteil war. Für ein pragmatisch ausgerichtetes Verhalten gegenüber allen Herrschern könnte auch sprechen, daß die thebanischen Priester nach dem Aufstand von 205–186 v.Chr. im Amt blieben[117] und daß die Bautätigkeit an den thebanischen Tempeln, die während des Aufstandes geruht hatte, wieder aufgenommen wurde,[118]

---

[111] Veïsse 2004, 232.

[112] Vgl. dazu Pestman 1995, 127.

[113] Eine Auflistung dieser Urkunden bei Pestman 1995, 110–124 und Veïsse 2004, 233–234.

[114] Dies aber zugegebenermaßen nur auf lokaler Ebene.

[115] Vgl. zuletzt etwa Vandorpe 1995, 233, Blasius 2002, 52–53, Veïsse 2004, 235–237.

[116] Freilich werden auch unter den Priestern verschiedene Meinungen existiert haben, und man sollte daher auch die thebanische Priesterschaft nicht „als einheitlich-monolithischen Block" sehen, siehe Blasius 2002, 49–50.

[117] Siehe Blasius 52–53.

[118] In ihrem Namen wurden ja auch die Monographien vor und nach dem Aufstand angebracht, wenngleich man bedenken sollte, daß es letztendlich die Priester selbst

wenngleich in der späteren Ptolemäerzeit der Fokus der Bautätigkeiten mehr auf dem Westufer Thebens lag und zudem eine stärkere Zuwendung zu anderen Gottheiten der Thebais, namentlich Month, zu erkennen ist.[119] Dieses Engagement in der Bautätigkeit, das vor allem die jeweiligen Priester stärker an das ptolemäische Königshaus binden sollte,[120] markiert daher auch in Theben einen modus vivendi zwischen dem Königshaus und den Priestern. Und das, obwohl Theben keinen herausgehobenen Status mehr in Ägypten innehatte.

Aus alldem folgt, daß sich eine eindeutige Entscheidung, ob die Inhalte der Monographien einen Einfluß auf das politische Verhalten der Priester ausgeübt haben, kaum treffen läßt. Auch wenn viele Priester einem traditionell geprägten Weltbild mit Theben als Zentrum anhängen mochten, wovon die Monographien ein beredtes Zeugnis sein könnten, und eine Verbindung zu den oberägyptischen Aufständen somit nicht auszuschließen ist, läßt sich diese nicht konkret nachweisen.

---

gewesen sein dürften, die mit der inhaltlichen Konzeption und der Anbringung dieser Texte betraut waren.
[119] Bataille 1951, 337, Vandorpe 1995, 208.
[120] Vandorpe 1995, 208, McGing 1997, 287–288.

Abkürzungsverzeichnis

CT	Sargtexte (Coffin Texts)
D	*Le temple de Dendara*, 11 Bde., Kairo 1934–2000. Bd. I–V: É. Chassinat; Bd. VI: É. Chassinat und F. Daumas; Bd. VII–IX: F. Daumas; Bd. X–XI: S. Cauville.
E	Le Marquis de Rochemonteix, *Le temple d'Edfou* I, MMAF 10, Kairo 1897; É. Chassinat, *Le temple d'Edfou* II–XIV, MMAF 11 und 20–31, Kairo 1918–1928; S. Cauville und D. Devauchelle, *Le temple d'Edfou* XV, MMAF 32, Kairo 1985; 2. Auflage von Bd. I–II hg. von S. Cauville und D. Devauchelle, Kairo 1984–1987.
Esna	Sauneron, S. 1963–1975, *Le temple d'Esna II–IV, VI*, Kairo (zitiert nach der Nummer).
Hibis	de Garis Davies, N. 1953, *The Temple of Hibis in el Khárgeh Oasis, Part III. The Decoration*, New York.
KO	de Morgan, J. u.a. 1895–1909, *Kom Ombos. Catalogue des monuments et inscriptions de l'Égypte antique, II–III*, Vienne (zitiert nach der Nummer)
LGG	*Lexikon der ägyptischen Götter und Götterbezeichnungen*, 8 Bde., ed. Leitz, Chr. (OLA 110–116 und 129), Leuven u.a. 2002–2003.
Opet	de Wit, C. 1958–1968, *Les inscriptions du temple d'Opet, à Karnak, I–III* (BAe 11–13), Bruxelles.
Shanhûr	H. Willems u.a. 2003, *The Temple of Shanhûr, I. The Sanctuary, the Wabet, and the Gates of the Central Hall and the Great Vestibule (1–98)* (OLA 124), Leuven u.a. 2003.
Tb.	Totenbuch.
Tôd	Drioton, É./Posener, G./Vandier, J./Grenier, J.-Cl., *Tôd. Les inscriptions du temple ptolémaïque et romain, I. La salle hypostyle, Textes Nos 1–172* (FIFAO 18, 1) Kairo 1980; Thiers, Chr. 2003, *Tôd. Les inscriptions du temple ptolémaïque et romain, II. Le second vestibule, la salle des déesses, les cryptes et la salle des offrandes, Textes Nos 173–329* (FIFAO 18, 2), Kairo (zitiert nach der Nummer).

Literaturverzeichnis

Assmann, J. 1967, *Liturgische Lieder an den Sonnengott. Untersuchungen zur altägyptischen Hymnik, I* (MÄS 19), München.

Assmann, J. 1984, *Ägypten. Theologie und Frömmigkeit einer frühen Hochkultur*, Stuttgart u.a.

Assmann, J. 2000, *Herrschaft und Heil. Politische Theologie in Altägypten, Israel und Europa*, München u.a.

Aufrère, S. 2000, *Le propylône d'Amon-Rê-Montou à Karnak -Nord* (MIFAO 117), Kairo.

Bataille, A. 1951, „Thèbes gréco-romaine", *CdE* 26, 325–353.

Bedier, Sh. 1995, *Die Rolle des Gottes Geb in den ägyptischen Tempelinschriften der griechisch-römischen Zeit* (HÄB 41), Hildesheim.

Bidoli, D. 1976, *Die Sprüche der Fangnetze in den altägyptischen Sargtexten* (ADAIK 9), Glückstadt.

Blasius, A. 2002, „Zur Frage des geistigen Widerstandes im griechisch-römischen Ägypten. Die historische Situation", *Apokalyptik und Ägypten. Eine kritische Analyse der relevanten Texte aus dem griechisch-römischen Ägypten*, ed. Blasius, A./Schipper, B.J. (OLA 107), Leuven u.a., 41–62.

Bommas, M. 2003, „Heimweh nach Theben vor dem Hintergrund kultureller Lebensform", *GM* 193, 41–44.

Bonnet, H. 1952, *Reallexikon der ägyptischen Religionsgeschichte*, Berlin.

Clarysse, W. 2003, „De grote opstand der Egyptenaren (205–186 v.C)", *Zij schreven geschiedenis. Historische documenten uit het Oude Nabije Oosten (2500–100 v.Chr.)*, ed. Demarée, R.J./Veenhof, K.R. (MVEOL 33), Leiden u.a., 448–458.

Clère, P. 1961, *La porte d'Évergète à Karnak, 2e partie* (MIFAO 84), Kairo.

Cozi, M. 1996, „La déesse Khefthernebes", *GM* 153, 17–31.

Daressy, G. 1896, „Une inondation à Thèbes sous le règne d'Osorkon II", *RecTrav* 18, 181–186.

Drioton, E. 1944, „Les dédicaces de Ptolémée Évergète II sur le deuxième pylône de Karnak", *ASAE* 44, 111–162.

Eldamaty, M.M. 1995, *Sokar-Osiris-Kapelle im Tempel von Dendara*, Hamburg.

El-Sayed, R. 1982, *La déesse Neith de Saïs* (BdE 84), 2 Bde., Kairo.

Epigraphic Survey, The 1954, *Reliefs and Inscriptions at Karnak – Volume III. The Bubastide Portal* (OIP Publications 74), Chicago.

Fairman, H.W. 1934, „A Statue from the Karnak Cache", *JEA* 20, 1934, 1–4.

Felber, H. 1993, „Demotische Verträge und die Sozial- und Wirtschaftsgeschichte der Ptolemäerzeit", *SAK* 20, 43–65.

Fischer-Elfert, H.-W. 2005, *Abseits von Ma'at. Fallstudien zu Außenseitern im Alten Ägypten* (Wahrnehmungen und Spuren Altägyptens. Kulturgeschichtliche Beiträge zur Ägyptologie 1), Würzburg.

Froidefond, Chr. 1971, *Le mirage égyptien dans la littérature grecque d'Homère à Aristote*, Aix-en-Provence.

Goelet, O. 1999, „„Town" and „Country" in Ancient Egypt", *Urbanization and Landownership in the Ancient Near East*, ed. Hudson, M./Levine, B.A., Cambridge, 65–116.

Goyon, J.-Cl. 1983, „Inscriptions tardives du Temple de Mout à Karnak", *JARCE* 20, 47–64.

Goyon, J.-Cl. 2003, „Notes d'épigraphie et de théologie thébaine", *CdE* 78, 43–65.

Guglielmi, W. 1982, „Personifikation", *LÄ* IV, 978–987.

Guglielmi, W. 1994, „Die Biergöttin Menket", *Aspekte spätägyptischer Kultur. Festschrift für Erich Winter zum 65. Geburtstag*, ed. Minas, M./Zeidler, J. (AegTrev 7), Mainz, 113-132.

Gutbub, A. 1973, *Textes fondamentaux de la théologie de Kom Ombo* (BdE 47), 2 Bde., Kairo.

Helck, W. 1968, „Ritualszenen in Karnak", *MDAIK* 23, 117–137.

Herbin, Fr.R. 1994, *Le livre de parcourir l'éternité* (OLA 58), Leuven.

Hölbl, G. 1994, *Geschichte des Ptolemäerreiches. Politik, Ideologie und religiöse Kultur von Alexander dem Großen bis zur römischen Eroberung*, Darmstadt.

Hölbl, G. 2000, *Altägypten im Römischen Reich. Der römische Pharao und sein Tempel. I Römische Politik und altägyptische Ideologie von Augustus bis Diocletian, Tempelbau in Oberägypten* (Zaberns Bildbände zur Archäologie), Mainz.

Huß, W. 2001, *Ägypten in hellenistischer Zeit 332–30 v.Chr.*, München.

Kákosy, L. 1982, „Decans in Late-Egyptian Religion", *Oikumene* 3, 163–191

Kaplony, P. 1977, „Hemuset", *LÄ* II, 1117–1119.

Kees, H. 1934, „Thebai (Ägypten)", *RE* V A 2, 1553–1582.

Kurth, D. 1994, „Stilistik und Syntax", *Edfu: Studien zu Vokabular, Ikonographie und Grammatik*, ed. Kurth, D. (Die Inschriften des Tempels von Edfu, Begleitheft 4), Wiesbaden.

Kurth, D. 2004, *Edfou VII* (Die Inschriften des Tempels von Edfu, Abteilung I Übersetzungen, Band 2), Wiesbaden.

Laskowska-Kusztal, E. 1984, *Le sanctuaire ptolémaïque de Deir el-Bahari* (Deir el-Bahari III), Varsovie.

Leclant, J. 1961, *Montuemhet. Quatrième prophète d'Amon. Prince de la ville* (BdE 35), Kairo.

Leclant, J. 1965, *Recherches sur les monuments thébains de la XXVe dynastie dite éthiopienne* (BdE 36), Kairo.

Leitz, Chr. 2004, *Quellentexte zur ägyptischen Religion I. Die Tempelinschriften der griechisch-römischen Zeit* (Einführungen und Quellentexte zur Ägyptologie 2), Münster.

Lichtheim, M. 1980, „The Praise of Cities in the Literature of the Egyptian New Kingdom", *Panhellenica. Essays in Ancient History and Historiography in honor of Truesdell S. Brown*, ed. Burstein, S.M./Okin, L.A., Kansas, 15–23.

von Lieven, A. 2000, *Der Himmel über Esna. Eine Fallstudie zur religiösen Astronomie in Ägypten am Beispiel der kosmologischen Decken- und Architravinschriften im Tempel von Esna* (ÄA 64), Wiesbaden.

McGing, Br. 1997, „Revolt Egyptian Style. Internal Opposition to Ptolemaic Rule", *APF* 43, 273–314.

Mendel, D. 2003, *Die kosmogonischen Inschriften in der Barkenkapelle des Chonstempels von Karnak* (MRE 9), Turnhout.

Mendel, D. 2005, *Die Monatsgöttinnen in Tempeln und im privaten Kult* (Rites égyptiens 11), Turnhout.

Naville, E. 1906, *The Temple of Deir el-Bahari, V: Plates CXVIX–CL. The Upper Court and Sanctuary* (EM 27), London.

Osing, J. 1977, „Heimatgebundenheit", *LÄ* II, 1102–1104.

Otto, E. 1952, *Topographie des Thebanischen Gaues* (UGAÄ 16), Berlin.

Parker, R.A./Leclant, J./Goyon, J.-Cl. 1979, *The Edifice of Taharqa by the Sacred Lake of Karnak* (Brown Egyptological Studies 8), Providence u.a.

Peden, A.J. 2001, *The Graffiti of Pharaonic Egypt. Scope and Roles of Informal Writings (c. 3100–332 B.C.)* (PÄ 17), Leiden u.a.

Peremans, W. 1978, „Les revolutions égyptiennes sous les Lagides", *Das ptolemäische Ägypten. Akten des internationalen Symposions 27.–29. September in Berlin*, ed. Maehler, H./Strocka, V.M., Mainz, 39–50.

Pestman, P.W. 1995, „Haronnophris and Chaonnophris. Two Indigenous Pharaos in Ptolemaic Egypt (205–186 B.C.)", *Hundred Gated Thebes. Acts of a Colloquium on Thebes and the Theban Area in the Graeco-Roman Period*, ed. Vleeming, S.P. (P.L.Bat. 27), Leiden u.a., 101–137.

Porter, B./Moss, R.L.B. ²1972, *Topographical Bibliography of Ancient Egyptian Hieroglyphic Texts, Reliefs and Paintings. II. Theban Temples*, Oxford.

Quaegebeur, J. 1989, „The Egyptian Clergy and the Cult of the Ptolemaic Dynasty", *AncSoc* 20, 93–116.

Refai, H. 2002, „Der Tempel als Mutter", *SAK* 30, 299–303.

Sauneron, S. 1962, *Esna V. Les fêtes religieuses d'Esna aux derniers siècles du paganisme*, Kairo.

Sauneron, S. 1965, „Un hymne à Imouthès", *BIFAO* 63, 73–87.

Sauneron, S. 1983, *La porte ptolémaïque de l'enceinte de Mout à Karnak* (MIFAO 107), Kairo.

Sethe, K. 1929, *Amun und die acht Urgötter von Hermopolis. Eine Untersuchung über Ursprung und Wesen des ägyptischen Götterkönigs* (APAW, Phil.-hist. Klasse 4), Berlin.

Spiegel, J. 1975, „Ätiologie. Ätiologische Mythen", *LÄ* I, 80–83.

Stadelmann, R. 1978, „Tempel und Tempelnamen in Theben-Ost und -West", *MDAIK* 34, 1978, 171–180.

Sternberg, H. 1985, *Mythische Motive und Mythenbildung in den ägyptischen Tempeln und Papyri der griechisch-römischen Zeit* (GOF/IV 14), Wiesbaden.

Sternberg-El Hotabi, H. 1993, *Der Propylon des Month-Tempels in Karnak-Nord. Zum Dekorationsprinzip des Tores. Übersetzung und Kommentierung der Urkunden VIII, Texte Nr. 1 – Nr. 50* (GOF/IV 25), Wiesbaden.

Tait, J. 2003, „The Wisdom of Egypt: Classical Views", *The Wisdom of Egypt: changing visions through the ages*, ed. Ucko, P./Champion, T. (Encounters with Ancient Egypt), London, 23–37.

Thiers, Chr. 2005, „Thèbes, le buisson des dieux", *Kyphi* 4, 61–66.

Thompson, D.J. 1988, *Memphis under the Ptolemies*, Princeton.

Traunecker, Cl. 1988, „Thèbes-Memphis: Quelques observations", *Memphis et ses nécropoles au nouvel Empire. Nouvelles données, nouvelles questions*, ed. Zivie, A.-P., Paris, 97–102.

Vandorpe, K. 1995, „City of Many a Gate, Harbour for Many a Rebel. Historical and Topographical Outline of Greco-Roman Thebes", *Hundred Gated Thebes. Acts of a Colloquium on Thebes and the Theban Area in the Graeco-Roman Period*, ed. Vleeming, S.P. (P.L.Bat. 27), Leiden u.a., 203–239.

Veïsse, A.-E. 2004, *Les ‚révoltes égyptiennes'. Recherches sur les troubles intérieurs en Égypte du règne de Ptolémée III à la conquête romaine* (Studia Hellenistica 41), Leuven u.a.

Verhoeven, U. 2004, „Literarische Ansichtskarten aus dem Norden versus Sehnsucht nach dem Süden", *Kon-Texte. Akten des Symposions „Spurensuche – Altägypten im Spiegel seiner Texte" München 2. bis 4. Mai 2003*, ed. Burkard, G./Grimm, A./Schoske, S./ Verbovsek, A. (ÄAT 60), Wiesbaden, 65–80.

Vernus, P. 1984, „Siegreiches Theben", *LÄ* V, 937–938.

Wildung, D. 1977, *Imhotep und Amenhotep. Gottwerdung im alten Ägypten* (MÄS 36), München u.a.

Wilson, P. 1997, *A Ptolemaic Lexikon. A Lexicographical Study of the Texts in the Temple of Edfu* (OLA 78), Leuven.

Zandee, J. 1947, *De hymnen aan Amon van Papyrus Leiden I 350* (OMRO 28), Leiden.

Zivie-Coche, Chr. 1988–1989, „Introduction à l'épigraphie des temples égyptiens des époques grecque et romaine", *Annuaire EPHE 97*, 163–167.

Zivie-Coche, Chr. 1994, „Fragments pour une théologie", *Hommages à Jean Leclant*, ed. Berger, Chr./Clerc, G./Grimal, N. (BdE 106/4), Kairo, 417–427.

Zur Einquartierung von Soldaten des ptolemäischen Heeres. Rechtsgrundlagen, Konflikte und Lösungsstrategien

Stefan Pfeiffer

1. Die Soldaten des ptolemäischen Heeres

Mit der Eroberung Ägyptens durch Alexander den Großen und der daran anschließenden Inbesitznahme des Landes durch die griechisch-makedonische Dynastie der Ptolemäer kamen eine Vielzahl von griechischen und griechischsprechenden Soldaten verschiedenster Herkunft als Mitglieder des Besatzungsheeres nach Ägypten.[1]

Die neuen Könige aus Makedonien wählten Ägypten zu ihrem Stammland, ihre Soldaten versahen sie in Ägypten mit Landlosen. Die Zuwanderer bildeten jetzt eine neue „Oberschicht" und bezeichneten sich, egal ob nun Thraker, Makedonen oder Juden, alle als „Hellenen".[2] Mit dieser gesellschaftlichen Statusbezeichnung ging eine außerordentliche soziale und wahrscheinlich auch wirtschaftlich-steuerrechtliche Privilegierung einher.[3]

Nicht nur Ackerland mußten die Einheimischen den Fremden überlassen, teilweise wurden die Soldaten sogar in die Häuser der Ägypter einquartiert, so daß die verschiedenen Ethnien gemeinsam unter einem Dach leben mußten. Diese Form der Unterbringung von Soldaten findet sich die gesamte Ptolemäerzeit hindurch.[4]

Der Quartiernehmer bekam auf königlichen Befehl die Hälfte des ägyptischen Hauses des Quartiergebers zugesprochen.[5] Dieses Quartier wird in den Papyri als *stathmos* (σταθμός) bezeichnet, der dort lebende Soldat als *stathmuchos* (σταθμοῦχος) oder *epistathmos* (ἐπίσταθμος).[6] Inwieweit von diesen privat zur Verfügung zu stellenden Quartieren sogenannte „königliche" Quartiere zu unterscheiden sind, die von der Landesherrschaft unterhalten und gepflegt wurden, ist

---

[1] Die Fremden im Ägypten der ptolemäischen Zeit waren insbesondere Griechen und Makedonen, daneben gab es aber auch Thraker, Kleinasiaten, Semiten u.a. (vgl. Heichelheim 1925; Peremans 1937).

[2] Vgl. Bickermann 1927, 239; Modrzejewski 1983.

[3] Vgl. Clarysse 1992, 52; Thompson 2001, 307–312; Clarysse/Thompson 2004.

[4] Vgl. Launey 1950, 695.

[5] C. Ord. Ptol. 9,3–5: Τῶν σταθμῶν καὶ τῶν περιβόλων τὰ μὲν [ἡ]μίση τοὺς ἐπισταθμους ἔχειν, τὰ δὲ ἡμίση τοὺς κυρίους.

[6] Die Quartiervergabe findet sich mit fast allen folgenden Beispielen aufgearbeitet bei Launey 1950, 699–713; siehe auch Lesquier 1911, 210–212; Préaux 1939, 387–392 und 477–480.

schwierig zu beurteilen, doch gibt es Texte, die darauf hindeuten könnten. So heißt es in W.Chr. 450 II 1–3: „Diejenigen, die ein Quartier aus dem königlichen Schatzhaus zur Verfügung gestellt bekommen haben, oder die auf irgendeine andere Art und Weise mit einem Quartier versorgt sind, sollen kein Geld aus ihren Quartieren ziehen".[7] Problematisch sind derartige Belege deshalb, weil wir wissen, daß alle Soldatenquartiere als königlicher Besitz galten (s.u. S. 187) und deshalb die Angabe „aus dem königlichen Schatzhaus" auch bedeuten könnte, daß ein normales Quartier bei einem ägyptischen Hausbesitzer von der Regierung an einen Soldaten weitervermittelt wurde.

Quartiere mußten von den Untertanen sowohl für kurzzeitige Stationierungen, etwa während des Durchzugs von Truppen, als auch permanent zur Verfügung gestellt werden. Es handelt sich hierbei um eine Praxis, die in allen hellenistischen Königreichen geübt wurde.[8]

2. Soldatische Gewalt

Gerade in der ersten und zweiten Generation ptolemäischer Herrschaft verlief die Quartiernahme nicht immer nach den Vorschriften. Die königliche Gesetzgebung läßt vermuten, daß sich einige Soldaten der Besatzungsmacht sogar ‚auf eigene Faust' Wohnraum verschafft haben bzw. diesen ‚requirierten', auch wenn er gar nicht in dieser Weise für sie vorgesehen war. In diesem Kontext ist das Schreiben eines ptolemäischen Königs, wahrscheinlich handelt es sich um Ptolemaios II., einzuordnen. Der königliche Brief an einen gewissen Apollonios zeigt, daß der Herrscher wegen des teilweise ungebührlichen Verhaltens seiner eigenen Soldaten dringenden Handlungsbedarf sah:[9]

Βασιλεὺς Πτολεμαῖος Ἀντιόχωι χαίρειν. περὶ τῆς σταθμοδοσίας τῶν στρατιωτῶν ἀκούομεν πλείω τινα βίαν γίνεσθαι τὰς καταλύσεις παρὰ τῶν οἰκονόμων οὐ λαμβανόντων, ἀλλ᾿ αὐτῶν εἰς τὰς οἰκίας εἰσπηδώντων τοὺς ἀνθρώπους ἐγβάλλοντας βίαι ἐνοικῖν. σύνταξον οὖν, ὅπω[ς] τοῦ [λ]οιποῦ μὴ γίνηται τοῦτο, ἀλλὰ μάλιστα μὲν αὐτοὶ στε[γ]νοποιείσθωσαν. εἰ δὲ ἄρα δεῖ αὐτοῖς σταθμοὺς δίδο[σθ]αι π[α]ρὰ τῶν οἰκονόμων, διδότωσαν α[ὐ]τοῖς τοὺς ἀναγκαίους, καὶ ὅταν ἀπολύωνται ἐκ τῶν [στ]αθμῶν μὴ ἀναποιή[σ]αντες ἀφιέτωσα[ν] τοὺς σταθμοὺς καὶ [[κη]] ˙μὴ᾿ καταχ[ρ]ήστωσαν, ἕως ἄν πά[λ]ιν παραγένωνται, καθάπερ νῦν

---

7   C. Ord. Ptol. 7: Ὅσοι ἔχου[σι σ]τ[αθ]μοὺς ἐκ τοῦ βασιλικοῦ ἢ ἄλλως πως ἐπισταθ[μεύ-ου]σιν μηθένα ἀργύριον λαμβάνειν τοῦ στα[θμοῦ]; vgl. Préaux 1939, 388.

8   Vgl. hierzu Hennig 1995, 267–282.

9   P.Hal. 1,166–185, 3. Jh. v. Chr; weitere Literatur zum Text: David/van Groningen 1965, Nr. 5. Siehe auch Ries 1983, 101–103, Antiochos dürfte auch in P.Hib. I 110 vs = W.Chr. 435,80ff (um 255 v. Chr.) auftauchen, so Jördens 2005, 372, Anm. 9.

ἀ[κο]ύο[με]ν γίνεσθαι, ὅτ[αν] ἀποπορεύωνται, ἀπ[ο]μισθοῦν αὐτοὺς καὶ ἀποτα[---]μένους τὰ οἰκήματα ἀποτρ[έ]χειν. μάλιστα δὲ π[ρονό]ησον Ἀρσινόης τῆς κατὰ Ἀ[π]όλλωνος πόλιν, ὅπω[ς, ἐὰ]ν παραγένωνται στρατ[ιῶ]ται, μηθεὶς ἐπιστα[θ]μεύσηι, ἀλλὰ καὶ ἐν Ἀπόλλωνος π[ό]λει διατρίβωσιν. [ἐ]ὰν δέ τι ἀναγκαῖον ἦι ἐν Ἀρσιν[ό]ηι καταμεν[---]οις οἰκίδια ἀναπλασσέτω˙σαν´, καθάπερ καὶ οἱ πρότερ[ον παρ]αγενόμενοι ἐποίησαν. ἔρρωσο.

„König Ptolemaios (sendet) Antiochos Grüße. Betreffs der Einquartierung der Soldaten hören wir, daß vielfach Gewalt angewendet wird, indem sie ihre Unterkunftsstellen nicht von den Ökonomen in Empfang nehmen, sondern selbst in die Häuser eindringen, die Menschen hinauswerfen und gewaltsam darin wohnen.

Ordne Du nun an, daß dies in Zukunft nicht wieder geschieht, sondern sie sollen sich womöglich selbst Hütten bauen. Wenn es aber notwendig ist, daß ihnen Quartiere von den Ökonomen gegeben werden, so sollen sie ihnen nur die notwendigen geben, und wenn (die Soldaten) aus den Quartieren ausrücken, so sollen sie die Quartiere in renoviertem Zustande zurückgeben und sie nicht mißbräuchlich für sich verwenden, bis sie wieder zurückkehren, wie es jetzt dem Vernehmen nach vorkommt, daß sie, wenn sie abmarschieren, sie vermieten und [...] davongehen.

Vor allem aber sorge für (die Ortschaft) Arsinoe bei Apollinopolis, auf daß, wenn Soldaten (auf dem Marsche) dorthin kommen, keiner in Quartiere gelegt wird, sondern sie in Apollinopolis rasten. Wenn es aber notwendig sein sollte, in Arsinoe zu bleiben, so sollen sie [...] Häuser wiederherstellen, wie es auch die früher dorthin Gekommenen getan haben. Lebe wohl.“

Das Schreiben des Königs belegt nicht nur, daß es durch Soldaten zu gewaltsamer Quartiernahme in Eigeninitiative kam, sondern daß der Herrscher darum bemüht war, eine gewisse Rechtssicherheit zu schaffen, die es auch der einheimischen Bevölkerung ermöglichte, sich mit Klagen an den König zu wenden („*hören* wir, daß vielfach Gewalt angewendet wird“). Den Soldaten war es in der zweiten Generation ptolemäischer Herrschaft nicht mehr möglich, nach „Siegermanier“ mit den ägyptischen Hausbesitzern umzugehen. Durch die straffe Organisation des Heeres war nicht nur der Drill gesichert, sondern auch die Unterkunft der Soldaten bis ins kleinste geregelt. Dem Herrscher selbst war dabei an einem friedlichen Miteinander der Neuankömmlinge mit der ägyptischen Bevölkerung des Landes sehr gelegen. Ihm war durchaus bewußt, daß die Einquartierung von der Bevölkerung als Last empfunden wurde, sonst hätte er nicht darauf gedrungen, daß die Soldaten sich möglichst selbst Hütten bauen sollten.[10]

---

[10] Die am Schluß vom König noch angeführte Ausnahme der Ortschaft Arsinoe von der Einquartierung erklärt sich wohl aus der Tatsache, daß es der betreffende König

3. Rechtliche Grundlagen und Regelungen der Einquartierung

Seit der Regierungszeit Ptolemaios' II. sind gesetzliche Regelungen der Quartier-vergabe papyrologisch nachweisbar.[11] Der als Quartier in Anspruch genommene Raum oder die entsprechenden Räumlichkeiten im Hause eines Ägypters waren rechtlich gesehen weder Eigentum des Soldaten, noch gehörten sie dem Haus-herrn. Eigentümer war vielmehr, wie es der folgende Erlaß Ptolemaios' II. zeigt, der König: [12]

Βασιλέω[ς Πτολεμ]αίο[υ] προ[στ]άξαντος. τῶν τ[οὺς σ]τ[αθμο]ὺς ἐχόντ[ων] ἱππέων μηθένα πωλεῖ[ν τ]ὸν σ[τ]αθαμὸν μη[δὲ] προστιθέναι μηδ' ἐ[πιδαν]είζεσθαι [ἀρ]γύριον ἐπὶ τῶι σταθμῶι [τρ]όπωι ‹ὠ›τινιοῦν. ἐὰν δέ τινες ἐπιδανείζωσιν [..]ενῳ.ει...ς εἰσπραχθήσονται τριπλοῦν. οἱ γὰρ σ[ταθ]μοί ε[ἰσι] βασιλικοί.

„Anordnung des Königs Ptolemaios (II.): Betreffs der Kavalleristen, die Quartiere haben: Niemand darf das Quartier verkaufen, es jemandem anderen geben, noch ein Darlehen darauf aufnehmen, so wie es geschehen ist. Wenn einige ein Darlehen auf-nehmen [---], sollen sie den dreifachen Preis (als Strafe) zahlen. Die Quartiere sind nämlich königlich."

In dieser Anweisung zeigt sich auf rechtlicher Ebene recht gut die zeitgenös-sische Auffassung vom ptolemäischen Königtum: Ägypten galt als „speerge-wonnenes Land" (δορίκτητος χώρα/γῆ) des ersten Ptolemäers.[13] Der König sah sich deshalb als alleiniger Eigentümer des gesamten Landes.[14] Der Staat galt als sein Haus (οἰκία) und das Territorium als „Großgut" (χώρα, οὐσία).[15] Die Idee des speergewonnenen Landes war gut mit altägyptischen Traditionen zu verbin-

---

Ptolemaios II. war, der seine Gemahlin, nach der der Ort benannt war, vergöttlicht hatte. Somit genoß Arsinoe also besondere königliche Gunst.

11   Vgl. immer noch Meyer 1900, 28.

12   C. Ord. Ptol. 8.

13   Dies war 321 v.Chr. von den Diadochen Alexanders des Großen auf der Zusammen-kunft von Triparadeisos bestätigt worden. Antipatros stellte hier fest, daß der erste Ptolemäer das Land am Nil aufgrund seiner Tapferkeit gegenüber Perdikkas speergewonnen habe (Diod. XVIII 39,5; Arrian, nach FGrHist Nr. 156, Fr. 9, 34. Andere Begriffe wären αἰχμάλωτος, δοριάλωτος, δορθήρατος, δορίληπτος, vgl. W. Schmitthenner 1968, 32; Klose 1972, 21, 37, 178; Zahrnt 1996.

14   Vgl. Schmitthenner 1968, 39.

15   Rostovtzeff 1955, I, 209.

den, denn als „Rechtsnachfolger" der Pharaonen übernahmen die Ptolemäer auch deren Anspruch als „Herren und Eigentümer Ägyptens".[16] Für vorliegenden Zusammenhang bleibt als wichtig festzuhalten, daß „staatstheoretisch" die Hausbesitzer kein Eigentumsrecht an ihren Wohnungen besaßen und daß deshalb die Einquartierung der Soldaten vom König als „Hausrecht" angesehen wurde – er verfügte über sein Eigentum. Die Realität sah selbstverständlich wesentlich komplizierter aus, das heißt anders, als es die monarchische Theorie formulierte. Natürlich ist davon auszugehen, daß sich die Ägypter als Hauseigentümer sahen, selbst wenn sie wußten, daß das „höchste" Eigentumsrecht dem Souverän zustand. Sicher fragten sie etwa nicht bei der königlichen Verwaltung an, wenn sie bauliche Veränderungen am „Eigentum des Königs" vornehmen wollten, sie vererbten und verkauften ihre Häuser, sie rissen sie ab, und sie bauten in Eigeninitiative neue Häuser.[17]

Was das Eigentum am als Quartier genutzten Raum betraf, so zeigt der Erlaß des zweiten Ptolemäers, daß hier das monarchische Selbstverständnis griff. Der König war Eigentümer der betreffenden Räumlichkeiten und wollte deshalb sowohl dem Hausherren als auch dem Quartiernehmer in Erinnerung rufen, daß beide keine Eigentumsrechte hatten. Anscheinend war es bei den Soldaten üblich geworden, die Quartiere als ihr Eigentum anzusehen, sonst würden sie wohl kaum „das Quartier verkaufen, es jemandem anderen geben, noch ein Darlehen darauf aufnehmen". Das gefiel weder den Quartiergebern, noch konnte es dem König selbst passen, denn auf diese Weise war eine weitere Nutzung des Quartieres für andere Soldaten nicht mehr möglich.

Ein weiterer Erlaß des zweiten Ptolemäers legte fest, daß es Soldaten nicht erlaubt sei, ein Quartier in Besitz zu nehmen, ehe es nicht durch den König (bzw. durch dessen Vertreter vor Ort) freigegeben wurde.[18] Es war den Soldaten darüber hinaus verboten, ein zweites Quartier zu beanspruchen.[19] Hausherren hatten durch eine Verordnung zudem die oben bereits angeführte Gewähr, daß sie nur die Hälfte ihres Besitzes als Quartier zur Verfügung stellen mußten. Über diese Regelungen hinausgehender Zwang gegenüber den Besitzern der Häuser wurde mit Geldstrafen belegt.[20]

---

[16] Rostovtzeff 1955, I, 207; kritisch ist jedoch Turner ²1984, 148: „It can and will be shown that private ownership in land existed throughout the Ptolemaic period."

[17] Zur „Eigentumsfrage" im ägyptischen Kontext vgl. auch Grunert 1994, 319–325.

[18] C. Ord. Ptol. 5,5–7: μηθένα αἰτεῖ[σθ]αι μηδὲ παραλαμβάνειν παρευ[ρέσει μηδε]μιᾶι ἕως ἂν ὁ [β]ασιλεὺς π[ερὶ] τούτων ἐπισκ[έψηται].

[19] C. Ord. Ptol. 6,3–6: μηθένα τῶν ἐπιστθμευόντων αἰτεῖσθαι [παρευρέσει μ]ηδ[εμ]ιᾶι σταθμόν.

[20] Vgl. C. Ord. Ptol. 8; vgl. die Ausführungen S. 187.

Personengruppen, die von einer Quartiervergabe ausgenommen waren, finden sich in einer königlichen Verordnung aus der Zeit des achten Ptolemäers (118 v.Chr.) aufgelistet. Es ist durchaus möglich, daß mittels der Verordnung bereits bestehendes Recht nochmals konfirmiert werden sollte, denn die innerägyptischen Verhältnisse waren im Bürgerkrieg zwischen Ptolemaios VIII. und Kleopatra II. (132–124 v.Chr.) stark ‚aus dem Ruder gelaufen'. Auf jeden Fall dürfen spätestens seit dieser Zeit keine Soldaten mehr bei denjenigen einquartiert werden, die Häuser, Weinanger, Gärten oder Schiffe vom Staat gekauft hatten.[21] Ausgenommen von der Quartiervergabe waren außerdem folgende Berufsgruppen: hellenische Soldaten, Priester, Bauern der königlichen Besitzungen, Weber und Schneider, Schweine- und Gänsehirten, Ölproduzenten, Imker, Bierbrauer, und zwar unter der Bedingung, daß sie ihre Abgaben an die Krone zahlten. Besaßen Personen der genannten Berufe ein zweites Haus, sollte dieses jedoch gegebenenfalls mit bis zur Hälfte der Fläche, wie bei anderen Untertanen auch, als Quartierplatz dienen.[22] Berufsgruppen, die in direktem Zusammenhang mit den ptolemäischen Monopolen standen und damit für den Staat tätig waren, mußten somit keine Quartiervergabe erdulden.[23] Weil sie also bereits einen „Dienst" für das Königswohl leisteten, sollten ihnen nicht noch weitere Belastungen auferlegt werden.

Aus den genannten Bestimmungen geht hervor, daß selbst die Mitglieder der Zuwandererschicht in der späteren ptolemäischen Zeit Soldaten in ihre Häuser aufnehmen mußten, sofern sie nicht selbst in Militärdiensten standen.[24] Das war im Grunde genommen auch selbstverständlich, denn in ihren auswärtigen Besitzungen unterschieden die Ptolemäer bei der Einquartierung ebenfalls nicht nach ethnischen Gesichtspunkten. Die griechischen Städte Kleinasiens mußten, wie alle anderen, ihren Anteil an der „Sicherheit" der ptolemäischen Herrschaft

---

21 P.Teb. I 5,99–101: προστετάχται δὲ καὶ τοὺς ἠγορασκότας ἐκ τοῦ βα(σιλικοῦ) οἰκ[ία]ς ἢι ἀμπελώνας ἢι παραδείσ[ο]υς ἢι ἄλλα σταθα ἢι πλοῖα ἢι ἄλλο τι καθ' ο{ὑ}ντινοῦν τρόπον μ[έν]ειν κυρίως, καὶ τὰς ο[ἰ]κίας μὴ ἐπισταθμεύεσθαι; vgl. Launey 1950, 711.

22 P.Teb. I 5, 168–177: ἀνεπισταθμους [δ'] εἶν[αι] καὶ τοὺς στρατευομένους Ἕλληνας [καὶ τοὺ]ς ἱερεῖς καὶ τοὺς γεω(ργοῦντας) βα(σιλικὴν) γῆν καὶ τοὺς [----]ς καὶ τοὺς ποκόφους καὶ τανυφά[ντας πάντ]ας καὶ τοὺς ὑοφορβοὺς καὶ χηνοβο(σκοὺς) κ[αὶ ---------]ς καὶ ἐλαιουργοὺς καὶ κικιουργοὺς καὶ με[λισσουργο]ὺς καὶ ζυτοποιοὺς τοὺς τελοῦντας τὰ καθή(κοντα) εἰς τὸ βασ(ιλικὸν) ἑκάστων αὐ(τῶν) οἰκίας μιᾶς ἐν ἧ αὐτὸς καταγείνεται, τῶν δ' ἄλλων τῶν δοσίμων μὴ πλεῖον ἐπισταθμεύεσθαι τοῦ ἡμίσους.

23 Vgl. Préaux 1939, 389: „le critère d'utilité a provoqué l'ordonnance et non le critère de race". Zu den Monopolen vgl. Habermann/Tenger 2004, 298–309.

24 Ich denke nicht, daß man mit Préaux 1939, 389, davon ausgehen kann, daß „jusqu'en l'an 118, le devoir d'hérberger l'étranger pesait, tant sur les soldats grecs eux-mêmes ..., puisqu'un édit les exempte de cette charge." Es kann nämlich genauso sein, daß der König mittels des Dekretes nur ein bereits bestehendes Recht nach der vorangegangenen Krisenzeit nochmals bestätigen wollte.

tragen – dies ist etwa für die in Karien gelegene griechische Stadt Kalynda belegt.[25]

4. „Ziviler Ungehorsam"

Allein schon die Tatsache, daß Vertreter verschiedener Traditionen, Sprachen und Kulturen in ein und demselben Haus wohnen mußten, und zudem die Einheimischen aus eigenen Anstrengungen heraus geschaffenen Wohnraum aller Wahrscheinlichkeit nach sogar unentgeltlich an die Fremden abtreten mußten, läßt Auseinandersetzungen zwischen beiden Gruppen als ‚vorprogrammiert' erscheinen. Es ist als sicher anzusehen, daß die ägyptischen Hausbesitzer die kulturell und ethnisch fremden Soldaten, ihre neuen ‚ausländischen Mitbürger' und Mitbewohner, nicht immer, wenn nicht gar niemals mit Freuden in ihr Heim aufgenommen haben. Oft bestanden wahrscheinlich sogar fundamentale Verständigungsschwierigkeiten, da man sich verschiedener Sprachen bediente: Die Sprache des Militärs und der Verwaltung Ägyptens war das Griechische, die Sprache der Landbevölkerung blieb das Ägyptische. Grundsätzlich gab es für den ägyptischen Hausbesitzer aber keine Möglichkeit, sich einer offiziell durchgeführten Vergabe des Quartiers im eigenen Haus an die Soldaten zu widersetzen.

Das wohl einzige mögliche Mittel, „zivilen Ungehorsam" zum Ausdruck zu bringen oder sogar zu versuchen, die Einquartierung zu verhindern, wird durch den folgenden Papyrus aus dem Jahre 242 v.Chr. illustriert:[26]

Ὑπόμνημα. Ἀφθονήτωι στρατηγῶι παρὰ Ἀνδρονίκου. εὑρίσκομεν ἐν Κροκοδίλων πόλει τ[ινὰς] τῶν πρότερον ἐπεσταθμευμένων καθειρηκότας τὰς στέγας ὑπὸ τῶν κυρίων, ὡσαύτως δὲ καὶ ἐνῳκοδομηκότας τὰς θύρας τῶν οἰκιῶν, βωμοὺς προσῳκοδομήκασιν. τοῦτο δ[ὲ] πεποιήκασιν πρὸς τὸ μὴ ἐπιστθμεύεσθαι.

εἰ οὖν σοι δοκεῖ ἐπεὶ στενοχωροῦμεν σταθμοῖς, γράψον Ἀγήνορι, ἐπαναγκάζειν τοὺς κυρίους τῶν οἰκιῶν μεταθεῖναι τοὺς βωμοὺς ἐπὶ τοὺς εὐκαιροτάτους τόπους καὶ ἐπιφανεστάτους ἐπὶ τῶν δωμάτων καὶ ἀνοικοδομῆσαι βελτίους τῶν προυπαρχόντων βωμῶν, ὅπως ἂν ἔχωμεν ἀποδιδόναι εἰς τοὺς νῦν παραγινομένους ἐπιστάτας τῶν ἔργων.

„Antrag: Dem Aphthonetos, dem Strategen, von Andronikos. Wir finden in Krokodilopolis einige der Häuser, die vorher als Quartier genutzt wurden, mit von den Besitzern heruntergerissenen Dächern/Dachstockwerken vor, gleichfalls haben sie

---

[25] Vgl. C. Ord. Ptol. 84; vgl. Préaux 1939, 389–390.
[26] P.Petr. II 12 (1),10–13 = W.Chr. 449.

auch die Türen der Häuser vermauert, indem sie Altäre davor gebaut haben. Dieses haben sie getan, damit keine Einquartierungen geschehen.

Wenn es Dir nun recht erscheint, da uns Einquartierungsmöglichkeiten fehlen, schreibe dem Agenor, die Hausbesitzer zu veranlassen, daß sie die Altäre auf die geeignetsten und am besten sichtbaren Orte auf den Dächern versetzen und sie noch schöner wieder herrichten als die vorherigen Altäre, damit wir Quartiere für die derzeitig hinzukommenden Aufseher der Arbeiten haben."

Ein gewisser Andronikos, mit Sicherheit ein Beamter des ptolemäischen Heeres, schildert dem Strategen die Verhältnisse in der Gaumetropole Krokodilopolis, wo er die Quartiervergabe an zivile Regierungsfunktionäre, die „Aufseher der Arbeiten", zu betreuen hatte. Die Hausbesitzer widersetzten sich der Einquartierung, indem sie zum einen die Dächer oder Dachstockwerke ihrer Häuser einrissen und indem sie zum anderen die Türen verbarrikadierten. Ihnen schien folglich jedes Mittel recht zu sein, um des Logis von Soldaten in ihren Häusern zu entgehen. Man nahm dabei sogar die Zerstörung von Teilen der Häuser in Kauf. Indem die Hausbesitzer die Dächer oder die Dachstockwerke, je nachdem wie man das griechische Wort *stége* übersetzt, einrissen, machten sie nämlich einen zentralen Ort des täglichen Privatlebens unbewohnbar. Auf dem Flachdach spielte sich, wie auch heute noch im Orient, ein großer Teil des Lebens ab, hier stand auch ein Zelt, in dem gespeist und geschlafen wurde.[27] Die Ägypter schädigten damit letztlich sich selbst und verloren etwa von ihrer Lebensqualität. Der Vorteil der Zerstörung von Teilen des eigenen Besitzes, der wohl alle Mängel aus Sicht der Täter aufwog, lag aber anscheinend in der Erwartung, daß das Haus in einem derartigen Zustand für die Quartiervergabe nicht mehr in Frage käme.

Allein das Abdecken des Daches oder die Zerstörung des Dachgeschosses hätte die Militärs aber noch nicht gänzlich davon abgehalten, Soldaten in die Häuser einzuquartieren. Vielmehr bestand die Gefahr, daß unter Hinzunahme des einquartierten Soldaten nun noch weniger Wohnraum für alle Mitglieder des Hausstandes übrig geblieben wäre. Deshalb sahen sich die Hausbesitzer zu einem weiteren Schritt genötigt: Sie vermauerten ihre Eingangstüren. Doch auch eine zugemauerte Tür, zumal wenn die Vermauerung aus getrockneten Lehmziegeln bestand, dem üblichen Baumaterial dieser Zeit und Region, hätte sich wohl ohne Probleme wieder „öffnen" lassen. So vermauerten die Ägypter nicht einfach nur die Eingänge, sondern sie setzten noch Altäre davor. Auf diese Weise suchten die Bewohner den Respekt der Soldaten vor dem Kult auszunutzen, um die Einquartierung zu verhindern.

---

27 Luckhard 1914, 92.

Eine Spezifizierung der Altäre in Hinblick auf den Kult, für den sie gedacht waren, wurde von dem ptolemäischen Funktionär nicht vorgenommen. Wir erfahren also nicht, welcher Gottheit, ob griechisch oder ägyptisch, geopfert wurde. Man darf also davon ausgehen, daß der Adressat um die Funktion von Altären im häuslichen Bereich Bescheid wußte. Aus dem ägyptischen Kultkontext ist etwa die Nutzung eines Opfertisches *im* Haus durchaus geläufig.[28] Nicht bekannt ist mir aber ein Beispiel aus altägyptischer Zeit dafür, daß *vor* dem Haus ein Altar genutzt wurde. Im Falle der Errichtung von Kultaltären ägyptischer Gottheiten vor dem Haus hätten die Hausbesitzer also darauf vertraut, daß die fremden Soldaten in den angesprochenen ägyptischen Gottheiten eine *interpretatio Graeca* von Göttern ihres Pantheons erkennen konnten. Problematisch ist aber, daß die ägyptische Form der Verehrung des Amun dem Griechen fremd, ein Altar für einen ägyptischen Gott also nicht unbedingt sakrosankt und folglich ein wirksames Hindernis war. Auch wäre zu erwarten, daß der Funktionär auf die ägyptischen Gottheiten hingewiesen hätte, denen derart eine neue Verehrungsform und ein neuer Kultkontext zuteil geworden wäre.

In der Forschung geht man vielmehr davon aus, daß es sich bei den genannten Altären um Opferplätze für *griechische* Götter gehandelt habe:[29] Mit Altären für griechische Gottheiten hätten die Ägypter auf die Scheu der griechischen Soldaten vor ihren Göttern gesetzt, um eine Zerstörung der Altäre zu verhindern. Problematisch an dieser Lösung ist allerdings, daß die Ägypter in einem Dorf der Chora wohl nur sehr wenig über griechische Götter und die Formen ihrer Verehrung gewußt haben dürften.

Beide Lösungen befriedigen nicht gänzlich, vielmehr läßt sich in den Quellen auch eine Erklärung finden, die beide Ansätze verbinden könnte. Es ist, wie gesagt, auffallend, daß der Verfasser des Schreibens nicht näher ausführt, um welche Altäre es sich handelte und mit welchem Kult sie verbunden waren. Entweder waren es Altäre verschiedener Gottheiten, oder aber der griechische Adressat des Schreibens wußte sofort, um welchen Kult es sich bei der Nutzung dieser Altäre gehandelt hat.

---

[28] Stadelmann 1975, 146; vgl. Bomann 1991.

[29] Otto 1905, I, 169–170, denkt, daß es sich um griechische Altäre handelt („So gut wie ausgeschlossen erscheint es mir, daß die Altäre ägyptischen Göttern geweiht gewesen sind; denn ein derartiger durchaus privater Kult des einzelnen Ägypters dürfte zu jener Zeit auf keinen Fall bestanden haben."). Diese Ansicht wurde mit dem Hinweis auf die griechische Sitte, Altäre vor Privathäusern aufzustellen, auch von W.Chr. I,2, 530, übernommen. Die nicht belegte Annahme Ottos scheint mir aufgrund der historischen Tradition Ägyptens mit ihren vielfältigen Belegen der persönlichen Frömmigkeit zu rigoros zu sein.

Sucht man wiederum nach Altären vor Häusern und dem Kult der auf ihnen vollzogen wurde, so wird man recht schnell fündig. Die Nutzung solcher Altäre ist uns nämlich besonders aus dem hellenistischen Herrscher- und Prozessionskult gut bekannt. So heißt es in den Bestimmungen zu einer Prozession für die vergöttlichte Arsinoe Philadelphos: „Diejenigen, die der Arsinoe Philadelphos opfern wollen, sollen vor ihren eigenen Häusern oder auf den Dachterassen oder entlang des Weges opfern ... Die Altäre sollen sie alle aus Sand bauen. Wenn aber einige gebaute Ziegelaltäre besitzen, sollen sie Sand darauflegen."[30] Hieraus wird zum einen ersichtlich, daß Altäre vor den Häusern besonders im Zusammenhang mit Prozessionen, wie man sie im ägyptischen und griechischen Kult gerne durchführte, genutzt wurden. Zum anderen wird deutlich, daß es im städtisch-alexandrinischen Kontext durchaus üblich war, Altäre aus Ziegeln vor dem Haus aufzustellen, auf denen dann aller Wahrscheinlichkeit nach Opfer für verschiedene Gottheiten vollzogen werden konnten, die bei Prozessionen an den Häusern vorbeigetragen wurden. Anders läßt sich nämlich die Bestimmung, daß im Falle des Opfers für Arsinoe eben Sand auf die bereits vorhandenen Ziegelaltäre gestreut werden mußte, nicht verstehen.[31] In besonders enger Beziehung scheinen die öffentlichen Altäre jedoch, wie es der zitierte Papyrus zeigt, mit dem Herrscherkult gestanden zu haben. Aus demotischen Verträgen ist zudem bekannt, daß ein Altar des Königs als Schutzstätte ebenso wie ein Tempel, eine Eidstätte oder eine Götterstatue galt[32] – hieraus dürfte zu schließen sein, daß besonders Altäre des Herrscherkultes ohne Tempelkontext in der Öffentlichkeit zu finden waren.

Da also Privataltäre oder öffentliche Altäre auch oder sogar besonders gerne im Herrscherkult genutzt wurden, sehe ich gerade in dessen Ausübung auch das wahrscheinlich am besten wirksame Mittel der Hausbesitzer, die fremden Soldaten am Eindringen in die Häuser zu hindern: Der Kult für die lebenden Gottherrscher, oft im Zusammenhang mit deren Ahnen, sollte von Griechen ebenso wie von Ägyptern betrieben werden. Er stellte die bindende und einigende Klammer zwischen den verschiedenen Ethnien des Ptolemäerreiches dar. Konnte man seine Privatkulte an die verschiedensten Götter richten, so hatten doch alle Untertanen im Kult für den lebenden Gott, der der König war, einen

---

30 Vgl. Robert 1966, 186–191; 193; vgl. zu P.Oxy XXVII 2465,12–14 die Rekonstruktion von Schorn 2001, 219: [οἱ δὲ] βουλόμενοι θύειν Ἀρσιν[όῃ Φιλαδέ]λφῳ θυέτωσαν πρὸ τῶν ἰδί[ων οἴκ]ων ἢ ἐπὶ τῶν [δ]ωμάτων ἢ κατ[ὰ τὴν] ὁδὸν ... το[ὺς] δὲ βωμοὺ[ς πο]ιείτωσαν πάντες ἐξ ἄμ[μ]ου. ἐὰν δέ τ[ι]νες [ο]ἰκοδομητοὺς πλινθίνους ἔχ[ωσ]ιν‹ ἐπ[ιβ]αλλέτωσαν ἐπάνω ἄμμον.

31 Die Verbindung des Kultes für Arsinoe II. mit Sand könnte an deren Assimilation an Aphrodite Euploia gelegen haben, der Sand also auf die Verbindung zum Meer hindeuten, vgl. Robert 1966, 196–202.

32 Vgl. die Zusammenstellung bei Sethe 1920, 137–138.

‚gemeinsamen Nenner' und sei es nur, um hiermit der Loyalität zum Herrscherhaus Ausdruck zu verleihen. Dieser Herrscherkult wiederum wurde von jedem Zelebranten in annähernd gleicher Art und Weise – mit Rauchopfern und Wasserspenden auf Altären – vollzogen.

Selbst wenn es sich nicht um Altäre für den Herrscherkult gehandelt haben dürfte, so steht doch fest, daß das gewaltsame Zerstören heiliger Orte ein Sakrileg war. Davor scheuten die griechischen Militärs entweder aus Ehrfurcht vor den Göttern oder ihren Gottherrschern, vielleicht aber auch nur aus Sorge vor dem sich daraus eventuell ergebenden „Volks-" und/oder „Götterzorn" zurück. Wahrscheinlich aus diesem Grund wendet sich Andronikos an seinen Vorgesetzten mit der Bitte um Abhilfe, die er in den Vorschlag kleidet, „die Hausbesitzer zu veranlassen, daß sie die Altäre auf die geeignetsten und am besten sichtbaren Orte auf den Dächern versetzen und sie noch schöner wieder herrichten als die vorherigen Altäre". Auf diese Weise gedachte der Beamte, die ‚widerspenstigen' Ägypter mit ihren eigenen Waffen in doppelter Weise zu schlagen. Er möchte nicht einfach nur, daß die Altäre abgerissen werden. Das wäre ein Frevel gegen die Götter gewesen und hätte ihn ins Unrecht gesetzt. Wenn er statt dessen darauf dringt, die Altäre an viel besser sichtbaren Orten wieder aufzubauen und dazu noch schöner ausgestattet, dann benutzt auch er selbst den Götterkult zur Durchsetzung seiner Ziele. Gegen einen schöneren und besser sichtbaren Altar als Kompensation hätten „die Götter" sicher nichts einzuwenden gehabt. Dies gereichte den so Geehrten vielmehr wortwörtlich *ad maiorem gloriam*. Der für das Militär praktische Nutzen lag dann darin, daß die Hausbesitzer, wenn sie die Altäre auf ihre Dächer setzen sollten, gleichzeitig dazu gezwungen waren, auch selbige Dächer wieder zu errichten und damit ausreichend Wohnraum für die Soldaten zu schaffen.

5. Der Rechtsweg – Klagen von Quartiergebern

Der Einquartierung von Soldaten in seinen Hausbesitz konnte sich kein Untertan, der rechtlich dazu verpflichtet war, entziehen. Die Spielregeln waren durch die königlichen Verordnungen vorgegeben. Da die Quartiervergabe aber von höchster Stelle aus geregelt worden war, mußten sich auch die Militärs an diese Regeln halten. Und über die daraus entstehenden Konflikte besitzen wir in Form von Eingaben an den König interessante Quellen.[33] Ein besonders an-

---

[33] Der erste Beleg hierfür ist P.Sorb. I 13 aus der Regierungszeit Ptolemaios' II.; vgl. weiterhin die Eingabe des Ägypters Phames über das Unrecht, das ihm von Demetrios angetan wurde. P.Petrie III 20, rct. Kol. I (= SB 9556) aus dem Jahr 246/245

schauliches Beispiel bildet etwa die Beschwerde des – nach dem Namen zu schließen ägyptischen Hausbesitzers – Stotoetes an Ptolemaios IV. (221 v.Chr.):[34]

Βασιλεῖ Πτολεμαίωι χαίρειν Στοτοῆς Πάσιτος, γεωρ[γ]ὸς ἐκ Πολυδευκείας. ἀδικοῦμαι ὑπὸ Γ̣ερώρου (ἐβδομηκονταρούρου). ὑπαρχούσης γάρ μοι οἰκίας ἐν τῆι κώμηι, ἐκβέβλημαι ὑπʼ αὐτοῦ ἐκ ταύτης καὶ τὰ κτήνη μου ὕπαιθρά ἐστιν, τῆ[ι] βίαι χ[ρ]ώμενος καὶ ὑπάρχοντο̣ς αὐτῶι περὶ τὴν κώμην [...]ου δεδομέν[.] αὐτῶι ἐν σταθμοδοσίαι.

δέομαι οὖν σου, βασιλεῦ, ε[ἴ σ]οι δοκεῖ, προστάξαι Διοφάνηι τῶι στρατηγῶι γράψαι Σωσιβίωι τῶι ἐπιστάτει ἀποστεῖλαι τὸν ἄνθροπον ἐπʼ αὐτὸ[ν] καί, [ἐὰν ἦι ταῦ]τα ἀληθῆ, μὴ ἐπιτρέπειν αὐτῶι ἐκβάλλειμ με ἐκ τῆς ἐμῆς οἰκίας, ἵνα δύνωμαι πρὸς τῶι γεωργε[ῖν] γε[νέσθαι καὶ] διὰ σέ, βασιλεῦ, τὸν πάντων κοινὸν σωτῆρα, τοῦ δικαίου τύχω. [εὐτύχει.]

„Dem König Ptolemaios (sendet) Stotoes, Sohn des Pasis, ein Bauer aus Polydeukeia, Grüße. Mir wird von Geroros, einem Soldaten, der 70 Aruren Land hat, Unrecht angetan. Obwohl mir ein Haus in dem (eben genannten) Dorf gehört, wurde ich von ihm aus diesem hinausgeworfen, und mein Vieh befindet sich jetzt unter freiem Himmel. Und dies hat er mit Gewalt getan, und es gehört ihm (außerdem) beim Dorfe ein [Haus?], das ihm als Quartier zugeteilt wurde.

Ich bitte nun Dich, König, wenn es Dir recht erscheint, dem Diophanes, dem Strategen, anzuordnen, daß er dem Sosibios, dem Polizeivorsteher, schreibt, daß er diesen Menschen zu ihm schickt und, falls dies (scil. das von mir vorgebrachte) wahr sein sollte, dafür zu sorgen, daß es ihm nicht mehr möglich sein soll, mich aus meinem Haus herauszuwerfen, damit ich mich der Feldarbeit zuwenden kann und durch Dich, König, den allgemeinen Retter aller, das Recht erlange.

Lebe wohl!"

Der Ägypter ist also mitsamt seinem Vieh aus dem Haus hinausgeworfen worden. Der besondere Hinweis auf sein Vieh geschieht wohl deshalb, weil durch den Viehbesitz auch Steuern für den König zu erwarten waren, die bei schlechter Haltung der Tiere ausbleiben würden.

Die Klage über die Anwendung von Gewalt mag zwar der Wahrheit entsprechen, spiegelt aber auch die Topik von Eingaben an den König wider. Deshalb untermalt der Hinweis stilistisch nur das viel wichtigere Faktum, daß der Soldat schon ein *anderes* Quartier zugewiesen bekommen hat. Einer weiter oben bereits angeführten königlichen Verordnung zufolge war es den Soldaten näm-

---

v.Chr (vgl. Lenger 1954, 124–130; BGU IV 1006 (3. Jh. v.Chr.); VI 1247 (149/148 v.Chr.; dazu Porten 1996, 420–421, Doc. D8).
34 P.Ent. 11.

lich ausdrücklich untersagt, mehr als ein Quartier zu beziehen: „Kein Einquartierter darf unter Vorwand ein zweites Quartier beanspruchen".[35] Zwar verweist der Ägypter nicht eindeutig auf diese Verordnung aus der Zeit Ptolemaios' II., doch wird diese noch geltendes Recht gewesen sein, so daß vor den zuständigen Personen nicht mehr direkt darauf hingewiesen werden mußte.

Der geschädigte Ägypter bat nun, mit dem Wissen um die Unrechtmäßigkeit des Soldaten, um die Restituierung seines Besitzes. Der Rechtsweg sieht nach dem Ausweis dieser Eingabe und vieler anderer Parallelen wie folgt aus: Der klageführende Bittsteller schreibt direkt an den Monarchen und bittet um Rechtsgewährung. Der König soll wiederum den Leiter der Gauverwaltung anhalten, den Polizeimeister mit der Überprüfung des Falles zu beauftragen. In seiner Beschreibung des erhofften Rechtswegs bringt Stotoes noch ein weiteres Argument dafür vor, daß es auch dem Herrscher nütze, ihm sein Recht zu gewähren: Wenn Stotoes sich wieder sorgenfrei der „Feldarbeit zuwenden" kann, wie er schreibt, dann gereicht dies implizit dem Fiskus, der einen nicht geringen Teil der Erträge erhielt, zum Vorteil.

Mit drei Argumenten möchte der Ägypter also sein Recht erlangen: mit seinem Anspruch auf ungestörten Viehzucht, auf ungestörten Ackerbau und dem Hinweis auf die Unrechtmäßigkeit der gewaltsam durchgeführten Vertreibung aus seinem Haus, da der Quartiernehmer bereits einen *stathmós* an anderer Stelle habe.

In einer zweiten Hand findet sich unter der Beschwerde schließlich noch ein sogenannter Registrierungsvermerk, der uns einen Hinweis auf das weitere Vorgehen in dem Streit gibt. Wahrscheinlich ist es der Stratege, der dem Polizeivorsteher die Anweisung erteilt: „An Sosibios. Am besten versöhne die beiden. Wenn dies nicht möglich ist, schicke sie, damit sie vor dem allgemeinen Gericht abgeurteilt werden."[36]

Hieraus läßt sich schließen, daß der Brief nicht bis zum König selbst durchdrang. Dies war auch kaum zu erwarten, denn jede Eingabe war dem Wortlaut nach direkt an den König gerichtet. Das Schreiben ist aber zumindest bis zum Weisungsbefugten des Polizeivorstehers gelangt, also wohl dem Strategen. Der war zunächst, wie es sich oft als Subskription solcher Eingaben findet, daran interessiert, daß sich beide Parteien außergerichtlich einigen. Wenn dies aber nicht möglich wäre, dann sollte der Fall vor dem „allgemeinen Gericht" verhandelt werden.[37]

---

[35] C. Ord. Ptol. 6,4–5.

[36] P.Ent. 11,7: Σωσιβίωι. μά(λιστα) δι(άλυσον) αὐτούς· εἰ δὲ μὴ, ἀπ(όστειλον) ὅπ(ως) ἐπὶ τοῦ κοινοδι(κίου) δι(ακρίθωσιν).

[37] Das *Koinodikion* war wahrscheinlich für Rechtsfälle zuständig, in denen Ägypter und Griechen involviert waren, vgl. Wolff ²1970, 53.

6. Die andere Seite – Beschwerden von Quartiernehmern

Durch die königlichen Verordnungen und die Möglichkeit der direkten Klage beim Herrscher oder seinen Stellvertretern war den ägyptischen Hausbesitzern die Möglichkeit gegeben, ihr Recht einzuklagen. Der Weg der Bitte um Rechtsgewährung beim König wurde selbstverständlich auch von den Zuwanderern in Anspruch genommen, wie das folgende Beispiel aus dem Jahr 222 v.Chr. zeigt:[38]

> Βασιλεῖ Πτολεμαίωι χαίρειν Ἀσία. ἀδικοῦμαι ὑπὸ Ποώρ[ι]ος τοῦ σταθμούχου. τοῦ γὰρ ἀνδρός μου Μαχάτου σταθμοδο‹τη›θέντος ἐν κώμηι Πηλουσίωι καὶ διελομένου αὐτοῦ πρὸς τὸν Ποῶριν καὶ ἀνοικοδομήσαντος ἐν τῶι αὐτοῦ τόπωι ἱερὸν Συρίας θεοῦ καὶ Ἀφροδίτης Βερενίκης, ὑπάρχοντος δὲ τοίχου τινὸς ἡμιτελέστου ἀνὰ μέσον τοῦ τε Ποώριος καὶ τοῦ τοῦ ἀνδρός μου, ἐμοῦ δὲ βουλομένης ἐπισυντελέσαι τὸν τοῖχον ἵνα μὴ ὑπερβατὸν ἦι εἰς τὰ ἡμέτερα, Ποώριος κεκώλυκεν οἰκοδομεῖν, οὐθὲν προσήκοντος αὐτῶι τοῦ τοίχου, ἀλλὰ καταφρονῶν ὅτι ὁ ἀνήρ μου τετελεύτηκεν.
>
> δέομαι οὖν σου, βασιλεῦ, προστάξα[ι] Διοφάνει τῶι στρατηγῶι γράψαι Μενάνδρωι τῶι ἐπιστάτηι, ἐὰν [φ]αίνηται ὢν ὁ τοῖχος ἡμέτερος, μὴ ἐπιτρέπειν τῶι Ποώρει κωλύειν ἡμᾶς οἰκοδομεῖν, ἵνα ἐ[π]ὶ σὲ καταφυγοῦσα, βασιλεῦ, τοῦ δικαίου τύχω. εὐτύχει.
>
> 2. Hand: Μενάνδρωι. μάλιστ[α] μὲν διάλυσον αὐτ[ο]ύς· εἰ δ[ὲ μή,] πρὸς ἡμᾶ[ς] ἀπό(στειλον) ὅπως ἐπι(σκεψώμεθα). (ἔτους) [κε, Λώι]ου κ̅ς̅, Χοίαχ ι̅γ̅.

„Dem König Ptolemaios (sendet) Asia Grüße. Mir wird vom Quartiergeber[39] Pooris Unrecht angetan. Mein Ehemann Machatas nämlich war im Dorf Pelusion einquartiert und hatte sein Quartier mit dem Pooris geteilt und in seinem Teil eine Kapelle der Syrischen Göttin und der Aphrodite-Berenike erbaut. Es gab nun eine halbfertige Mauer in der Mitte zwischen dem (Teil) des Pooris und dem meines Mannes.

Als ich aber die Mauer vollenden wollte, damit man nicht in den unseren (Teil) steigen könne, verhinderte Pooris das Bauen, obwohl ihm die Mauer gar nicht gehörte, sondern aus Mißachtung, weil mein Mann gestorben ist.

Ich bitte nun Dich, König, dem Strategen Diophanes anzuordnen, daß er dem Polizeivorsteher Menander schreibt, er möge, wenn es sich erweist, daß die Mauer uns gehört, den Pooris uns nicht am Bauen hindern lassen, damit ich zu Dir, König, geflüchtet mein Recht erlange. Lebe wohl!

2. Hand: Dem Menander. In erster Linie versöhne sie, falls (dies) nicht gelingt, sende (sie) zu uns, damit wir (die Sache) untersuchen. Im [25. Jahre, am 26. Lo]ios = 13. Choiach."

---

38 P.Ent. 13.
39 Überlicherweise bezeichnet in der Ptolemäerzeit der Begriff *stathmuchos* den Quartiernehmer, im vorliegenden Fall handelt es sich aber mit einiger Sicherheit um den Quartiergeber, vgl. den Kommentar bei P.Ent. 13, S. 37.

Offensichtlich haben wir hier den Konflikt zwischen einem ägyptischen Hausherrn namens Pooris und der Witwe eines griechischen Soldaten vorliegen, der im Faijumdorf Pelusion stattfand. Die Auseinandersetzung nahm nach dem Tod des Machatas ihren Anfang. Dieser hatte damit begonnen, die Scheidelinie seines Quartiers im Hof des ägyptischen Hauses durch eine Mauer zu kennzeichnen, um den Hausbesitzer an einem Übertritt in seinen Teil zu hindern. Auf diese Weise teilte er das Haus des Quartiergebers in zwei Teile. Es ist anzunehmen, daß die zuvor erwähnte Kapelle der Syrischen Göttin und der Aphrodite-Berenike ebenfalls im Zusammenhang mit dieser Mauer zu deuten ist, da die Witwe sie wohl sonst kaum in der Enteuxis ebenfalls angeführt hätte. Die Mauer erhielt auf diese Weise Sakrosanktität.

Ihr Eigenname Asia weist die Ehefrau des Soldaten in den orientalischen Raum, wohl am ehesten nach Syrien, da die Syrische Göttin in der Kapelle angebetet wurde. Wahrscheinlich handelt es sich um die Fruchtbarkeitsgöttin Atargatis.[40] Von den Griechen konnte sie im Zuge einer *interpretatio Graeca* mit Aphrodite gleichgesetzt werden, was die ebenfalls vorgenommene Aufnahme der Aphrodite-Berenike in die kleine Kapelle erklärt. Somit wurde in der Kapelle im Grunde genommen der Kult für die *eine* Göttin Atargatis-Aphrodite-Berenike vollzogen. Aus der Kapelle für den Ägyptern eigentlich fremde Gottheiten war auf diese Weise gleichzeitig eine Herrscherkultkapelle geworden. Die Könige und ihre Gemahlinnen waren wiederum durch ägyptische Priesterdekrete auch von der ägyptischen Bevölkerung als Götter anzuerkennen. Das willentliche Verhindern des Baus einer derart zu nutzenden Kapelle durch den ägyptischen Hausbesitzer wäre also als Loyalitätsmißachtung, vielleicht gar als Majestätsverbrechen allerersten Ranges zu betrachten gewesen. Zumindest scheint die Klägerin das dem König bzw. seinem Stellvertreter nahelegen zu wollen.

So einfach, wie die Witwe die Sache darstellt, scheint der Fall aber nicht gelegen zu haben. Wie bereits oben erwähnt, ging juristisch gesehen das dem Soldaten vergebene Quartier nicht in dessen Eigentum über – so zumindest sehen es die königlichen Erlasse dieser Zeit. Der zur Einquartierung genutzte Hausteil gehörte – wie oben dargelegt – dem König, wie es sich noch in der Abschrift eines Erlasses des zweiten Ptolemäers (246/245 v. Chr.) bestätigt findet.

Da der Soldat gestorben war, fiel das Quartier also entweder an den Hausbesitzer zurück, oder der König veranlaßte, selbstverständlich durch einen Stellvertreter vor Ort, also den Ökonomen, die Neubesetzung. Beides ist etwa 20 Jahre nach den angeführten königlichen Regelungen nicht geschehen – im Gegenteil: Die Witwe wohnte weiterhin im Quartier ihres Mannes. Das war

---

[40] Zur Verehrung dieser Gottheit im Faijum vgl. Rübsam 1974, 52; 135–138; 148–149.

vielleicht letztlich auch der Grund, weshalb Pooris den Weiterbau der Mauer im Hof seines Hauses, als Machatas starb, verhinderte.

Die gesetzlich geregelte Praxis des Rückfalls von *kleroi* und *stathmoi* an den König hatte sich im Verlauf der Herrschaft des dritten Ptolemäers tatsächlich recht schnell geändert.[41] Bereits zehn Jahre nach den genannten königlichen Verlautbarungen finden sich Soldatentestamente, in denen ganz selbstverständlich Quartiere an Söhne, Ehefrauen oder gar Töchter vermacht werden.[42] Anscheinend hatte sich also als eine Art Gewohnheitsrecht das Eigentum der Soldaten an den zugewiesenen Quartieren und Ländereien herausgebildet, an dem der Herrscher nichts mehr ändern wollte. Gleiches wird auch bei unserer Klage der Fall gewesen sein. Die Soldatenwitwe wähnte sich also im Recht, das durch die tägliche Praxis legitimiert und amtlich geduldet[43] war.

Der erbetene Rechtsweg war nun der gleiche wie in der Klage, die der Ägypter im vorherigen Fall angestrebt hatte: Die Eingabe ging nicht direkt an den König, sondern an den Strategen. Dieser schrieb unter das Dokument die Anweisung an den Polizeivorsteher, in diesem Fall einen Mann namens Menander die Sache zu einem versöhnlichen Ende zu bringen. Erst wenn die Aussöhnung nicht gelingen sollte, hätten die beiden „Prozeßparteien" vor dem Strategen erscheinen müssen, der dann ein rechtsgültiges Urteil gefällt hätte. Es ist wahrscheinlich, daß der Streit so beendet wurde, daß die Frau ihre Mauer errichten durfte, denn aus einer 40 Jahre jüngeren Inschrift aus demselben Dorf ist bekannt, daß es in diesem Ort einen Kultort der Syrischen Göttin gab, welches mit dem hier erwähnten identisch sein könnte. Ein gewisser Machatas, Sohn des Machatas (hierbei dürfte es sich um den verstorbenen Ehemann der Asia handeln), stiftete eine Weihung an Zeus Soter, die Syrische Göttin und die „tempelteilenden Götter".[44]

Der vorliegende Papyrus illustriert meines Erachtens recht anschaulich, daß nach hundert Jahren ptolemäischer Besatzung die Soldatenquartiere von den Einquartierten als ihr Eigentum angesehen wurden, welches sie an ihre Angehörigen weitervererben konnten. Zwar haben sich königliche Verordnungen hiergegen ausgesprochen, doch hatte sich die Praxis als zu stark erwiesen. Wie sehr sich die Soldaten als Eigentümer der Quartiere sahen, zeigt allein schon die Tatsache, daß sie bauliche Veränderungen an ihnen vornahmen, sich also keineswegs als Gäste betrachteten. Die bauliche Veränderung war in unserem Fall einschneidend, lief sie doch faktisch auf eine Teilung des Hauses hinaus.

41   Vgl. den Überblick bei Clarysse 1991, 38–39.
42   Vgl. P.Petrie² 3,80; 7,6–7; 16,21–22; 16,76–79; 18,11–13; 22,10–13; 22,23; 24,48; 28,1–2; vgl. Clarysse 1991, 38.
43   Von einer amtlichen Duldung geht etwa Lesquier 1911, 239–241, aus.
44   Bernand 1981, Nr. 150; vgl. Rübsam 1974, 136–138.

7. Zusammenfassung

Wie gestaltete sich das Zusammenleben von militärisch überlegenen zugewanderten Fremden mit der unterworfenen einheimischen Bevölkerung Ägyptens unter der ptolemäischen Herrschaft? Die Auswertung bereits seit langer Zeit bekannter papyrologischer Quellen aus dem Kontext des Einquartierungswesens, die meines Erachtens diesbezüglich noch nicht hinreichend in den Blick genommen wurden, lassen – wie gezeigt werden konnte – folgende Schlüsse zu: Zunächst steht außer Frage, daß die Vergabe von Soldatenquartieren in Privathäusern eine große Belastung für ein friedliches Zusammenleben von Zuwanderern und Einheimischen sein konnte. Verstärkt wurden die Probleme sicherlich durch die Zugehörigkeit der neu gebildeten Hausgemeinschaften zu je unterschiedlichen kulturellen Lebenswelten. Keinem Hausbesitzer wird die faktische „Enteignung" eines Hausteils, die letztlich mit der Quartierzuteilung einherging, gefallen haben. Die baulichen Änderungen von seiten der Quartiernehmer machten diese „Enteignung" der Hausbesitzer noch deutlicher sichtbar. Das Beispiel der vermauerten Hauseingänge belegt anschaulich, wie sehr die Einquartierung von den Quartiergebern als Last empfunden wurde. Allem Anschein nach konnten die ägyptischen Bauern sich nicht wehren, wenn ihnen Soldaten zur Aufnahme zugeteilt wurden. Von offenem Widerstand ist nichts bekannt, nicht einmal in den häufig detaillierten königlichen Direktiven findet sich eine entsprechende Erwähnung.

Interessant ist der von der Forschung bisher noch nicht bemerkte Fall, daß der Herrscherkult als Mittel zum Zweck im Rahmen der Auseinandersetzung eingesetzt wurde. Wie unsere beiden Beispiele zeigen, wurde er einerseits von den ägyptischen Hausbesitzern dazu benutzt, ihre Häuser vor der Einquartierung zu bewahren, zum anderen versuchte eine Soldatenwitwe, mit Hilfe des Herrscherkultes ihre Interessen in einem ägyptischen Quartier durchzusetzen. Hieran zeigt sich, wie der von Griechen in Alexandria organisierte Herrscherkult, der mittels der ägyptischen Priesterdekrete unter die ägyptischen Untertanen getragen wurde, direkte Auswirkungen auf das private Leben haben konnte. Der Herrscherkult war also keine abstrakte Sache, die ohne Wirkung auf die Bevölkerung, auf die er abzielte, geblieben wäre. Die Bauernschläue wiederum, mit der Ägypter ebenso wie ihre ‚ausländischen Mitbürger' mit dem Kult für das eine Herrscherpaar, der von allen zu teilen war, umgingen, zeigt auch, daß man erkannt hatte, welcher persönliche Nutzen sich aus dieser ‚Loyalitätsreligion' ziehen ließ. Anders als eigentlich beabsichtigt, stellte der Herrscherkult damit in der Tat eine, wenn auch anders als intendiert, bindende Klammer zwischen ägyptischer und griechischer Kultur dar.

An der Einquartierung selbst wollten die Herrscher trotz der mit ihr einhergehenden sozialen Konflikte nichts ändern – sie wurde wohl die ganze Ptolemäerzeit hindurch als militärische Notwendigkeit angesehen. Doch war sich die Staatsgewalt der mit der Quartiervergabe einhergehenden Probleme inzwischen durchaus bewußt, und deshalb griffen die Herrscher recht schnell regulierend ein – es sei etwa auf den oben erwähnten Erlaß Ptolemaios' II. hingewiesen, der auf die „Gewalt" seiner Soldaten reagierte.

Die Bestimmung, daß die Soldaten sich möglichst eigene Hütten bauen sollten und ihnen zugeteilte Quartiere wieder in ordentlichem Zustand verlassen mußten, zeigt, wie sehr dem König an einem friedlichen Miteinander gelegen war und wie sehr er bestrebt war, aus dem Besatzungsheer ein Landesheer zu machen. Die Quartiervergabe bildete der genannten königlichen Verordnung zufolge eine *ultima ratio*, die nur dann angewendet wurde, wenn keine anderen Möglichkeiten der Unterbringung zur Verfügung standen. Von Willkür bei der Quartiervergabe kann nach der Beleglage der überlieferten Quellen ebenfalls keine Rede sein. Die königlichen Verordnungen boten vielmehr klare Richtlinien, die es den Hausbesitzern möglich machten, sich auf *geschriebenes* Recht zu berufen. Das macht ein papyrologisch überlieferter Prozeßfall deutlich, in dem sich ein Ägypter über die unrechtmäßige Einquartierung beschwert. Leider ist der Text der Klage nur fragmentarisch überliefert, aber im Rahmen dieser Klage sind alle diesbezüglichen und oben auch zitierten königlichen Verordnungen festgehalten.[45]

Bestimmte Hausbesitzer waren also institutioneller Gewalt ausgesetzt, die sich auf ihren Immobilienbesitz auswirkte. Sie konnten diesem Eingriff nicht entgehen. Diese Art der Gewalt war aber durch die schriftliche Fixierung klaren Regeln unterworfen. Zudem konnte man sich gegen individuelle Gewalt, die häufig auch mit einer Verletzung der körperlichen Integrität einherging, auf rechtlichem Weg zu Wehr setzen. Nur in einer ganz wesentlichen Sache konnten, oder wohl richtiger wollten sich die Herrscher nicht gegenüber ihren Soldaten durchsetzen, nämlich in der Frage des Eigentumsrechts an den Quartieren. Dieses Recht lag, wie es die Verordnungen zeigen, eindeutig beim König. Die Realität zeigt aber, daß sich die Soldaten als Eigentümer der Wohnungen sahen, sie baulich veränderten und sogar testamentarisch vererbten.

Schließlich ist noch zu beachten, daß nicht nur Ägypter der Einquartierungslast unterworfen waren, sondern jeder Untertan mit Immobilienbesitz damit rechnen mußte, daß Soldaten in sein Haus einquartiert wurden. Die auf ein friedliches Zusammenleben der Ethnien zielenden Verordnungen der Könige lassen vermuten, daß man sogar darum bemüht war, die Einquartierungs-

---

[45] P.Petrie III 20 recto (vgl. Lenger 1954).

lasten möglichst gleichmäßig zu verteilen, griechische Hausbesitzer also nicht zwingend aufgrund ihrer Herkunft zu bevorzugen. Genauso mußten Griechen in anderen Teilen des Ptolemäerreiches ihre Häuser den ptolemäischen Soldaten als Quartiere zur Verfügung stellen.

Die angeführten Quellen zeigen recht anschaulich, daß die Requirierung von Soldatenquartieren bei der einheimischen Bevölkerung strikten Regeln unterlag, an die sich Quartiergeber wie auch Quartiernehmer als Untertanen ein und desselben Königs zu halten hatten. An ihn konnten sie sich dann mit Rechtshilfeersuchen wenden, wenn die Regeln gebrochen wurden. Fremde und Einheimische werden sich somit wahrscheinlich im Laufe der Zeit miteinander arrangiert haben, dies war der einzig gangbare Weg. Auch wenn die Einquartierung eine schwere Hypothek für einen Ausgleich zwischen Fremden und Einheimischen war, so bot das erzwungene gemeinsame Leben unter einem Dach vielleicht auch die Möglichkeit der Zusammenführung und des Kennenlernens, wenn nicht gar der Angleichung beider Lebenswelten oder trug doch hierzu seinen Teil bei. Letztlich zeigen die dreihundert Jahre des ptolemäischen Königtums über Ägypten nämlich gerade aus der Perspektive der daran anschließenden römischen Herrschaft, in der uns auf dörflicher Ebene häufig eine gräkoägyptische Mischkultur entgegentritt, daß die Elemente des Ausgleichs zwischen den Bevölkerungsgruppen insgesamt stärker gewesen sein müssen als die des Konfliktes.

Literaturverzeichnis

Bernand, E. 1981, *Recueil des inscriptions grecques du Fayoum. Tome III. La „méris" de Polémôn*, Kairo.

Bickermann, E. 1927, „Beiträge zur antiken Urkundengeschichte I. Der Heimatsvermerk und die staatsrechtliche Stellung der Hellenen im ptolemäischen Ägypten", *APF* 8, 216–239.

Bomann, A.H. 1991, *The Private Chapel in Ancient Egypt. A study of the chapels in the Workmen's Village at El Amarna with special reference to Deir el Medina and other sites*, London, New York.

Clarysse, W. 1991, *The Petrie Papyri Second Edition (P. Petrie²). Volume 1. The Wills* (Collectanea Hellenistica), Brüssel.

Clarysse, W. 1992, „Some Greeks in Egypt", *Life in a Multicultural Society: Egypt from Cambyses to Constantine and Beyond* (Studies in Ancient Oriental Civilization 51), ed. Johnson, J.H., Chicago, 51–56.

Clarysse, W./Thompson, D.J. 2004, *Counting the People (P.Count)* (Cambridge Classical Studies), Cambridge.

David, M./van Groningen, B.A. 1965, *Papyrological Primer. Fourth Edition*, Leiden.

Grunert, St. 1994, „Zur Definition ‚Eigentum'", *Grund und Boden in Altägypten (Rechtliche und sozio-ökonomische Verhältnisse). Akten des internationalen Symposions Tübingen 18.–20. Juni 1990* (Untersuchungen zum Rechtsleben im alten Ägypten 2), ed. Allam, S., Tübingen, 319–325.

Habermann, W./Tenger, B. 2004, „Ptolemäer", *Wirtschaftssysteme im historischen Vergleich*, ed. Schefold, B., Stuttgart, 271–333.

Heichelheim, F. 1925, *Die auswärtige Bevölkerung im Ptolemäerreich* (Klio-Beihefte 18, NF 5), Leipzig.

Hennig, D. 1995, „Staatliche Ansprüche an privaten Immobilienbesitz in der klassischen und hellenistischen Polis", *Chiron* 25, 235–282.

Jördens, A. 2005, „Griechische Texte aus Ägypten", *Texte aus der Umwelt des Alten Textaments. Neue Folge, Band 2: Staatsverträge, Herrscherinschriften und andere Dokumente zur politischen Geschichte*. Gütersloh, 369–370.

Klose, P. 1972, *Die völkerrechtliche Ordnung der hellenistischen Staatenwelt in der Zeit von 280– 168 v. Chr.* (MBPR 64), München.

Launey, M. 1950 (ND 1987), *Recherches sur les armées hellénistiques II*, Paris.

Lenger, M.Th. 1954, „Une nouvelle édition de P. Petrie III, 20, recto, coll. 1–3", *CdÉ* 29, 124–136.

Lesquier, J. 1911, *Les institutions militaires de l'Égypte sous les Lagides*, Paris.

Luckhard, F. 1914, *Das Privathaus im ptolemaeischen und roemischen Aegypten*, Bonn.

Meyer, P.M. 1900, *Das Heerwesen der Ptolemäer und Römer in Ägypten*, Leipzig.

Modrzejewski, J. 1983, „Le statut des Hellènes dans l'Égypte lagide: Bilan et perspectives des recherches", *REG* 96, 241–268

Otto, W. 1905, *Priester und Tempel im hellenistischen Ägypten. Ein Beitrag zur Kulturgeschichte des Hellenismus*, Bd. 1, Leipzig u.a.

Peremans, W. 1937, *Vreemdelingen en Egyptenaren in Vroeg-Ptolemaeisch Egypte*, Löwen.

Porten, B. 1996, *The Elephantine Papyri in English. Three Millenia of Cross-Cultural Continuity and Change* (Documenta et monumenta orientis antiqui 22), Leiden u.a.

Préaux, Cl. 1939, *L'économie royale des Lagides*, Brüssel.

Ries, G. 1983, *Prolog und Epilog in Gesetzen des Altertums* (MBPR 76), München.

Robert, L. 1966, „Su un décret d'Ilion et sur un papyrus concernant des cultes royaux", *Essays in Honor of C. Bradford Welles* (ASP 1), ed. Samuel, A.E., New Haven, 175–212.

Rostovtzeff, M. 1955, *Gesellschafts- und Wirtschaftsgeschichte der hellenistischen Welt*, Darmstadt.

Rübsam, W.J.R. 1974, *Götter und Kulte in Faijum während der griechisch-römisch-byzantinischen Zeit*, Bonn.

Schmitthenner, W. 1968, „Über eine Formveränderung der Monarchie seit Alexander d. Gr.", *Saeculum* 19, 31–46.

Schorn, St. 2001, „Eine Prozession zu Ehren Arsinoes II. (P.Oxy. XXVII 2465, fr. 2: Satyros, Über die Demen von Alexandreia", *Punica – Libyca – Ptolemaica. Festschrift für Werner Huß, zum 65. Geburtstag dargebracht von Schülern, Freunden und Kollegen* (OLA 104), ed. Geus, K./Zimmermann, K., Löwen u.a., 199–220.

Sethe, K. 1920, *Demotische Urkunden zum ägyptischen Bürgschaftsrechte vorzüglich der Ptolemäerzeit* (SAW, Abhd. d. philo.-histor. Klasse 32), Leipzig.

Stadelmann, R. 1975, „Altar", *LÄ*, ed. Helck, W./Otto, E., Wiesbaden, 145–149.

Thompson, D.J. 2001, „Hellenistic Hellenes: The Case of Ptolemaic Egypt", *Ancient Perceptions of Greek Ethnicity*, ed. Malkin, I., Cambridge, 301–322.

Turner, E.G. ²1984, „Ptolemaic Egypt", *The Cambridge Ancient History VII 1: The Hellenistic World*, ed. Walbank, F.W./Astin, A.E., Cambridge, 118–174.

Zahrnt, M. 1996, „Alexanders Übergang über den Hellespont", *Chiron* 26, 129–147.

Wolff, H.J. ²1970, *Das Justizwesen der Ptolemäer* (MBPR 44), München.

Ägypten im Römischen Reich.
Beobachtungen zum Thema Akkulturation und Identität

Heinz Heinen

Für Giovanni Geraci,
den Erforscher des römischen Ägypten,
in freundschaftlicher Verbundenheit

Das römische Ägypten begann im Jahre 30 v.chr., in dem Jahre, in dem Kleopatra und Marcus Antonius angesichts ihrer Niederlagen aus dem Leben schieden und ihrem Gegner Octavian, dem späteren Kaiser Augustus, das Feld, d.h. vor allem auch Ägypten, überließen.[1] Seit diesem Zeitpunkt war Ägypten eine Provinz des römischen Reiches und blieb dies bis zur Eroberung des Nillandes durch die Araber im Jahre 642 n.Chr., also nahezu sieben Jahrhunderte lang.[2]

Doch römischer Einfluß auf und in Ägypten begann nicht erst mit dem Untergang Kleopatras und der ptolemäischen Dynastie. Schon lange vorher war Rom zur führenden Macht im Mittelmeerraum aufgestiegen, bereits seit dem Beginn des 2. Jhs. v.Chr. zeichnete sich das römische Protektorat über Ägypten immer deutlicher ab, bis es im 1. Jh. v.Chr. schließlich so weit war, daß kein ptolemäischer Herrscher ohne Zustimmung Roms den Thron besteigen konnte. Eine neue Wendung erhielt die enge Bindung Ägyptens an Rom durch Kleopatra. Sie versuchte und erreichte, was bisher noch keinem hellenistischen Herrscher gelungen war und was nur einer Frau gelingen konnte: eine persönliche, dynastiebildende Verbindung mit einem führenden Römer. Sie vermochte es, Iulius Caesar, den Sieger über den Bürgerkriegsgegner Pompeius und folglich alleinigen Herrn Roms, auf ihre Seite zu ziehen. Im Jahre 47 v.Chr., nach dem langen Aufenthalt Caesars in Ägypten, gebar Kleopatra einen Sohn, den unsere Geschichtsbücher zumeist mit seinem inoffiziellen Namen Kaisarion nennen. Offiziell dagegen hieß dieser Sohn zunächst vermutlich nur Caesar bzw. Kaisar, ab 44 v.Chr., dem Beginn seiner Mitregentschaft, Ptolemaios Kaisar; er vereinigte also in seinem Namen und seiner Person das Erbe der ptolemäischen Dynastie und das Römertum seines Vaters Iulius Caesar. Dieser dop-

---

[1] Ich habe dem Text seinen aperçuhaften Zuschnitt und seinen Vortragscharakter belassen. Nur einiges wenige ist in den Anmerkungen belegt. Mehr war aufgrund meiner derzeitigen Situation nicht möglich. Für Hinweise, Korrekturen und technische Hilfen danke ich den Herren Professoren Dr. Erich Kettenhofen und Dr. Joachim Friedrich Quack, Herrn Dr. Stefan Pfeiffer und Frau Donata Schäfer M.A., für die Niederschrift des Textes Frau Katja Krell.

[2] Grundlegend zur Entstehung der römischen Provinz Ägypten bleibt Geraci 1983.

pelte Anspruch wurde noch durch die königlichen Beinamen des Jungen unterstrichen: Er erhielt die Titel Philopator und Philometor, d.h. „Vaterliebend" und „Mutterliebend". Zum ersten Mal war damit der Grundstein für eine hellenistisch-römische Dynastie gelegt. Die Ermordung Caesars an den Iden des März 44 v.Chr. bereitete diesen hochfliegenden Plänen Kleopatras ein Ende, genauer: ein vorläufiges Ende. Denn wenig später sollte es Kleopatra ein zweites Mal gelingen, einen führenden Römer für sich zu gewinnen, Marcus Antonius, der seit 40 v.Chr. nahezu unumschränkt im Osten des Mittelmeerraumes waltete und schaltete, während seine beiden Kollegen im Triumvirat, Octavian und Lepidus, sich den Westen teilten. Wiederum wurde Kleopatra Stammutter einer ptolemäisch-römischen Dynastie. Ihre beiden Söhne von Marcus Antonius wurden schon im Kindesalter in hohe Herrscherpositionen eingeführt.[3] Doch auch aus diesen neuen Plänen Kleopatras wurde nichts: Die Niederlagen des Marcus Antonius 31 v.Chr. vor Actium und 30 v.Chr. in Alexandrien bedeuteten das Ende, übrigens auch für Ptolemaios Kaisar, den einzigen bekannten leiblichen Sohn Caesars. Er mußte auf Befehl von Caesars Adoptivsohn Octavian sterben.

Das also waren die Voraussetzungen, unter denen Octavian seine Herrschaft über Ägypten gewann. Er machte das Land zu einer Provinz Roms, doch erhielt es einen Sonderstatus: Im Gegensatz zu allen anderen römischen Provinzen wurde es keinem Statthalter aus dem Senatorenstand, d.h. aus dem höchsten Stande Roms, unterstellt, sondern einem Ritter, einem Angehörigen des zweiten Standes, der zugleich als persönlicher und direkter Vertreter Octavians in Ägypten fungierte. Damit behielt Octavian eine unmittelbare Kontrolle über das Nilland, das vor kurzem noch seinen eigenen Ambitionen und der Stellung Roms so gefährlich geworden war. Diese unmittelbare Kontrolle bot noch einen anderen wichtigen Vorteil. Dank der reichlichen Getreidelieferungen Ägyptens konnte Octavian die Versorgung Roms und auf diese Weise zugleich seine eigene Stellung sichern. Schon wenig später, im Jahre 27 v.Chr., erhielt Octavian den Ehrennamen Augustus und baute konsequent seine Position als *princeps* und alleiniger Herrscher Roms aus.

Als solcher trat er in Ägypten die Nachfolge der Ptolemäer und der Pharaonen an.[4] Zum einen wurde ihm dort als Gott und Gottessohn, d.h. als Sohn des vergöttlichten Caesar, gehuldigt, aber diese Form der Vergöttlichung ging nicht auf ägyptische Traditionen zurück, sondern war ein charakteristischer Zug des gesamten hellenistischen Ostens. Typisch ägyptisch dagegen war die Präsenta-

---

3 Plut. *Ant.* 54, 5-9.
4 Belege bei Heinen 1995, 3166f. Ausführlicher dazu Hölbl 2000, 9-24, zu Ägypten als römischer Provinz Hölbl 2005, 323-331.

tion des Augustus als Pharao in Wort und Bild: Auf einer Wand des Geburts-
hauses des Isistempels in Philä wird er im pharaonischen Ornat mit Zepter und
Keule vor Isis und dem Horusknaben dargestellt und von diesen ägyptischen
Göttern mit folgenden Worten begrüßt: „Willkommen, willkommen, Sohn des
Re, Caesar, der ewig lebt. Solange der Himmel ist, sind deine Denkmäler (=
Tempel). Deine Mutter Isis freut sich über das, was du getan hast, und wendet
dir die Herzen der Erdenbewohner zu."[5]

Augustus führt in diesen und vergleichbaren Texten als Adoptivsohn Iulius
Caesars den Namen Caesar; zugleich gilt er in der göttlichen Sphäre Ägyptens
als Wiedergeburt des Horus und Sohn des Sonnengottes Re. Damit wird Augustus von einem Eroberer und Fremdherrscher, als der er zunächst betrachtet
wurde, zu einem König ägyptischer Tradition und Prägung. Es lassen sich noch
weitere Versuche nachweisen, Augustus durch mythologische Konstruktionen
als einen Herrscher ägyptischen Ursprungs auszugeben.[6] Alles spricht dafür,
daß dies durchaus im Sinne des Augustus war, wie ja im übrigen die Darstellung
des Augustus als Pharao auf den Tempelwänden Ägyptens ohne seine Zustimmung gar nicht denkbar gewesen wäre. Zwar hat, im Gegensatz zu den Ptolemäern, weder Octavian-Augustus noch ein späterer römischer Kaiser sich je-
mals nach ägyptischem Ritual krönen lassen noch den Ornat eines Pharaos angelegt, doch umso bezeichnender ist der Wille, die Fiktion pharaonisch-ägypti-
scher Kontinuität auch im Falle der römischen Kaiser aufrechtzuerhalten und
fortzusetzen. Letzten Endes hat auch diese Konzeption dazu beigetragen, die
römische Herrschaft in Ägypten zu festigen.

Wie sich diese Herrschaft im einzelnen darstellte, welcher Instrumente sie
sich bediente, wie sie die wirtschaftlichen und sozialen Verhältnisse Ägyptens
gestaltete, kann hier nicht systematisch und im einzelnen ausgeführt werden.
Nur einiges davon wird im Folgenden zur Sprache kommen. Ich will mich damit begnügen, zunächst einen ganz groben Überblick über die Römerzeit Ägyptens zu geben, um mich dann anschließend auf die Fragestellung Multikulturalität und Identität zu konzentrieren.[7]

Die eigentliche Römerzeit Ägyptens oder jedenfalls doch die Geschichte
Ägyptens als römische Provinz begann, wie gesagt, 30 v.Chr. Die vorhin schon
skizzierte Regierung des Octavian-Augustus war nicht nur deshalb wichtig, weil
mit ihr die Geschichte der römischen Provinz Ägypten ihren Anfang nahm,
sondern auch deshalb, weil die Politik des Augustus für seine Nachfolger auf

---

5   Heinen 1995, 3169 (nach H. Junker und E. Winter).
6   Heinen 1995, 3170ff. (nach A. Weis und P. Grandet).
7   Zum römischen Ägypten vgl. die oben Anm. 4 angegebene Literatur, zu den kultur-
    geschichtlichen Aspekten speziell Lembke 2004 und die unten Anm. 34 angeführten
    Kataloghandbücher.

dem Kaiserthron richtungweisend wurde. Die überaus lange Regierungszeit des Augustus – 43 Jahre – tat ein übriges, um die Grundsätze des Kaisers dauerhaft und fest zu etablieren.

Das Ende der Dynastie des Augustus, also der julisch-claudischen Dynastie, im Jahre 68 n.Chr. bezeichnete einen ersten Einschnitt auch in der Geschichte der römischen Provinz Ägypten. Aus dem Bürgerkrieg der Jahre 68/69 n.Chr. ging Vespasian als neuer Kaiser hervor. Es verdient festgehalten zu werden, daß Vespasian in Alexandrien zum Kaiser ausgerufen wurde. Wie schon die Herrschaft Octavians, so nahm auch diejenige Vespasians, des Begründers der flavischen Dynastie, ihren Ausgang in Ägypten. Insgesamt jedoch spielte Ägypten keine herausgehobene politische Rolle in der weiteren Geschichte der Kaiserzeit, wenn man einmal von der großen Bedeutung seiner regelmäßigen Getreidelieferungen nach Rom absieht. Aus dem 2. Jahrhundert n.Chr. ist mit Blick auf Ägypten die Gestalt des Kaisers Hadrian hervorzuheben, denn dessen Besuch des Nillandes im Jahre 130 n.Chr. sollte dauerhafte Folgen zeitigen: An der Stelle des Nilufers, an der sich sein Liebling Antinoos für ihn geopfert hatte, ließ Hadrian eine griechisch geprägte Stadt errichten, die dem Toten zu Ehren Antinoupolis, also Antinoos-Stadt, genannt wurde.

Einen weiteren Einschnitt in der Geschichte des römischen Ägypten bezeichnete der Beginn der Severerdynastie im Jahre 193 n.Chr. Zu den politischen Neuerungen des Dynastiegründers Septimius Severus gehörte die Verleihung der Stadtrechte an die Vororte, die sog. Metropolen, der ägyptischen Gaue, im Jahre 200 oder kurz danach. Diese Maßnahme einer umfassenden Munizipalisierung trug das ihre dazu bei, den Sonderstatus Ägyptens unter den Provinzen Roms abzubauen. Noch folgenreicher war 212/213 n.Chr. die Entscheidung des Sohnes des Severus, des Kaisers M. Aurelius Antoninus, genannt Caracalla, das römische Bürgerrecht durch die *constitutio Antoniniana* auf fast alle freien Provinzbewohner auszudehnen. Seitdem trugen auch viele Ägypter den Gentilnamen Aurelius als Ausweis ihres römischen Bürgerstatus.

Blickt man sich nach weiteren Zäsuren um, mit denen wir die lange Geschichte des römischen Ägypten gliedern könnten, so müssen wir die Zeit der sog. Soldatenkaiser (235–284 n.Chr.) als eine besonders krisenhafte Periode hervorheben. In diesem halben Jahrhundert drohte der römische Staat an den inneren Wirren und unter den Angriffen seiner Feinde von jenseits der Reichsgrenzen zusammenzubrechen. Die Wirtschaft, die Finanzen, die gesellschaftlichen Verhältnisse wurden in dieser Krisenzeit aufs schwerste erschüttert. Auch Ägypten wurde in diesen Strudel hineingezogen und gehörte zeitweilig zu einem Sonderreich, das seine Hauptstadt im syrischen Palmyra hatte. Doch dank einer Reihe energischer Kaiser wurde die bedrohliche Situation allmählich bewältigt. Am Schluß dieser Reihe steht der Kaiser Diokletian (reg. 284–305

n.Chr.), mit dessen Reformen die spätrömische bzw. spätantike Phase einge-
läutet wurde. Diese Reformen blieben im wesentlichen auch für Ägypten bis
zur arabischen Eroberung 642 n.Chr. gültig, freilich mit einer gewichtigen Ausnahme: Zu den Maßnahmen Diokletians, die ganz auf eine Wiederherstellung
altrömischer Lebensart ausgerichtet waren, gehörte auch die Restauration des
alten Götterglaubens. Diese Politik führte im ganzen Reich, besonders auch in
Ägypten, zu einer schweren Christenverfolgung.

Die Siege Konstantins des Großen und seine Hinwendung zum Christentum ab 312 n.Chr. bereiteten der Verfolgung ein Ende und markierten den
Anfang der christlich geprägten Phase des römischen bzw. spätantiken Ägypten. Noch eine weitere Neuerung Konstantins sollte für Ägypten weitreichende
Folgen haben: Im Jahre 324 n.Chr. vollzog Konstantin die Neugründung des
alten Byzantion am Bosporus unter einem neuen Namen: Die Stadt erhielt
nunmehr den Namen des Kaisers, hieß fortan also Konstantinupolis/Kon-
stantinopel und entwickelte sich neben Rom zur zweiten und seit dem Ende
des 5. Jahrhunderts n.Chr. zur alleinigen Hauptstadt des Römerreiches, das man
nunmehr auch als Byzantinisches Reich bezeichnen konnte. Für Ägypten war
dieser Wechsel insofern von Bedeutung, als sein Getreide fortan nicht mehr
nach Rom, sondern nach Konstantinopel geschifft wurde. Diese spätantike
bzw. frühbyzantinische Phase Ägyptens ging mit der Eroberung des Nillandes
durch die Araber ab 642 n.Chr. zu Ende.

Blicken wir nun zurück auf die nahezu 700jährige Geschichte des römischen Ägypten und fragen nach dem markantesten Einschnitt in dieser langen
Entwicklung, so werden wir ohne Zweifel die seit 324 n.Chr., seit dem Sieg
Konstantins über seinen letzten Gegner Licinius, immer rascher fortschreitende
Christianisierung Ägyptens als die tiefste Umprägung ausmachen können. Wir
werden gleich noch im einzelnen auf diese Wende zu sprechen kommen, doch
um zu begreifen, was umgeprägt worden ist, müssen wir den Blick noch einmal
auf die heidnischen Jahrhunderte des römischen Ägypten zurücklenken.

Wir hatten vorhin schon feststellen können, daß Wert darauf gelegt wurde,
Augustus in die Tradition Ägyptens und eines pharaonisch geprägten Königtums zu stellen. In diesem Bestreben dürften sich der römische Kaiser und die
ägyptischen Priester zur gegenseitigen Steigerung ihres Ansehens einig gewesen
sein. Wir werden nun einen Text kennenlernen, aus dem hervorgeht, daß nicht
nur der Kaiser, sondern folgerichtig auch sein höchster Vertreter in Ägypten,
der *praefectus Aegypti*, den Traditionen des Nillandes seinen Respekt zollte. Es
handelt sich um einen Beschluß der Einwohner von Busiris, eines Dorfes in der
Nähe der Pyramiden von Giza. Der Text dieses Beschlusses stammt aus den
Anfangsjahren des Kaisers Nero, etwa zwischen 55 und 59 n.Chr., und ist auf
einer Stele ägyptischen Stils erhalten, die zu Beginn des 19. Jahrhunderts am

Fuße der Chephren-Pyramide entdeckt wurde (Abb. 1). Der Beschluß der Dorfbewohner ist in griechischer Sprache verfaßt und auf besagter Stele publiziert worden.[8] Meines Wissens wurde dieser hochinteressante Text noch nie ins Deutsche übersetzt.

Ἀγαθῆι Τύχηι.

Ἐπεὶ [[Νέρων]] Κλαύδιος Καῖσαρ Σεβαστὸς
Γερμανικὸς αὐτοκράτωρ, ὁ Ἀγαθὸς Δαίμων τῆς
4 οἰκουμένης, σὺν ἅπασιν οἷς εὐεργέτησεν ἀγαθοῖς τὴν Αἴγυπτον τὴν ἐναργεστάτην πρόνοι-
αν ποιησάμενος ἔπεμψεν ἡμεῖν Τιβέριον Κλαύδ[ι]-
ον Βάλβιλλον ἡγεμόνα· διὰ δὲ τὰς τούτου χ[ά]-
8 ριτας καὶ εὐεργεσίας πλημυροῦσα πᾶσιν ἀγαθοῖς ἡ
Αἴγυπτος, τὰς τοῦ Νείλου δωρεὰς ἐπαυξομέ-
νας κατ᾽ ἔτος θεωροῦσα, νῦν μᾶλλον ἀπέλαυ-
σε τῆς δικαίας ἀναβάσεως τοῦ θεοῦ· ἔδοξε
12 τοῖς ἀπὸ κώμης Βουσίρεως τοῦ Λητο[πολ]είτου παροικοῦσι ταῖς πυραμίσι καὶ τοῖς ἐν αὐτ[ῷ]
καταγεινομένοις τοπογραμματεῦσι καὶ κω-
μογραμματεῦσι ψηφ[ίσ]ασθαι κ[αὶ ἀν]αθεῖναι
16 στήλην λιθίνην παρὰ [τῷ]ι μ[εγίσ]τωι θεῷι Ἡλί-
[ω]ι Ἀρμάχει, ἐκ τῶν ἐνκεχα[ρισμ]ένων ἀγ[αθῶν]
[δηλοῦσα]ν τὴν πρὸς αὐτοὺ[ς ε]ὐεργεσίαν,
ἐξ ὧν ἐπι[στήσονται καὶ] τὴν πρὸς ὅλην τὴ[ν]
20 Αἴγυπτον καλοκα[γαθίαν πάντες· ἁρμό]-
ζει γὰρ τὰς ἰσοθέους αὐτοῦ χάρι[τας] ἐνεστηλ<ει>-
<δ>ωμένας τοῖς ἱεροῖς γράμμασιν αἰῶνι μνημο-
νεύεσθαι [παντί]· παραγενόμενος γὰρ ἡμῶ[ν]
24 εἰς τὸν νομὸν καὶ προσκυνήσας τὸν Ἥλιο[ν]
Ἄρμαχιν ἐπόπτην καὶ σωτῆρα τῆι τε τῶν πυρ[α]-
μίδων μεγαλ]ειότητι καὶ ὑπερφυίᾳ τερφθείς,
[θεασ]άμενός τε πλείστης ψάμμου διὰ τὸ μῆκος

---

8   Text nach Bernand 1992, I Nr. 55; vgl. *OGIS* II 666. Ein früheres Ehrendekret der Busiriten in griechischer Sprache, diesmal für einen Gaustrategen namens Cn. Pompeius Sabinus, aus dem Jahre 22/23 n.Chr., ist ebenfalls auf einer Stele ägyptischen Stils erhalten (Bernand 1992, I Nr. 52 = *SB* V 7738). Die Unterschiede in Form, Inhalt und Stil zwischen diesen beiden Texten sind bezeichnend und haben natürlich zu einem guten Teil mit den Unterschieden in Stellung und Aufgabenbereich der beiden Geehrten (*praefectus Aegypti*, Gaustratege) zu tun. Zu den Statthalterehrungen in den Provinzen vgl. allgemein Meyer-Zwiffelhoffer 2002, 187-222.

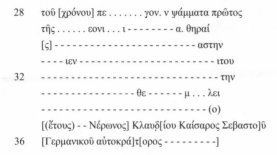

28   τοῦ [χρόνου] πε . . . . γον. ν ψάμματα πρῶτος
     τῆς . . . . . . εονι . . . ι - - - - - - - - α. θηραί
     [ς] - αστην
     - - - - ιεν - ιτου
32   - την
     - - - - - - - - - - - - - - - θε - - - - - - μ . . . λει
     - (ο)
     [(ἔτους) - - Νέρωνος] Κλαυδ[ίου Καίσαρος Σεβαστο]ῦ
36   [Γερμανικοῦ αὐτοκρά]τ[ορος - - - - - - - - -]

Z. 17 ἐνκεχαρα[γ]μένων Dittenberger, *OGIS* II 666.

„Auf gutes Glück! Nero (eradiert – H.H.) Claudius Caesar Augustus Germanicus imperator, der Gute Genius (im griech. Original: Agathos Daimon) der bewohnten Erde, hat neben allen anderen Wohltaten, die er Ägypten erwiesen hat, in offenkundiger Vorsorge uns als Präfekten den Tiberius Claudius Balbillus geschickt. Dank dessen Gunstbeweisen und Wohltaten wurde Ägypten von allen guten Dingen überströmt und erblickte Jahr für Jahr die sich mehrenden Gaben des Nils und hat nun erst recht den richtigen Anstieg des Gottes (d.h. die ideale Höhe der Nilschwemme – H.H.) genossen. (In Anbetracht alles dessen) haben die Dorfbewohner von Busiris im Gau Letopolites, die bei den Pyramiden wohnen, sowie die in diesem Gau ansässigen Gebiets- und Dorfschreiber beschlossen, eine Abstimmung durchzuführen und eine steinerne Stele bei dem größten Gott Helios Harmachis aufzustellen, deren eingemeisselter Text[9] die ihnen erwiesenen Wohltaten bekannt machen möge und aus dem alle die vorzügliche Gesinnung (des Balbillus – H.H.) gegen ganz Ägypten erfahren sollen. Es ziemt sich nämlich, daß dessen göttergleiche Gunstbeweise in heiligen Schriftzeichen eingemeißelt und für ewige Zeiten in Erinnerung bewahrt bleiben. Denn als er zu unserem Gau gekommen war, den Helios Harmachis als Hüter und Beschirmer verehrt, seine Freude über die außergewöhnliche Größe der Pyramiden bekundet und die im Laufe langer Zeit (angesammelte ?) enorme Menge Sand betrachtet hatte ...“ (ab hier ist der Text so lückenhaft erhalten, daß eine Übersetzung nicht mehr möglich ist; am Schluß stand das Datum).

Es liegt auf der Hand, daß ich die reichen Inhalte dieses Textes nicht im Rahmen dieses Beitrages ausschöpfen kann. Ich muß mich beschränken und möchte vor allem herausarbeiten, was der Text für das Thema der Verschmelzung ägyptischer, griechischer und römischer Elemente hergibt. Nicht nur die Spra-

---

9   Meine Übersetzung folgt hier dem Ergänzungsvorschlag Dittenbergers in *OGIS* II
    666.

che, sondern auch die Form des Beschlusses ist griechisch. Seit der Eroberung
Ägyptens durch Alexander den Großen 332/331 v.Chr. war Griechisch die
Amtssprache des Landes und blieb dies weitestgehend auch in römischer Zeit
und selbst über die arabische Eroberung hinaus. Der Text, wiewohl eigentlich
eine Ehrung für den Präfekten Balbillus, beginnt politisch korrekt mit einer
Huldigung an den regierenden Kaiser Nero.[10] Es gehörte zum guten Ton, an
erster Stelle den Kaiser als den höchsten Wohltäter zu ehren; bezeichnen-
derweise geschieht dies hier, indem Nero mit einer typischen Schutzgottheit des
griechisch-römischen Ägypten, dem Agathos Daimon, gleichgesetzt wird. Doch
Nero weilte im fernen Rom, die eigentlichen Huldigungen ergießen sich deshalb über seinen allmächtigen Stellvertreter in Ägypten, den Präfekten Balbillus.
Die Segnungen des als Gott bezeichneten Nils und das rechte Maß seiner le-
bensspendenden Überschwemmung waren seit pharaonischer Zeit die göttliche
Bestätigung für das Regiment eines guten, gottgefälligen Königs. Hier wird dieser Gunstbeweis der Gottheit nicht dem Pharao, d.h. dem Kaiser in Rom, sondern dem Präfekten als seinem Stellvertreter zuteil.

Nicht minder aufschlußreich sind die weiteren Bestimmungen des Textes.
Die Stele mit dem Wortlaut des Ehrendekretes soll bei dem „größten Gott
Helios Harmachis" aufgestellt werden. Doch wer ist dieser Gott mit dem Namen „Sonne, Horus-im-Horizont"? Er ist niemand anders als der Sphinx selbst
zu Füßen der Chephren-Pyramide von Giza. Dieser Sphinx wurde seit pharaonischer Zeit als Horus verehrt;[11] auch Balbillus erwies ihm, wie unser Text
lehrt, seine Verehrung. Aber die pharaonische Parallele geht noch um ein er-
staunliches Stück weiter. Eine Stele Thutmosis' IV. erwähnt einen Traum, den
dieser als Prinz zu Füßen des Sphinx hatte, wonach der Sphinx um Freilegung
von Sandmassen bat und dafür die Königsherrschaft versprach.[12] –Nun wird
uns auch klar, warum unser Text ausdrücklich die Sandmassen erwähnt, und
nun läßt sich auch der Sinn des ganz bruchstückhaften, unleserlichen Endes der
Inschrift erschließen: Im Vollzug eines alten, pharaonischen Rituals hat auch

---

[10] Da der Kaiser nach seinem Tode der *damnatio memoriae* verfiel, ist der Nero-Bestand-
teil seines Namens, der ihn als Individuum kennzeichnete, getilgt worden.

[11] Zu Harmachis vgl. die Textsammlung und Auswertung von Zivie 1976 (hier 305–
328 zusammenfassend zum Kult des Harmachis) und den Überblick von Assmann
1977.

[12] Assmann 1977, 993. Vgl. auch zwei griechische kaiserzeitliche Inschriften Ägyptens,
die den Kult des Sphinx bezeugen: Bernand 1969, Nrr. 129 und 130. Die Inschrift
Nr. 129 bezeichnet den Sphinx als ein Werk der Götter, die den Platz dafür durch
Beiseiteschaffung des Sandes freigemacht hatten: ψάμμον ἀπωσάμενοι (Z. 4). Das
Wegräumen der Sandmassen ist also ein Überlieferungsmotiv, das sowohl für den
Ursprung des Sphinx als auch in seinem Kult eine bedeutende Rolle spielt. Weiteres
bei Bernand 1969, 516f.

der Präfekt Balbillus die Sandmassen, die den Sphinx, d.h. Harmachis, den Sonnengott Horus-im-Horizont, bedeckten, beiseiteräumen lassen. Ich möchte nicht so weit gehen zu behaupten, daß der Präfekt damit einen Akt vollzogen hatte, der nur dem Pharao, d.h. in seinem Falle, dem Kaiser Nero, zustand. Aber immerhin ist doch soviel deutlich, daß der höchste Repräsentant Roms in Ägypten sich ganz bewußt in die einheimische Tradition fügte.[13]

Während in den einleitenden Zeilen 7–9 allgemein die Gunstbeweise und Wohltaten des Balbillus für ganz Ägypten erwähnt werden, ist der vorliegende Ehrenbeschluß die Antwort auf eine ganz bestimmte aktuelle Handlung des Präfekten, die in Zeile 23 durch begründendes γάρ eingeleitet wird: die kultische Verehrung, die Balbillus dem Sphinx Helios Harmachis bei seinem Besuch erwies und die u.a. zur Beseitigung der störenden Sandmassen führte. Es ist denn auch ganz bezeichnend, daß dieser in den lokalen ägyptischen Sonnenkult eingebettete Freilegungsakt mit „den heiligen Schriftzeichen" (τοῖς ἱεροῖς γράμμασιν, Z. 22) verewigt werden soll. Nun aber ist unsere Inschrift nur in einer griechischen Fassung erhalten. Man könnte annehmen, daß der gleiche oder ein ähnlicher Beschluß in einer heute verlorenen hieroglyphischen Version publiziert worden ist.[14] In solchen Fällen jedoch sah normalerweise bereits der Wortlaut des Beschlusses die Publikation in mehreren Sprachen bzw. Schriften vor, z.B.: [... τὸ δὲ ψήφισμα τοῦτο ἀναγράψαι εἰς στήλας σ]τερεοῦ λίθου τοῖς τε ἱεροῖς καὶ ἐγχωρίοις καὶ ἑλληνικοῖς γράμμασιν κτλ.[15] Die Veröffentlichung einer Fassung in „heiligen Schriftzeichen" war Gegenstand des Beschlusses, der uns in der griechischen Balbillus-Inschrift vorliegt. Doch der Hinweis auf eine Publikation in ägyptischer Sprache, den man an dieser Stelle unbedingt erwartet hätte, fehlt, soweit der Erhaltungszustand der Inschriftstele ein Urteil zuläßt. Das ist merkwürdig und könnte den Gedanken nahelegen, mit ἱεροῖς γράμμασιν in Z. 22 sei der vorliegende griechische Text gemeint.

In einem mündlichen Diskussionsbeitrag wurde die Frage gestellt, ob ἱερά sich in unserer Inschrift vielleicht durch den Bezug auf die Person des Kaisers erklären lasse.[16] Dieser Bezug ist zwar gegeben, freilich nur in indirekter Weise,

---

13 Die Reputation des Balbillus spiegelt sich noch eindrucksvoll in einem griechischen Epigramm auf dem thebanischen Memnonskoloss, das 130 n.Chr. von Balbilla, einer Nachfahrin des Balbillus, verfaßt wurde (Bernand 1960, Nr. 29; *SB* V 8211). Zur Identität des dort genannten Balbillus mit dem Präfekten Ägyptens der Jahre 55-59 n.Chr. vgl. Bernand 1960, 90-92. Das Epigramm ist übrigens ein beredtes Zeugnis für die Verarbeitung ägyptischer Tradition in der griechisch-römischen kulturellen Koinè.

14 Mit einer solchen Version rechnete schon Letronne 1848, II 474f.

15 Bernand 1992, Nr. 16, Z. 53f. (dreisprachiges Dekret von Memphis, 196 v.Chr.).

16 Vgl. etwa *OGIS* II 502, Z. 13: τῶν ἱερῶν τοῦ Καίσαρος γραμμάτω[ν], Aizanoi (Kleinasien), 125/126 n.Chr. Hier handelt es sich allerdings um ein Schreiben des Kaisers.

denn der unmittelbar Betroffene bzw. Geehrte ist der Präfekt, nicht der Kaiser. Man wird also eine andere Antwort suchen müssen. Als alternative Lösung wäre zu erwägen, ob nicht unsere Stele selbst dieser „heilige" Text sein könnte, denn schließlich heißt γράμματα nicht nur „Schriftzeichen", sondern u.a. auch „Schrift", „Text".[17] Ein Blick auf Abbildung 1 zeigt in der Tat, daß allein schon die äußere Form des Denkmals ganz religiös geprägt ist und der griechische Text gewissermaßen unter dem Schutz der geflügelten Sonnenscheibe mit den beiden herabhängenden Uräen steht.[18] Noch näher an die Bedeutung von ἱερός führt die Aussage, daß die „göttergleichen Gunstbeweise" des Balbillus (τὰς ἰσοθέους αὐτοῦ χάρι[τας], Z. 21) mittels τοῖς ἱεροῖς γράμμασιν für „ewige Zeiten" in Erinnerung bewahrt bleiben sollen.

Dennoch habe ich Bedenken, ob diese Überlegungen ausreichen, um den griechisch verfaßten Ehrenbeschluß für Balbillus auf einer Stele ägyptischen Stils als ἱερὰ γράμματα im Sinne eines „heiligen Textes" zu deuten. Im Kontext der Niederschrift von Beschlüssen auf einer Stele sind τὰ ἱερὰ γράμματα im allgemeinen so eindeutig auf hieroglyphische Schriftzeichen zu beziehen, daß man auch für unseren Fall eine solche Lösung favorisieren möchte. Infolgedessen sieht man sich fast zu der Annahme genötigt, ein Exemplar mit der vermuteten hieroglyphischen Version sei verloren gegangen oder aber der Beschluß habe eine hieroglyphische Fassung vorgesehen, die dann jedoch nicht realisiert worden wäre.

Liest man Werke zum römischen Ägypten, so ist da überwiegend von Gegensätzen oder zumindest Differenzen zwischen Römern, Griechen und

---

17 Vgl. in diesem Sinne etwa 2 Timotheus 3, 15 (Heilige Schrift Israels). Im Falle des bekannten Kanopos-Dekrets, *OGIS* I 56, Z. 36 jedoch wird man wohl τῶν ἱερῶν γραμμάτων mit „heilige Schriftzeichen" übersetzen, denn es handelt sich konkret um die hieroglyphische Bezeichnung des Isis- bzw. Sothis-Sterns als „Fest des Eröffners des Jahres". Pfeiffer 2004, 121 übersetzt diese Stelle aber mit „heilige Schriften", bezieht sich zur Erklärung jedoch zu Recht auf ἱεροῖς γράμμασιν in Z. 74, wo allerdings die Übersetzung „heilige Schriftzeichen", also „Hieroglyphen", die einzig richtige ist und sich von daher auch für die Übersetzung von ἱερὰ γράμματα in Z. 36 nahezulegen scheint. Gegen diese Schlußfolgerung teilt mir Herr Pfeiffer freilich einen überlegenswerten Einspruch mit, den ich hier gerne aufnehme: „Die Erwähnung von ἱερὰ γράμματα taucht zweimal im Dekret von Kanopos auf (OGIS I 56, 36 und 74, beide Male im Plural). Aufgrund der hieroglyphischen und demotischen Version des Priesterdekretes läßt sich feststellen, daß hiermit einmal die (wahrscheinlich in hieratischer Schrift verfaßten) Buchrollen in der Tempelbibliothek gemeint sein müssen, da als Äquivalent im Plural ‚Schriften' des Lebenshauses' (Z. 36) geschrieben steht, und einmal die hieroglyphischen Schriftzeichen (Z. 74), da der Singular ‚Schrift des Lebenshauses' verwendet ist."

18 Vgl. das Faksimile bei Letronne 1842, Atlas, Taf. XXXIX 1; ebenda Taf. XXXVIII 1 die mit p markierte Stelle, an der die Stele entdeckt wurde.

Ägyptern die Rede. Natürlich will ich derartige Konflikte und Spannungen nicht verharmlosen, aber es ist dringend geboten, auch jene Zeugnisse zu Wort kommen zu lassen, aus denen eine Annäherung oder gar eine Verschmelzung der Kulturen abgelesen werden kann. Die soeben besprochene Inschrift ist ein solches Zeugnis. Sie dokumentiert den Willen Roms und seiner Vertreter, die Traditionen des unterworfenen Ägypten nicht nur zu respektieren, sondern sich in sie einzufügen.[19]

An diesem Punkt unserer Überlegungen stellt sich eine Frage, die in der Forschung kontrovers diskutiert wird und die auch im Hinblick auf unsere aktuelle Debatte über Multikulturalität und Integration Interesse beanspruchen darf. Diese Frage lautet: Welchen Typus von Gesellschaft, welche Bevölkerungspolitik haben wir im römischen Ägypten vor uns? Nun ist es schier unmöglich, eine Entwicklung von nahezu 700 Jahren in wenigen Worten zutreffend zu charakterisieren. Deshalb nur einige wenige Fakten und Überlegungen. Das Römische Reich war alles andere als ein einheitlicher Verband gleichberechtigter Personen. Neben einem ganz geringen Prozentsatz von römischen Bürgern stand die Hauptmasse der Provinzbevölkerung mit dem Status von *peregrini*, wörtlich „Fremde", d.h. ohne Anteil am römischen Bürgerrecht, also Reichsbewohner zweiter Klasse. Diese zweite Klasse teilte sich nochmals in verschiedene Gruppen, an deren Spitze sich im Osten des Reiches die Bürger von Griechenstädten befanden. Auf das römische Ägypten übertragen heißt das: Die römischen Bürger standen auf der höchsten Stufe; zu dieser Gruppe gehörten *cives Romani* unterschiedlicher Herkunft, die in Ägypten lebten, darunter Angehörige griechischer Eliten, die das römische Bürgerrecht erhalten hatten, römische Beamte, die für einige Jahre in Ägypten Dienst taten, und vor allem ein Teil der Soldaten, die dort für längere Zeit stationiert waren und sich nach dem Ende ihrer aktiven Dienstzeit als Veteranen häufig in Ägypten niederließen, sowie deren Nachkommen (jedenfalls bis 140 n.Chr.). Die zweithöchste Stufe in der Pyramide der ägyptischen Gesellschaft nahmen als *peregrini* die Bürger der griechisch verfaßten Provinzhauptstadt Alexandrien sowie der übrigen Griechenstädte des Landes (Naukratis, Ptolemais, Antinoupolis) ein. Den untersten Sockel der Bevölkerungspyramide bildeten die *Aegyptii*, die Bewohner der Chora, des Hinterlandes, d.h. die Bewohner der Provinz Ägypten außer Alexandrien und den besagten Griechenstädten. Zu dieser untersten Gruppe gehörte die Masse der Bevölkerung, aber sie verteilte sich ihrerseits wiederum auf verschiedene Stufen, deren höchste jene Provinzbewohner einnahmen, die von griechischer Abstammung oder gräzisiert waren (οἱ ἀπὸ

---

[19] Nicht weniger deutlich spricht eine solche Intention aus dem oben Anm. 13 angeführten Epigramm der Balbilla.

γυμνασίου, die 6475 Έλληνες des Arsinoites, anschließend die Metropoliten). Die allerunterste Stufe umfaßte, von den Sklaven abgesehen, die „wirklichen" Ägypter, die Fellachen, also die übergroße Mehrheit der Bevölkerung.[20] Römer, Griechen, Ägypter sind zwar zunächst und auf den ersten Blick ethnische Gruppen, aber diese Kategorien hatten im römischen Ägypten längst ihre ethnische Eindeutigkeit verloren. Unter den römischen Bürgern, besonders in den östlichen Provinzen des Imperiums, befanden sich zahlreiche Griechen, die das römische Bürgerrecht im Laufe der Zeit erhalten hatten und fortan als *Romani*, Römer, galten. Als römische Bürger führten sie drei Namen: den Vornamen, den Geschlechternamen und den Beinamen. Nehmen wir z.b. den Namen des Präfekten Ägyptens Tiberius Iulius Alexander. Der Vorname und der Geschlechtername Tiberius Iulius sind, wie immer, römisch bzw. italisch, nur der griechische Beiname Alexander verrät, daß der Träger ursprünglich aus einer griechisch geprägten Familie stammte. Ich sage absichtlich „griechisch geprägt", denn wir wissen, daß Ti. Iulius Alexander in Wirklichkeit ein Jude war, der, wie die meisten Juden in Ägypten, sprachlich völlig hellenisiert war. Die Namen sind also alles andere als verläßliche Hinweise auf den ethnischen Hintergrund ihrer Träger.

Einen breiten Zugang zum römischen Bürgerrecht eröffnete der Dienst im Heer und in der Flotte. Diesen Vorgang beleuchtet ein bekannter, auf einem Papyrus erhaltener Brief, der im Gau Arsinoites, im heutigen Fayum, entdeckt worden ist.[21] Er gehört in das zweite nachchristliche Jahrhundert. Ich zitiere diesen griechisch verfaßten Brief eines jungen Flottensoldaten in deutscher Übersetzung:

„Apion grüßt vielmals seinen Vater und Herrn Epimachos. Zunächst einmal wünsche ich, daß Du gesund und jederzeit wohlauf sein mögest sowie auch meine Schwester, ihre Tochter und mein Bruder. Ich danke dem Herrn Serapis, daß er, als ich auf dem Meer in Gefahr geriet, mich sogleich errettet hat. Als ich in Misenum ankam, erhielt ich als Marschgeld vom Kaiser drei Goldstücke und fühle mich wohl. Ich bitte Dich nun also, mein Herr Vater, schreibe mir ein Briefchen erstens über Dein Wohlergehen, zweitens über dasjenige meiner Geschwister, drittens, damit ich Deine Hand(schrift) verehren kann, weil Du mich gut erzogen hast und ich deshalb hoffe, rasch vorwärtszukommen, sofern die Götter wollen. Grüße den Kapiton

---

[20] Vgl. Montevecchi 1997. Auf dem Hintergrund einer vor allem von Joseph Modrzejewski begründeten neuen Sicht auf die rechtliche Klassifizierung der Bevölkerung Ägyptens hat Geraci 1995 die Diskussion um den bekannten Fall der Verleihung der *civitas Romana* an Harpocrates, Leibarzt Plinius' des Jüngeren, aufgerollt und neu bewertet.

[21] *BGU* II 423 = Wilcken, *Chrest.* 480 = Hengstl 1978, Nr. 84.

vielmals und meine Geschwister und Serenilla und meine Freunde. Ich habe Dir durch Euktemon mein Bildchen gesandt. Mein Name ist (nun) Antoni(u)s Maximus. Ich wünsche Dir Wohlergehen. Centuria Athenonike. (Es folgen noch verschiedene Grüße und Hinweise, darunter die Adresse:) Nach Philadelphia an Epimachos von seinem Sohn Apion."[22]

Beim Eintritt in die römische Marine, genauer in den in Misenum, am Golf von Neapel, stationierten Verband der Reichsflotte, hat Apion einen römischen Namen, Antonius Maximus, erhalten.[23] Sein früherer Name Apion ist zwar griechisch, aber nach dem Namen des ägyptischen Stiergottes Apis gebildet. In der Gefahr auf hoher See ruft der junge Rekrut den gräkoägyptischen Gott Serapis an. Aus der Sicht des römischen Rechts war Apion bisher ein Ägypter aus dem Dorf Philadelphia. Mit dem Eintritt in die Reichsflotte eröffnete sich für ihn die Aussicht auf Erlangung des römischen Bürgerrechts. Die vollgültige *civitas Romana* wurde den Soldaten der Kriegsflotte normalerweise erst nach Ablauf ihrer Dienstzeit verliehen.[24] Als was wollen wir nun Apion betrachten: als Ägypter, als Griechen oder als Römer *in spe*?

So wichtig die Kategorien Römer, Griechen und Ägypter waren, entscheidend war die Zugehörigkeit Apions zur griechischen Kultur, sie eröffnete ihm durch den Flottendienst schließlich den Zugang zum römischen Bürgerrecht.

Zum Thema Namenwechsel möchte ich im Hinblick auf unsere auf Akkulturation und Identität ausgerichtete Fragestellung noch ein weiteres Beispiel vorstellen. Es handelt sich um den auf Papyrus erhaltenen und im Jahre 194 n.Chr. gestellten Antrag eines gewissen Eudaimon, Sohn des Psois und der Tiathres, sich in Zukunft offiziell als Sohn des Heron und der Didyme bezeichnen zu dürfen.[25]

1Ἡφαιστίων ὁ καὶ [Ἀ]μμωνῖν[ος] βα[σιλ(ικὸς)
γρα(μματεὺς) Νεσὺτ διαδ(εχόμενος)] 2καὶ τὰ κατὰ
τὴν στρα(τηγίαν) Ἡφ[αιστίων]ι τῶ [καὶ Ἀμ-
μωνίνῳ βασιλ(ικῷ)] 3γραμματεῖ τοῦ αὐτοῦ νομοῦ
τῷ φ[ιλτάτῳ χαίρειν]. 4τοῦ ἐπενεχθέντος μοι

---

22   Mein Text folgt zum Teil den älteren Übersetzungen von Deissmann 1923, 148 und Hengstl 1978, 214 (Nr. 84).

23   Diesen römischen Namen führt er auch in *BGU* II 632; Neuedition mit Photo, Übersetzung und Kommentar von Deissmann 1923, 150-153.

24   Zum Bürgerrecht der Flottensoldaten vgl. Wolff 1976.

25   Ich zitiere den Text, die Übersetzung und die Erläuterungen nach der Ausgabe von Hunt/Edgar 1934, Nr. 301 (= Wilcken, *Chrest.* 52 = *SB* XVIII 13175, col. V).

βιβλειδί[ου ὑπὸ Εὐδαίμονος] ⁵Ψόιτος μητρὸς Τιαθρήους ἀπ[ὸ .. ναμφι . . . εως ἐπὶ ὑπο]⁶γραφῆς
Κλαυδίου Ἀπολλωνίου τοῦ [κρα(τίστου) πρὸς τῷ
ἰδίῳ λόγῳ] ⁷περὶ χρηματισμοῦ ὀνόματος . [. . .
. . . . τὸ ἀντίγρα(φον)] ⁸ἐπιστέλλεταί σοι, φίλ-
τατε, ἵν᾽ [εἰ]δ[ῇς καὶ τὰ ἴδια μέρη ἀνα]⁹πληρώσῃς.
[ἔρρωσο.] ¹⁰(ἔτους) γ Αὐτοκράτορος Καίσαρος
Λουκίου Σεπτ[ιμίου Σεουήρου Περτίνακος] ¹¹Σε-
βαστοῦ [Ἀθύ]ρ.

¹²Κλαυδί[ῳ] Ἀπολλωνίῳ τῷ κρατίστῳ πρὸς τ[ῷ
ἰ[δίῳ λόγ[ῳ] ¹³παρ᾽ Εὐδαίμονος Ψόιτος μητρὸς
Τιαθρήους ἀ[πὸ .]. ναμφι . [. .]εως ¹⁴τοῦ Νεσὺτ
νομοῦ. βούλομαι, κύριε, ἀπὸ τοῦ νῦν ἐπιτρ[απῆ]ναι
¹⁵χρηματίζει[ν] Εὐδαίμων ῞Ηρωνος ἀντὶ τοῦ Ψ[όι]-
τος καὶ [ἀντὶ] τῆς ¹⁶Τιαθρήου[ς μητ]ρὸς Διδύμης,
μηδενὸς δημ[οσίου ἢ ἰδιωτι]κοῦ ¹⁷καταβλαπ[το-
μένο]υ, ἵν᾽ ὦ πεφιλανθρω[π]ημέ[νο]ς. διευτύχει.
¹⁸Εὐδαίμ[ων ἐπι]δέδωκα. ¹⁹(ἔτους) β Αὐτοκράτορος Καίσαρος Λουκίου Σεπτιμίου Σεου[ήρου Περ-
τίνακ]ος Σεβαστοῦ Μεσορὴ ²⁰ἐπαγομένων δ̄.

²¹Μηδενὸς [δη]μοσίου ἢ ἰδιωτικοῦ καταβλαπ[το]-
μένου ἐφίημι.   ²²ἀπόδος.

„Hephaestion also called Ammoninus, royal scribe
of Nesut, ᵃacting as strategus, to Hephaestion also
called Ammoninus, ᵇroyal scribe of the said nome,
most dear friend, greeting. A copy of the application presented to me by Eudaemon son of Psois and
of Tiathres, of ..., and subscribed by his excellency
the idiologus Claudius Apollonius, about authorizing
a change of name, is herewith forwarded to you,
dearest friend, in order that you may take note and
perform your part. Goodbye. The 3rd year of the
Emperor Caesar Lucius Septimius Severus Pertinax
Augustus, Hathur.
To his excellency the idiologus Claudius Apollonius
from Eudaemon son of Psois and of Tiathres, of . . .
in the nome of Nesut. I desire, my lord, to have
permission henceforth to style myself Eudaemon
son of Heronᶜ instead of Psois, and son of Didymeᶜ

instead of Tiathres, without detriment to any public
or private interests, that so I may experience your
kindness. Farewell. I, Eudaemon, have presented
this application. The 2nd year of the Emperor
Caesar Lucius Septimius Severus Pertinax Augustus,
4th intercalary day of Mesore. (Subscribed) If there
is no detriment to any public or private interests, I
give permission.   Deliver."

a   A nome in the north-east of the Delta.

b   The writer in his capacity of interim strategus addresses himself as permanent
royal scribe. It seems an anomaly, but the same practice is not uncommon at the
present day when an official is on leave and a subordinate takes his place.[26]

c   Greek forms of the parents' Egyptian names.

Die Eltern trugen typisch ägyptische Namen (Psois und Tiathres), der Sohn
dagegen hieß gut griechisch Eudaimon. Dem Antrag auf nachträgliche
Gräzisierung der elterlichen Namen wurde stattgegeben, sicherlich nicht, um
damit einen Täuschungsversuch über die wahre Abstammung Eudaimons amt-
licherseits zu decken, denn Abstammung und juristischer Status des Eudaimon
standen nicht zur Debatte. Vielmehr als irgendwelche nicht nachweisbaren
Überlegungen dieser Art stand hier wohl der Wunsch Eudaimons im Vordergrund, als Grieche und Sohn von Griechen zu gelten, nicht im Sinne eines
blutsmäßigen Griechentums, sondern als Zeichen der Zugehörigkeit zu einer
gesellschaftlich und politisch höher angesehenen Bevölkerungsgruppe.[27] Doch
diese sehr pauschale Einschätzung muß gleich eingeschränkt und präzisiert
werden, denn es ist ganz aufschlußreich, daß die beantragten Namensänder-
ungen im Grunde nichts anderes sind als eine Übersetzung der ägyptischen Namen ins Griechische, wie schon Hunt und Edgar richtig gesehen hatten (vgl.
oben Anm. c im Anschluß an die englische Übersetzung). Der Name Psois ist –
wie seine Variante Psais – aus dem ägyptischen männlichen Artikel *p3* und dem
Namen des ägyptischen Schicksalsgottes *š3j* gebildet. In der griechischen Onomastik Ägyptens wird Psais/Psois häufig mit ῞Ηρων wiedergegeben. Sowohl der
ägyptische *š3j* als auch der in Ägypten sehr beliebte thrakische Reitergott Heron
werden in Begleitung einer Schlange oder als solche dargestellt und legen daher
eine Verbindung untereinander sowie mit Agathos Daimon nahe.[28] Beim Na-

---

[26]   Zu diesem Formalismus als Folge sorgfältiger Aktenregistrierung vgl. Kruse 2002, II
857.

[27]   Zum Verwaltungsvorgang und den Absichten Eudaimons vgl. Kruse 2002, I 279f.

[28]   Quaegebeur 1975, 263-267 zu den Namen Agathos Daimon, Eudaimon und Heron.

men der Mutter Tiathres liegt eine Verbindung des ägyptischen weiblichen Artikels *t3* mit *ḥtr.t* der äygptischen Bezeichnung für „Zwillingsschwester", vor, woraus sich ihr gleichbedeutender griechischer Name Didyme ergibt. Mit der Zwillingsschwester dürfte eine der beiden Göttinnen Isis und Nephthys gemeint sein.[29] Psois und Tiathres bzw. verwandte Namensformen sind im griechisch-römischen Ägypten häufig belegt.

Diesen Beobachtungen ist noch hinzuzufügen, daß auch der Name des Sohnes Εὐδαίμων mit dem Element δαίμων auf den ägyptischen Gott *š3j* verweist, wie Jan Quaegebeur völlig überzeugend nachgewiesen hat.[30] Mit anderen Worten: Die ägyptischen Eltern haben ihrem Sohn Eudaimon offenbar ganz bewußt einen griechischen Namen gegeben, der die Verbindung zum ägyptischen *š3j* und damit zum Namen des Vaters (Psois, aus *p3-š3j*) herstellt.

Aus den angeführten Beispielen ergibt sich ein klarer Wille zur onomastischen Hellenisierung, nicht erst bei Eudaimon in Bezug auf die nachträgliche Änderung der Namen seiner Eltern, sondern bei diesen selbst hinsichtlich des für ihren Sohn gewählten Namens. Den Antrag Eudaimons hat Ulrich Wilcken seinerzeit folgendermaßen gedeutet: „Dieser der gräkoägyptischen Mischbevölkerung angehörige Mann schämt sich offenbar seiner ägyptischen Elternnamen und will nun wenigstens äußerlich den Anschluß an die Ἕλληνες erreichen."[31] Nicht viel anders urteilt Thomas Kruse: „Geändert werden sollten also nur die Namen der Eltern, wodurch besagter Eudaimon vermutlich die letzten Hinweise auf seine ägyptische Herkunft zu tilgen gedachte, denn sein eigener Name war ja bereits griechisch."[32] Es fällt schwer, einer derart pauschalen Interpretation zuzustimmen, denn gerade die Übersetzung der ägyptischen Namen ins Griechische war denkbar wenig geeignet, die letzten Spuren ägyptischer Herkunft zu verwischen, zumal diese Übersetzung im gräkoägyptischen Milieu der Beteiligten weithin durchschaubar gewesen sein muß. Schließlich trägt auch der als Strategos amtierende königliche Schreiber, an den sich Eudaimons Antrag richtet, einen Doppelnamen, Hephaistion-Ammoninos, der zwar keine ethnische, aber doch eine onomastisch-religiöse Bindung an Ägypten erkennen läßt.

Wenngleich diese wenigen Beispiele und der knappe Rahmen dieses Vortrages keine differenzierten Schlüsse zulassen, so ist doch wohl deutlich geworden, daß wir auch in einem gesellschaftlich so relevanten Bereich wie der Onomastik

---

[29] Vergote 1954, 15 Nr. 80. Weitere Belege bei Lüddeckens/Thissen 2000, 1080.

[30] Quaegebeur 1975, 265 mit Bezug auf unseren Papyrus.

[31] Wilcken 1912, *Grundzüge* 61. Ähnlich schon Wilcken 1908, 129: „So wird durch die Genehmigung des Idiologos das Ägyptische aus dem Namen des Εὐδαίμων ausgelöscht."

[32] Kruse 2002, I 280.

Griechisches und Ägyptisches nicht einseitig als Gegensätze betrachten dürfen. Sowohl die Eltern Eudaimons als auch dieser selbst haben sich durch die Gräzisierung ihrer Namen dem kulturellen Habitus der höheren Kreise in einer bestimmten Weise angepaßt, jedoch ohne Leugnung oder gar Tilgung ihrer ägyptischen Wurzeln. Gerade diese Doppelbindung an ägyptische und griechische Traditionen und Normen läßt den inzwischen erreichten Grad gegenseitiger Durchdringung erkennen.[33]

Die sprachliche Dominanz des Griechischen im römischen Ägypten verlangte also keineswegs eine totale Abkehr von ägyptischer Tradition und Identität. Dafür sprechen besonders auch die zahllosen Zeugnisse, die in griechischer Sprache die Verehrung einheimisch-ägyptischer Gottheiten zum Ausdruck bringen. Diese Zeugnisse stammen von Römern, von Griechen und von den vielen Ägyptern, die sich durch Mischehen oder einfach nur sprachlich den Griechen zugehörig fühlten. Götter- und Totenkult der Ägypter waren inzwischen ein Bestandteil der griechischen Kultur Ägyptens geworden. Das zeigen uns die griechischen Grabinschriften, in denen Osiris angerufen wird, und das zeigen uns die Leichentücher, die den Verstorbenen in griechischer Tracht neben die Totengötter Ägyptens stellen.[34] In die gleiche Richtung weist das inzwischen ganz beachtliche Korpus literarischer und religiöser Texte, die sicher oder wahrscheinlich aus dem Ägyptischen ins Griechische übersetzt worden sind.[35]

Mir fehlt hier die Zeit, diese Gedanken weiter auszuführen, doch die Bilanz ist klar: Im römischen Ägypten ist nicht nur die ethnische Mischung weit gediehen, sondern vor allem die Kultur dieser Provinz ist eine Mischung aus ägyptischen und griechischen Elementen, ein Ergebnis der langen, auf Alexander den Großen und noch weiter zurückgehenden Präsenz von Griechen im Nilland. Blickt man auf dieses Ergebnis, auf die durch ägyptische Religion stark geprägte gräkoägyptische Identität der Gesamtbevölkerung des römischen Ägypten, so wird man sagen müssen, daß es das Christentum gewesen ist, das

---

[33]   Einen weiteren Schub onomastischer Hellenisierung vermutet van Minnen 1986 in Verbindung mit der Einführung des Rates (βουλή) in den ägyptischen Metropolen um 200 n.Chr. Zum größeren Kontext vgl. Montevecchi 2001.

[34]   Die Skizzierung und Auswertung dieser Zusammenhänge böte Stoff weit über den Rahmen meines Referates hinaus. Gerade in letzter Zeit haben mehrere Ausstellungen und Publikationen diese spannenden Fragen thematisiert und veranschaulicht, vor allem die beiden Frankfurter Ausstellungen *auGenbliCke. Mumienporträts und ägyptische Grabkunst aus römischer Zeit* (vgl. Parlasca/Seemann 1999) und *Ägypten Griechenland Rom. Abwehr und Berührung* (vgl. Bol 2004 und Das Städel 2005).

[35]   Vgl. Quack 2003 zur memphitischen Isisaretalogie und ders. 2005, passim, z. B. 152–154 (Töpferorakel), 172 (zur Gewichtung des Transfers vom Ägyptischen zum Griechischen).

diese Identität am nachhaltigsten erschüttert hat. Lassen Sie mich dieses deutliche Urteil wenigstens kurz begründen.[36]

Seit der zweiten Hälfte des 3. Jahrhunderts n.Chr. gewinnt das Christentum immer mehr an Boden in Ägypten, im Laufe des 4. Jahrhunderts setzt es sich definitiv durch, freilich nicht ohne Widerstand. Diesen Widerstand bieten vor allem die sog. Hellenen, d.h. die Anhänger der traditionellen heidnischen Kultur. So kommt es, daß Hellene, wörtlich Grieche, zu einem Synonym für Heide wird. Diese Hellenen sind natürlich keine reinen Griechen, der Begriff hat in diesem Zusammenhang überhaupt keine ethnische Konnotation, sondern bezeichnet, auf Ägypten bezogen, die pagane gräkoägyptische Kultur, die als ihren Hauptgott Sarapis gegen Christus ins Feld führt. Das Christentum ist eine wirkliche Kulturrevolution; im Zuge einer fundamentalen Umwertung der Werte wird gerade der Begriff ‚Hellene', der bisher an der Spitze der kulturellen Wertung stand, umgestürzt und zum Inbegriff des Gegners des Christentums.

Doch auch der Begriff ‚Ägypter' erfährt eine negative Wandlung, was bisher wohl zu wenig beachtet worden ist. Gerade die Christen der Antike betrachteten sich in ihrem Selbstverständnis als das wahre auserwählte Volk Gottes, im Gegensatz zu den Juden, die nach christlicher Auffassung das Heil, den Messias, nicht erkannt hatten. Die Verheißungen des Alten Testaments galten nach christlicher Überzeugung nicht mehr den mit Blindheit geschlagenen Juden, sondern den Christen, d.h. den Anhängern des Gesalbten, des Christus, denn Christus ist nichts anderes als die griechische Übersetzung von Messias, der „Gesalbte". Auf diese Weise konnten die Christen sich als das wahre Israel, *verus* Israel – wie es bei den Kirchenvätern heißt –, verstehen.

Nun hatte aber das Werden Israels ganz entscheidend mit dem Exodus, mit dem Auszug des Gottesvolkes aus Ägypten, zu tun. Der Durchzug durch das Rote Meer, die Rettung der Israeliten vor dem sie verfolgenden Pharao und dessen Untergang mitsamt seinen ägyptischen Truppen in den Fluten des Roten Meeres galten nicht nur den Juden, sondern auch den Christen als Großtat, als Rettungstat Gottes. In dem Maße nun, wie die Christen sich als die wahren Israeliten betrachteten, wurden der Pharao und die alten Ägypter zum Inbegriff des Feindes. Ein anschauliches Beispiel dafür bietet die Darstellung des Exodus in der Kuppel einer Kapelle der christlichen Nekropole von el-Bagawāt in der Oase Charga. Auf der einen Seite sind die Israeliten, in der Mitte das Rote Meer, auf der anderen Seite die Verfolger, die Ägypter unter dem Kommando Pharaos, zu erkennen. Die Beischrift „Pharao" stellt jedem Betrachter deutlich

---

[36] Natürlich bedarf eine derart pauschale Aussage der Nuancierung. Für einen Überblick und die Forschungsbilanz zum spätantiken Ägypten zwischen Diokletian und der arabischen Eroberung vgl. Krause 1998, darin auch meine eigenen Beiträge zu Alexandrien und zu Ägypten.

vor Augen, daß es sich bei den Feinden des Gottesvolkes um den ägyptischen König und um die Ägypter handelte.[37] Es ist klar: In diesem von christlichen Ägyptern errichteten und ausgeschmückten Bauwerk wurden die eigenen Vorfahren, die Ägypter, als Feinde bezeichnet, die christlichen Ägypter dagegen empfanden sich als Israeliten, als die Nachfahren und eigentlichen Erben des Gottesvolkes.

Nie ist mir deutlicher geworden als bei der Betrachtung dieser Kuppelmalerei, welch umstürzenden Austausch der Identitäten das Christentum in Ägypten bewirkt hat. Wenn die eigenen Vorfahren zu Feinden werden, ist der Bruch mit der Vergangenheit vollends vollzogen. Der Vorgang gewinnt noch an Brisanz, wenn man sich vor Augen hält, daß Ägypten bis in die Kaiserzeit hinein einer der aktivsten Herde des antiken Antijudaismus gewesen war. Der Sieg des Christentums, nicht die Eroberung Ägyptens durch Alexander den Großen und später durch die Römer, bedeutete das Ende der durch die pharaonischen Traditionen und die ägyptischen Kulte maßgeblich geprägten Identität des Landes. Alexander der Große und die Ptolemäer, Augustus und die römischen Kaiser ließen sich als Pharaonen darstellen; aber seit dem Sieg des Christentums verkörperte der Pharao das Feindbild. Jahrhunderte später hat die arabische Eroberung das Land am Nil ein weiteres Mal gründlich umgewandelt, ohne dessen Identität völlig zu verändern und zu vereinheitlichen, denn auf dem Boden des modernen Ägypten leben Christen und Muslime Seite an Seite.

---

[37]   Zur spätantiken „Kapelle des Exodus" (die Bezeichnung ist modern) vgl. Willeitner 2003, 34 (Abbildungen der Kuppelmalereien in Ausschnitten) und 38 (Text), ausführlicher Fakhry 1951, 39-66 und Taf. XVII (Abbildung der Gesamtszene).

Literaturverzeichnis

Assmann, J. 1977, „Harmachis", *LÄ* II, 992–996.

Bernand, A. 1992, *La prose sur pierre dans l'Égypte hellénistique et romaine*, 2 Bde., Paris.

Bernand, A. und É. 1960, *Les inscriptions grecques et latines du Colosse de Memnon*, Kairo, Paris.

Bernand, É. 1969, *Inscriptions métriques de l'Égypte gréco-romaine. Recherches sur la poésie épigrammatique des Grecs en Égypte*, Paris.

Bol, P. C./Kaminski, G./Maderna, C. 2004 (ed.), „Fremdheit – Eigenheit. Ägypten, Griechenland und Rom. Austausch und Verständnis", *Städel-Jahrbuch* N.F. 19.

Das Städel 2005 (ed.), *Ägypten Griechenland Rom. Abwehr und Berührung*. Städelsches Kunstinstitut und Städtische Galerie, 26. November 2005 – 26. Februar 2006, Frankfurt/Main.

Deissmann, A. ⁴1923, *Licht vom Osten. Das Neue Testament und die neuentdeckten Texte der hellenistisch-römischen Welt*, Tübingen.

Fakhry, A. 1951, *The Necropolis of El-Bagawât in Kharga Oasis*, Kairo.

Geraci, G. 1983, *Genesi della provincia romana d'Egitto* (Studi di storia antica 9), Bologna.

Geraci, G. 1995, "La concessione della cittadinanza alessandrina ad Arpocrate egizio", *Alessandria e il mondo ellenistico-romano. I Centenario del Museo Greco-Romano, Alessandria, 23–27 Novembre 1992 (Atti del II Congresso Internazionale Italo-Egiziano)*, ed. Bonacasa N./Naro, C./Portale, E.Ch./Tullio, A., Rom, 59–64.

Heinen, H. 1995, „Vorstufen und Anfänge des Herrscherkultes im römischen Ägypten", *ANRW* II 18 (5), 3144–3180, Taf. I–XII (= ders., Vom hellenistischen Osten zum römischen Westen. Ausgewählte Schriften zur Alten Geschichte, hg. von A. Binsfeld und St. Pfeiffer (Historia Einzelschriften 191), Stuttgart 2006, 154–202).

Hengstl, J. 1978, *Griechische Papyri aus Ägypten als Zeugnisse des öffentlichen und privaten Lebens, griechisch-deutsch*, unter Mitarbeit von G. Häge und H. Kühnert, München.

Hölbl, G. 2000, *Altägypten im Römischen Reich. Der römische Pharao und seine Tempel*, Bd. I: *Römische Politik und altägyptische Ideologie von Augustus bis Diocletian, Tempelbau in Oberägypten*, Mainz.

Hölbl, G. 2005, „Ägypten als Provinz des Imperium Romanum", Das Städel (ed.), *Ägypten Griechenland Rom. Abwehr und Berührung*. Städelsches Kunstinstitut und Städtische Galerie, 26. November 2005 – 26. Februar 2006, Frankfurt/Main, 323–331.

Hunt, A. S./Edgar, C. C. 1934, *Select Papyri II: Non-Literary Papyri. Public Documents*, Cambridge/Mass. u.a.

Krause, M. 1998 (ed.), *Ägypten in spätantik-christlicher Zeit. Einführung in die koptische Kultur* (Sprachen und Kulturen des christlichen Orients 4), Wiesbaden.

Kruse, Th. 2002, *Der königliche Schreiber und die Gauverwaltung*, 2 Bde. (APF-Beihefte 11), Leipzig.

Lembke, K. 2004, *Ägyptens späte Blüte. Die Römer am Nil*, unter Mitarbeit von C. Fluck und G. Vittmann, Mainz.

Letronne, J.A. 1842–1848, *Recueil des inscriptions grecques et latines de l'Égypte*, 2 Bde. und Atlas, Paris.

Lüddeckens, E./Thissen, H.-J. 2000, *Demotisches Namenbuch*, Bd. I 3, Wiesbaden.

Meyer-Zwiffelhoffer, E. 2002, Πολιτικῶς ἄρχειν. *Zum Regierungsstil der senatorischen Statthalter in den kaiserzeitlichen griechischen Provinzen* (Historia Einzelschriften 165), Stuttgart.

Montevecchi, O. 1997, „Problemi di un'epoca di transizione. La grecità d'Egitto tra il I[a] e il II[p]", *Akten des 21. Internationalen Papyrologenkongresses, Berlin 1995*, 2 Bde. (APF-Beihefte 3), Stuttgart, Leipzig, II 719–726.

Montevecchi, O. 2001, „,Ioni nati in Egitto'. La parabola della grecità nella valle del Nilo", *Atti del XXII Congresso Internazionale di papirologia*, Florenz, II 983–994.

Parlasca, K./Seemann, H. 1999 (ed.), *auGenbliCke. Mumienporträts und ägyptische Grabkunst aus römischer Zeit*. Eine Ausstellung der Schirn Kunsthalle Frankfurt, 30. Januar bis 11. April 1999, Frankfurt/Main.

Pfeiffer, St. 2004, *Das Dekret von Kanopos (238 v.Chr.). Kommentar und historische Auswertung eines dreisprachigen Synodaldekretes der ägyptischen Priester zu Ehren Ptolemaios' III. und seiner Familie* (APF-Beihefte 18), München, Leipzig.

Quack, J.F. 2003, „,Ich bin Isis, Herrin der beiden Länder'. Versuch zum demotischen Hintergrund der memphitischen Isisaretalogie", *Egypt – Temple of the Whole World. Ägypten – Tempel der ganzen Welt. Studies in Honor of Jan Assmann,* ed. Meyer, S., Leiden/Boston, 319–365.

Quack, J.F. 2005, *Einführung in die altägyptische Literaturgeschichte III: Die demotische und gräkoägyptische Literatur* (Einführungen und Quellentexte zur Ägyptologie 3), Münster.

Quaegebeur, J. 1975, *Le dieu égyptien Shaï dans la religion et l'onomastique* (OLA 2), Löwen

van Minnen, P. 1986, „A Change of Names in Roman Egypt after A.D. 202? A Note on P.Amst. I 72", *ZPE* 62, 1986, 87–92.

Vergote, J. 1954, *Les noms propres du P.Bruxelles inv. E. 7616. Essai d'interprétation*, Leiden.

Wilcken, U. 1908, „Aus der Straßburger Sammlung", *APF* 4, 115–147.

Wilcken, U. 1912, *Grundzüge und Chrestomathie der Papyruskunde*, 1. Bd.: *Historischer Teil*, 1. Hälfte: *Grundzüge*, Leipzig.

Willeitner, J. 2003, *Die ägyptischen Oasen. Städte, Tempel und Gräber in der Libyschen Wüste*, Mainz.

Wolff, H. 1976, „Die *cohors II Tungrorum milliaria equitata c(oram ?) l(audata ?)* und die Rechtsform des *ius Latii*", *Chiron* 6, 267–288.

Zivie, Chr. M. 1976, *Giza au deuxième millénaire*, Kairo.

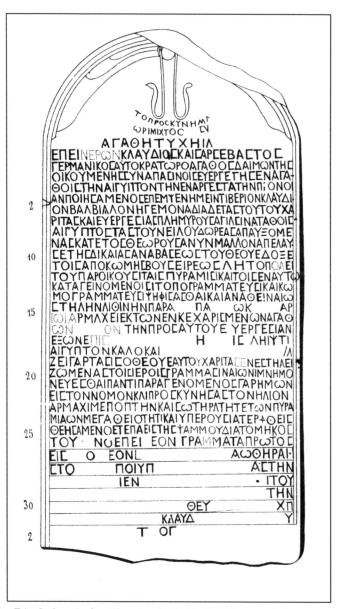

Abb. 1: Die Stele mit der Ehreninschrift für Balbillus, nach Letronne 1848, Atlas Taf. XXXIX 1.

Register

Sachen, Orte, Personen

Literarische Quellen

Inschriften und Papyri

Abb. 1: Luxortempel, Alexandersanktuar, Ostwand, innen (aus: Abd-el-
Raziq 1984, Taf. 14a; Courtesy of the Oriental Institute of the
University of Chicago).

Abb. 2: Alexanderzimmer, Ostwand mit Statuenrest (Photo Pfeiffer, Dez. 2005).

Abb. 3: Alexanderzimmer ,Westwand, oberes Register (Photo Pfeiffer, Dez. 2005).

Abb. 4: Alexanderzimmer, Ecke Südwand-Westwand, unteres
Register (Photo Pfeiffer, Dez. 2005).

Abb. 5: Alexanderzimmer, Südwand, unteres Register (Photo
Pfeiffer, Dez. 2005).

Abb. 6: Alexanderzimmer, Südwand, unteres Register (Photo Pfeiffer, Dez. 2005).

Abb. 7: Alexanderzimmer, Südwand, oberes Register (Photo Pfeiffer, Dez. 2005).

Abb. 8: Alexanderzimmer, Südwand, oberes Register (Photo Pfeiffer, Dez. 2005).

Abb. 9: Alexanderzimmer, Südwand, oberes Register (Photo Pfeiffer, Dez. 2005).

Abb. 10: Alexanderzimmer, Westwand, unteres Register (Photo Pfeiffer, Dez. 2005).

Abb. 11: Alexanderzimmer Westwand, oberes Register (Photo Pfeiffer, Dez. 2005).

Abb. 12: Alexanderzimmer, Nordwand, unteres Register (Photo Pfeiffer, Dez. 2005).

Abb. 13: Alexanderzimmer, Nordwand, unteres Register (Photo Pfeiffer, Dez. 2005).

Abb. 14: Alexanderzimmer, Nordwand, oberes Register (Photo Pfeiffer, Dez. 2005).

Abb. 15: Alexanderzimmer, Nordwand, oberes Register (Photo
Pfeiffer, Dez. 2005).

Abb. 16: Alexanderzimmer, Nordwand, oberes Register (Photo
Pfeiffer, Dez. 2005).

Abb. 17: Alexanderzimmer, Ostwand, unteres Register (Photo Pfeiffer, Dez. 2005).

Abb. 18: Alexanderzimmer, Ostwand, oberes Register (Photo Pfeiffer, Dez. 2005).

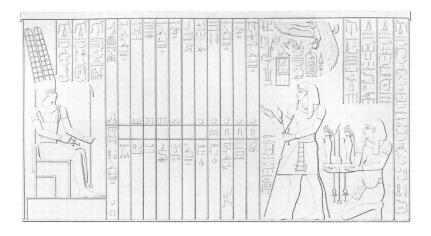

Abb. 19: Umzeichnung der Ostwand, oberes Register (aus: Lepsius 1849–1858, 3a).

Abb. 20: Karnak, Chonstempel, linke Südseite des Pylonturmes (Photo: Privat
März 2006).

Abb. 21: Karnak, Chonstempel, rechte Südseite des Pylonturmes (Photo: Privat
März 2006).

Abb. 22: Westpfosten des Pylontores (Dia E. Winter, Feb. 1989).

Abb. 23: Ostpfosten des Pylontores (Photo Pfeiffer, Dez. 2005).

Abb. 24: Westliche Türdicke des Pylontores, oben (Photo Pfeiffer, Dez. 2005).

Abb. 25: Westliche Türdicke des Pylontores, unten (Photo Pfeiffer, Dez. 2005).